民事実務研究 Ⅴ

中本 敏嗣 編

判例タイムズ社

は　し　が　き

　本書は，平成17年に刊行した『民事実務研究Ⅰ』，平成19年に刊行した『民事実務研究Ⅱ』，平成20年に刊行した『民事実務研究Ⅲ』及び平成23年に刊行された『民事実務研究Ⅳ』に続くものである。

　この間，多くの方々から御好評をいただき，続刊の御要望をお寄せいただいたことから，今回，本書を刊行する運びとなった。

　民事裁判を担当する裁判官は，民事実体法や手続法の知識を駆使し，日々適正な判断に努めている。しかしながら，現実に紛争を解決するに当たっては，種々の複雑困難な事実上及び法律上の問題に直面することが少なくない。殊に，近時は，社会・経済情勢の複雑化，国際化，種々の領域における根本的な法改正等により，裁判を取り巻く環境も大きく変化し，裁判官が判断を求められる法律問題も著しく増加しているように思われる。

　本書は，これまでの4巻と同様に，大阪民事実務研究会で行われた研究発表の成果を1冊の本として纏めたものであり，『民事実務研究Ⅳ』刊行以降に判例タイムズ誌に掲載された合計6本の論考を収録している。これらの論考は，これまでの4巻と同様，近時の実務において生起する重要な問題を扱っており，これらが収集・分析した裁判例，学説や論考における問題点の検討結果は，同種の紛争を解決するに当たって大いに参考となるものと思われる。なお，本書への収録に当たっては，判例タイムズ誌初出以後の法律改正，裁判例・学説の動向をも適宜盛り込んで内容を改訂している。

　今回第5巻の刊行に至った『民事実務研究』の企画が，『民事判例実務研究』と同様，今後とも継続され，民事の裁判実務及び法解釈の発展，さらには，現在立法化に向けて作業が進められている債権法改正の論議にいささかでも寄与することができれば，この上ない喜びである。

　本書に収録されている論考の基になった大阪民事実務研究会での研究報告に対しては，お忙しい合間を縫って研究会に参加してくださった多くの学者の方々から貴重な御意見，御批判をいただいている。この場をお借りして，奥田昌道元最高裁判事，福永有利元同志社大学教授，池田辰夫大阪大学教授，千葉恵美子名古屋大学教授，下村眞美大阪大学教授をはじめとする先生方に厚くお礼を申し上げたい。

　　平成25年1月

　　　　　　　　　　　　　　　　　　　　　　　　大阪地方裁判所長代行者
　　　　　　　　　　　　　　　　　　　　　　　　　　　中本　敏嗣

凡　　例

●判例集等

家　月	家庭裁判月報
下　民	下級裁判所民事裁判例集
金　判	金融・商事判例
高　民	高等裁判所民事判例集
交　民	交通事故民事裁判例集
最判解説	最高裁判所判例解説民事篇
裁判集民	最高裁判所裁判集民事
重判解	重要判例解説
主判解	主要民事判例解説
新　聞	法律新聞
東高民時報	東京高等裁判所民事判決時報
判決全集	大審院判決全集
判　時	判例時報
判　自	判例地方自治
判　タ	判例タイムズ
判　評	判例評論
評論全集	法律〔学説判例〕評論全集
民　資	民事裁判資料
民　集	最高裁判所（大審院）民事判例集
民　録	大審院民事判決録
労　判	労働判例
労　民	労働関係民事裁判例集

●法律雑誌，官公庁等の発行誌

金　法	旬刊金融法務事情
銀　法	銀行法務21
ケ　研	ケース研究
公　証	公証（日本公証人連合会）
交　通	交通法研究
司　研	司法研修所論集
私　法	私法（日本私法学会）
自保ジャーナル	自動車保険ジャーナル
自保新聞	自動車保険新聞
ジュリ	ジュリスト
訟　月	訟務月報
商　事	旬刊商事法務
曹　時	法曹時報
損　保	損害保険研究
登　研	登記研究
判　民	判例民法，判例民事法
ひろば	法律のひろば
法　協	法学協会雑誌
法　教	法学教室
法　時	法律時報
法　セ	法学セミナー
民　研	みんけん
民　商	民商法雑誌
民　情	民事法情報
リマークス	私法判例リマークス
労経速	労働経済判例速報

民事実務研究Ⅴ　目次

はしがき　i
凡　　例　ii
第Ⅰ巻・第Ⅱ巻・第Ⅲ巻・第Ⅳ巻　目次　ix
執筆者紹介・初出一覧　xi

1　偽造カード等及び盗難カード等を用いて行われる不正な機械式預貯金払戻し等からの預貯金者の保護等に関する法律第4条の要件の検討
　　債権の準占有者に対する弁済における「債権者の帰責事由」考
　　……………………………………………………………〔原　　司〕　1

　第1　問題提起／1
　第2　民法第478条沿革小史／4
　　1　原　型／4
　　2　旧民法財産篇第457条の母法／5
　　3　法継授による変容／7
　　4　判例・通説／7
　第3　債権者の帰責事由／9
　第4　CD，ATMを利用した預金取引における民法第478条の適用／11
　　1　CD，ATMを利用した預金取引の現状／11
　　2　免責約款と民法第478条との関係／12
　　3　CD，ATM取引における民法第478条，免責約款の適用が問題とされた具体例／13
　　4　平成5年判決及び平成15年判決を前提とした「債権者の帰責事由」の位置付けの検討／19
　　5　平成15年判決の別の理解――過失相殺の可否／23
　第5　預金者保護法沿革小史／24
　　1　立法に至る背景事情／24
　　2　金融庁スタディグループによる検討・中間取りまとめ／25
　　3　議員立法による預金者保護法の制定／27
　　4　偽造カード等を用いて行われた機械式預貯金払戻し等の規律の概要／28

第6　預金者保護法第4条により機械式預貯金払戻し等が有効となるための要件の検討／29
　1　主張責任・立証責任の所在／29
　2　客観的要件／30
　3　主観的要件／30
　4　預貯金者の重大な過失／32
【追　記】／34

2　金融機関による融資についての取締役の責任と経営判断原則
　　拓銀カブトデコム事件の高裁判決及び最高裁判決の検討を中心として
　　　　　　　　　　　　　　　　　　　　　　　　〔木村哲彦〕　40

第1　序／40
第2　善管注意義務と立証責任／41
第3　事業会社一般における経営判断原則／42
　1　意　義／42
　2　効　果／42
　3　要　件／44
　　(1)　アメリカ法／(2)　判　例／(3)　裁判例の検討／(4)　学　説
第4　金融機関による融資に対する経営判断原則の適用／48
　1　金融機関の取締役の注意義務加重論／48
　　(1)　学　説／(2)　裁判例
　2　融資の回収可能性／52
　　(1)　意　義／(2)　経営判断原則との関係／(3)　事実認識と意思決定の区別に関連する裁判例／(4)　回収可能性の判断について（利息収入以外の）融資から期待される利益を考慮するか／(5)　事実認識と金融機関における分業と権限の委任（信頼の原則）の関係について／(6)　最三小決平21.11.9
第5　拓銀カブトデコム事件／63
　1　事案分析／63
　　(1)　当事者／(2)　時系列
　2　本件地裁判決──札幌地判平14.12.25／64
　3　本件高裁判決／64

　　　　(1)　判　旨／(2)　検　討
　　4　本件最高裁判決／68
　　　　(1)　判　旨／(2)　検　討
　第6　終わりに／71

3　児童生徒のいじめ自殺訴訟の現状
　　　因果関係を中心に
　　　………………………………………………………………〔横田昌紀〕　80

　第1　はじめに／80
　　1　いじめの定義／80
　　2　いじめやいじめ自殺訴訟の現状等について／81
　第2　いじめによる自殺についての責任原因について／82
　　1　加害児童生徒の責任について／82
　　2　加害児童生徒の監督義務者の責任／83
　　3　学校設置者の責任／84
　　　　(1)　根拠法令／(2)　教員（学校教育法上の校長，教頭，教諭を含む。）の注意義務／(3)　学校設置者の義務／(4)　教員の過失／(5)　違法性
　第3　いじめ・学校側の義務違反（過失）と被害生徒の自殺との因果関係／89
　　1　問題の所在／89
　　2　因果関係についての判例，学説について／89
　　　　(1)　事実的因果関係に関する判例／(2)　損害賠償の範囲に関する判例／(3)　因果関係についての学説
　　3　自殺事案についての判例，学説について／94
　　　　(1)　自殺事案についての判例／(2)　主に交通事故による自殺についての学説
　　4　いじめによる自殺に関する裁判例，学説について／98
　　　　(1)　裁判例の分析／(2)　学　説
　　5　検　討／103
　　　　(1)　因果関係についての考え方／(2)　いじめと自殺との間の事実的因果関係／(3)　いじめと自殺との間の相当因果関係
　第4　過失相殺／106

v

4 証券投資信託において受益者に破産手続ないし民事再生手続が
　開始された場合の債権回収を巡る諸問題
　　　　銀行取引約定，商事留置権及び相殺を中心に
　　　　　　　　　　　　　　　　　　　　　　　　〔坂本　寛〕　120

第1　証券投資信託の概要／120
　1　証券投資信託とは／120
　2　証券投資信託の法的仕組み／120
　3　証券投資信託における関係者間の法律関係／121
　4　投信窓販／122
　5　投資信託振替制度／122
第2　前提論点／123
　1　受益者・販売会社間の投資信託受益権に係る取引への銀行取引約定の適用の可否／123
　2　銀行取引約定4条4項適用の可否／126
　3　振替受益権に対する商事留置権の成否／127
第3　受益者に破産手続開始決定があった場合／128
　1　銀行取引約定が交わされ，かつ商事留置権が成立する場合の弁済充当の可否／128
　2　販売会社に商事留置権が成立しない場合の弁済充当及び相殺の可否／130
第4　受益者に民事再生手続開始決定があった場合／134
　1　銀行取引約定が交わされ，かつ商事留置権が成立する場合の弁済充当の可否／134
　2　販売会社による受益者再生手続開始後の相殺の可否／141
　3　販売会社が商事留置権の競売権に基づき振替受益権を換価した場合／142
　4　受益者が再生手続開始後に解約実行請求をした場合の帰趨／143
第5　終わりに／145
【追　記】／145

5 退職金請求事件における主張立証責任の考察
精神的疾患のある労働者に対する懲戒解雇の効力が争われた事例を中心として
……………………………………〔德増誠一〕 148

第1　はじめに／148
第2　論点①（退職金請求事件における請求原因事実は何か）について／149
第3　論点②（精神的疾患のある労働者の行為を理由とする懲戒解雇処分の効力を判断する際の事情）について／155
第4　論点③（懲戒解雇が有効であっても労働者の勤続の功労を抹消するような背信的事情がなければ退職金不支給は許されないか）について
　　　　　　　　　　　　　　　　　　　　　　　　　　　　　　／176
第5　結　語／180

6 重度後遺障害事案の損害算定における問題点の概観
遷延性意識障害の事案を中心として
……………………………………〔宮﨑朋紀〕 193

第1　はじめに／193
第2　裁判例の傾向／194
第3　遷延性意識障害損害賠償事案の全体像／194
　1　遷延性意識障害について／194
　　（1）遷延性意識障害の意義／（2）治療法，予後等／（3）遷延性意識障害患者の生活状況及び介護状況
　2　遷延性意識障害の事案における審理の特徴／196
　　（1）主な損害項目／（2）将来の損害費目について／（3）審理の特徴――現地進行協議期日
第4　総論――損害の把握について／198
　1　差額説＋個別損害項目積み上げ方式／198
　　（1）実務における通説／（2）「差額説＋個別損害項目積み上げ方式」への批判と算定基準／（3）検　討
　2　損害賠償の範囲を画するための基準／200
　　（1）判例の立場／（2）検　討

3　将来予測を伴う損害算定の困難性／201
　　　　（1）　損害の算定の裁量性について／（2）　将来の損害の算定のフィクション性について／（3）　将来予測を伴う損害認定のあり方に関する最高裁判決／（4）　検討
　　　4　損害の発生時及び遅延損害金の起算日／203
　　　　（1）　判例の立場／（2）　検　討
　第5　各論1——重度後遺障害の事案に共通する問題点／204
　　　1　中間利息控除の方法及び利率の問題／204
　　　　（1）　ライプニッツ式と新ホフマン式／（2）　中間利息控除の際の利率／（3）　検討
　　　2　中間利息控除の基準時／205
　　　　（1）　判例の立場／（2）　検　討
　　　3　既払金の充当／208
　　　　（1）　判例の立場／（2）　検　討
　　　4　将来受給が見込まれる公的給付又は公的助成の控除又は考慮について／211
　第6　各論2——遷延性意識障害の事案に特有の問題点／214
　　　1　遷延性意識障害患者の生存可能年数／214
　　　2　後遺障害逸失利益における生活費控除／215
　　　3　将来介護費／215
　　　　（1）　前提問題としての介護水準の相当性／（2）　裁判例において挙げられた考慮事情の例／（3）　将来介護費用を算定する上での主な考慮事情／（4）　家族介護と職業介護の区分による積み上げ計算について／（5）　諸事情の総合考慮による介護費用日額の算定について
　　　4　住宅改築費，車両改造費，将来介護器具／222
　　　5　将来介護雑費／223
　第7　定期金賠償方式／223
　第8　まとめ／224

判例索引／235

《民事実務研究Ⅰ　目次》

1　共同保証人の弁済と求償，代位の要件／野田恵司・横田典子

2　請負人の瑕疵担保責任における「瑕疵」概念について／山地　修

3　複数加害者関与事故の損害賠償における諸問題／冨上智子

4　責任能力がある未成年者の監督義務者の責任／中嶋　功

5　逸失利益の算定における中間利息の控除割合と年少女子の基礎収入／大島眞一

6　消費者契約法9条1号の規定する「平均的損害」の主張・立証責任に関する一考察──問題点の検討と裁判例の紹介／朝倉佳秀

7　フランチャイズ契約関係訴訟について
　　　　　　　　　　　　　　　／大阪地方裁判所民事部配属第55期判事補及び新補指導官

8　関連会社の救済・整理と取締役の善管注意義務・忠実義務／齋藤　毅

9　盗難株券の占有者から売却取次を受託した証券会社の注意義務について
　　　　　　　　　　　　　　　　　　　　　　　　　　　　／遠藤東路

10　スクーバダイビング事故をめぐる法的諸問題──ガイドダイバーないしインストラクターの法的義務，いわゆる免責同意書の問題点／河村　浩

11　集合債権譲渡担保契約の否認／飯島敬子

《民事実務研究Ⅱ　目次》

1　預金債権の帰属について──最二小判平15.2.21民集57巻2号95頁及び最一小判平15.6.12民集57巻6号563頁を踏まえて／福井章代

2　売買の瑕疵担保責任についての再考──最高裁判例を踏まえて／石村　智

3　建物賃貸借契約終了時における賃借人の原状回復義務について／島田佳子

4　建築瑕疵紛争における損害について／濱本章子・田中　敦

5　素因減額の考慮要素／天野智子

6　名誉毀損関係訴訟について──非マスメディア型事件を中心として
　　　　　　　　　　　　　　　　　　／大阪地方裁判所民事部配属第57期判事補

7　遺言無効確認請求事件の研究／大阪地方裁判所民事部配属第56期判事補

8　株式会社を契約者兼受取人，取締役を被保険者とする生命保険契約における取締役又はその遺族の会社に対する保険金引渡請求の可否／真辺朋了

9　「労働者」性の判断基準──取締役の「労働者」性について／下田敦史

ix

《民事実務研究Ⅲ　目次》

1　証券取引における適合性原則について／堀部亮一

2　相続人の一部が共同相続財産を単独で占有使用する場合の法律関係について
　　　　　　　　　　　　　　　　　　　　　　　　　　／奥野寿則

3　人身傷害補償保険による損害填補及び代位の範囲についての考察／植田智彦

4　建築士の法的責任とその範囲／谷村武則

5　非訟事件手続における民事訴訟法等の規定の類推適用について──労働審判手続を念頭に／川畑正文

6　労働基準法41条2号の管理監督者の範囲について／細川二朗

7　医事関係訴訟における鑑定等の証拠評価について──原審の過失判断に違法があるとして原判決を破棄した最近の最高裁判決を参考に／西岡繁靖

8　使用者責任の研究──取引的不法行為における使用者への責任帰属の問題／森田亮・松浪聖一・森永亜湖・矢野紀夫・森　千春・烏田真人・髙橋祐喜・中村修輔・玉田雅義・船所寛生・中村美佐子・齊藤恒久・中村海山

9　居住用建物賃貸借契約における敷引特約に対する消費者契約法の適用について／鳥飼晃嗣

《民事実務研究Ⅳ　目次》

1　保険契約の保険金受取人変更と詐害行為取消権・否認権の行使／岡山忠広

2　自動車事故と重過失免責──人身傷害補償保険の免責事由「極めて重大な過失」について／高島義行

3　公務員に対する懲戒免職処分について──懲戒権者の有する裁量権の範囲をめぐる判例の動向／上田賀代

4　管轄合意と移送申立てについて──債権譲渡や金融機関の合併等は管轄合意及び移送申立てに対する判断にどのような影響を与えるのか／真鍋美穂子

5　連帯納付義務者（相続税法34条1項）による不服申立てについて／森鍵　一

6　医師の顛末報告義務／劔持淳子

7　医事事件において医療ガイドラインの果たす役割／藤倉徹也

執 筆 者 紹 介

[平成25年1月現在]

1 原　　　　司　　神戸地方裁判所姫路支部判事

2 木 村 哲 彦　　佐賀地方・家庭裁判所武雄支部判事

3 横 田 昌 紀　　静岡地方裁判所判事

4 坂 本　　寛　　佐賀地方裁判所判事

5 德 増 誠 一　　東京地方裁判所判事

6 宮 﨑 朋 紀　　福岡地方・家庭裁判所行橋支部判事

《初出一覧》

1 偽造カード等及び盗難カード等を用いて行われる不正な機械式預貯金払戻し等
からの預貯金者の保護等に関する法律第4条の要件の検討
　　――債権の準占有者に対する弁済における「債権者の帰責事由」考
　　→判例タイムズ1320号（2010年6月1日号）掲載

2 金融機関による融資についての取締役の責任と経営判断原則
　　――拓銀カブトデコム事件の高裁判決及び最高裁判決の検討を中心として
　　→判例タイムズ1323号（2010年7月15日号）掲載

3 児童生徒のいじめ自殺訴訟の現状
　　――因果関係を中心に
　　→判例タイムズ1358号（2012年1月1日号）掲載

4 証券投資信託において受益者に破産手続ないし民事再生手続が開始された場合
の債権回収を巡る諸問題
　　――銀行取引約定，商事留置権及び相殺を中心に
　　→判例タイムズ1359号（2012年1月15日号）掲載

5 退職金請求事件における主張立証責任の考察
　　――精神的疾患のある労働者に対する懲戒解雇の効力が争われた事例を中心として
　　→判例タイムズ1360号（2012年2月1日号）掲載

6 重度後遺障害事案の損害算定における問題点の概観
　　――遷延性意識障害の事案を中心として
　　→判例タイムズ1367号（2012年5月15日号）掲載

1
偽造カード等及び盗難カード等を用いて行われる不正な機械式預貯金払戻し等からの預貯金者の保護等に関する法律第4条の要件の検討

債権の準占有者に対する弁済における「債権者の帰責事由」考

原　　　司

第1　問題提起

　1　偽造キャッシュカードや盗難キャッシュカードによる預金の払戻し等の被害が頻発するようになった状況を背景に，「偽造カード等及び盗難カード等を用いて行われる不正な機械式預貯金払戻し等からの預貯金者の保護等に関する法律」（平成17年8月10日法律第94号〔平成18年2月10日施行〕。以下「預金者保護法」という。）は，第3条において，「偽造カード等」による預貯金払戻し等について民法第478条の適用を一定の例外を除いて排除した上で，その代替として適用すべきルールとして，次のような規定（第4条）を置いている。

　　　（偽造カード等を用いて行われた機械式預貯金払戻し等の効力）
　第4条　偽造カード等を用いて行われた機械式預貯金払戻しは，当該機械式預貯金払戻しに係る預貯金等契約を締結している預貯金者の故意により当該機械式預貯金払戻しが行われたものであるとき又は当該預貯金等契約を締結している金融機関が当該機械式預貯金払戻しについて善意でかつ過失がない場合であって当該預貯金者の重大な過失により当該機械式預貯金払戻しが行われることとなったときに限り，その効力を有する。
　2　偽造カード等を用いて行われた機械式金銭借入れは，当該機械式金銭借入れに係る預貯金等契約を締結している預貯金者の故意により当該機械式金銭借入れが行われたものであるとき又は当該預貯金等契約を締結している金融機関が当該機械式金銭借入れについて善意でかつ過失がない場合であって当該預貯金者の重大な過失により当該機械式金銭借入れが行われることとなったときに限り，当該預貯金者がその責任を負う。

このように，預貯金者の故意により偽造カード等を用いて機械式預貯金払戻し等が行われた場合には，金融機関の主観的態様を問わずに，払戻し等は有効とされ，借入れについては預貯金者が責任を負担することとされるとともに，金融機関の善意無過失に加えて，偽造カード等を用いて機械式預貯金払戻し等が行われたことが「預貯金者の重大な過失」による場合にも，払戻し等が有効とされるのである。

　金融機関の「善意無過失」は，規定の文言上，「当該機械式預貯金払戻し等」（偽造カード等を用いて機械式預貯金払戻し等が行われたこと）について判断することになるが，これは，「機械式預貯金払戻し等に偽造カード等が用いられたこと」についての「善意無過失」を対象とする趣旨であると解される。

　では，民法第478条の適用要件としては規定されていない「債権者の帰責事由」に相当する「預貯金者の重大な過失」とは，どのような事実を前提に評価すべきものであろうか。

　2　この「預貯金者の重大な過失」の意義が争点とされた事案として，大阪地判平20.4.17判時2006号87頁が公刊されている。

　この事案は，預金者である原告がその取引銀行である被告との間の預金契約に基づいて受領するはずの，盗難を理由に申請された再発行に係るキャッシュカードが，被告から原告に郵送される途上で，原告の親族になりすました第三者に受領され，当該キャッシュカードにより，原告の預金が払い戻されたとして，原告が被告に対し，預金契約に基づく預金の払戻し又は預金者保護法第5条第1項に基づく補填として，預金払戻額及び払戻手数料相当額合計500万円余の支払等を求めた事案である。

　この事案は，原告名義のキャッシュカードが被告から原告に郵送される途上で第三者が受領してほしいままに預金を払い戻したというものであったことから，このキャッシュカードが預金者保護法上の「偽造カード等」又は「盗難カード等」のいずれに当たるかの点で当事者双方の理解に差が生じ，訴訟にまで至った数少ない事例であり，公刊物においても，この点が判決要旨として紹介されている。

　しかしながら，この事案においては，その先の問題として，預金者保護法第4条にいう「預貯金者の重大な過失」の存在が争点とされており，こちらの方が，理論上はより重大な問題を含んでいるものというべきである。「偽造カード等」か「盗難カード等」かという当てはめの問題は，立法政策上の定義の在り方によってある意味で割り切りをすべき論点であるのに対し，「預

貯金者の重大な過失」の要件判断については，この要件が設けられた立法趣旨及び解釈が，議員立法であるとの事情にもよると思われるが，衆議院法制局の担当者が著した解説（石田祐介「『偽造カード等及び盗難カード等を用いて行われる不正な機械式預貯金払戻し等からの預貯金者の保護等に関する法律』の概要」金法1751号22頁以下）の中でも何ら触れられていないため，より根本的な検討が必要であると思われる。

3 上記の「預貯金者の重大な過失」の要件について，民法第478条の解釈論に遡って検討しようとするのが，本稿の目的である。

預金者保護法第4条の要件が，その規定の内容に照らせば，民法第478条の適用に代替するルールを設定しようとするものであると解されることから，同条についての検討が，預金者保護法第4条の解釈に有益であると考えられるからである。

ところで，民法第478条においては，条文上「債権者の帰責事由」がその適用の要件とされていない。それにもかかわらず，最三小判平15.4.8民集57巻4号337頁，判タ1121号96頁（以下「平成15年判決」という。）は，盗難された預金通帳を用いてされたATMからの預金払戻しを預金者によらない無効な払戻しであるとして，預金者が金融機関に対して預金の払戻しを求めた事例において，上告人（原告）である預金者の預金払戻請求を認容するに当たり，預金者の暗証番号の管理及び通帳の管理についての過失に触れている[1]。

この判示の意義をどのように捉えたらよいか，そして，債権の準占有者に対する弁済において，債権者の帰責事由を考慮すべきであるとすれば，それは具体的にどのような形で考慮されるべきかは，平成15年判決の評釈を通じて議論がされているものの，債権の準占有者に対する弁済の効力を判断する要件としての位置付けが十分に議論されてきたとは言い難いように思われる。

そこで，以下では，民法第478条の立法趣旨の理解とこれまでの適用範囲についての議論をごく簡単に概観し（第2），「表見法理」における真の権利

---

[1] 平成15年判決は，「もっとも，前記事実関係によれば，上告人は，本件暗証番号を本件車両の自動車登録番号の4桁の数字と同じ数字とし，かつ，本件通帳をダッシュボードに入れたまま本件車両を自宅近くの駐車場に駐車していたために，何者かにより本件通帳を本件車両ごと盗まれ，本件暗証番号を推知されて本件払戻しがされたものと認められるから，本件払戻しがされたことについては上告人にも帰責事由が存するというべきであるが，この程度の帰責事由をもって被上告人に過失があるとの前記判断を覆すには足りない。」と述べた（下線は筆者による。）。以下では，本文の引用部分を「平成15年判決付言部分」として引用する。

者の帰責性の要求が，民法第478条においてどう取り扱われてきたかを確認する（第3）。

その上で，CD（現金自動払出機），ATM（現金自動預入支払機）を利用した預金取引における民法第478条及びその具体化というべき免責約款の適用事例における債権者の帰責事由について検討し（第4），預金者の保護を図るべき現実的な問題の噴出に対応した預金者保護法の制定に至る経緯[2]及び同法第4条の要件としての「預貯金者の重大な過失」について検討する（第5）（第6）。

4 なお，本稿においては，上記裁判例を直接検討の対象とするものではなく，また，盗難カード等を利用した機械式預貯金払戻しについては，直接触れるところがなく，これを規律する預金者保護法第5条の解釈についても取り上げていないことをお断りしておく。

第2 民法第478条沿革小史

1 原 型

民法第478条は，債権の消滅原因の一つである弁済の特例として規定されており，よく知られているように，旧民法財産篇第457条[3]第1項の字句を修正して現行民法に取り入れられたものである。

すなわち，旧民法財産篇第457条第2項が，第1項の説明に止まるのみならず，「債権ヲ占有セル者」を限定することになり，狭きに失するおそれがあることにより，これを削除して，広く「債権ノ準占有者」に対してした善意の弁済をすべて有効としたものが明治29年法律第89号の第478条であって，これを口語化したのが現行民法の同条である[4]。

ところが，民法第478条は，旧民法財産篇第457条第1項の「債権ヲ占有セル者」の文言に代えて「債権ノ準占有者」の文言を採用しており，「債権

---

[2] この法律がいわゆる議員立法であって，直接的な検討経過は目に見えない部分が多いが，与党議員提出法案であるという法案の性格及び規定の内容自体から，後述する金融庁における検討の結果が多分に参考にされているものと考えてよいであろう。

[3] 明治23年法律第28号の財産編第457条の規定は，次のとおりであった。
　第457条　真ノ債権者ニ非サルモ債権ヲ占有セル者ニ為シタル弁済ハ債務者ノ善意ニ出テタルトキハ有効ナリ
　②表見ナル相続人其他ノ包括承継人，記名債権ノ表見ナル譲受人及ヒ無記名証券ノ占有者ハ之ヲ債権ノ占有者ト看做ス

ノ準占有」の意義については，第205条にいう「自己ノ為メニスル意思ヲ以テ財産権ノ行使ヲ為ス場合」であるとの説明がされてきた[5)][6)]。

そして，この「自己のためにする意思」を主観的に捉えるか，客観的に捉えるかによって，その適用範囲の広狭が決せられる（その典型例が詐称代理人に対する弁済の事例である。）ものとして議論が重ねられた時期があったことは周知のとおりである。

そこで，次に，民法第478条の射程を検討するために，旧民法財産編第457条の沿革についてのこれまでの研究成果を，参照することができた限りにおいて概観した上で，判例・通説の立場を検討する。

2 旧民法財産篇第457条の母法

旧民法財産篇の草案起草者であるG.ボアソナードによれば，第457条は，当時のフランス民法第1240条[7)]に範を求めた規定であり，同条にいう「債権ヲ占有セル者」とは，「真正の債権者ではないことはもちろんであるが，

---

4) 未定稿本・民法修正案理由書（広中俊雄編『民法修正案（前三編）の理由書』〔有斐閣，1987〕所収の写真版）398頁の第477条（第9回帝国議会衆議院における修正前の条番号）についての説明。なお，本稿執筆に当たっては，法典調査会議事速記録を参照することができなかったが，文献上は，法典調査会における説明は，起草委員のうち穂積陳重が担当し，その説明（「本条ハ財産編ノ第四五七条ヲ少シ簡単ニ致シマシタ丈ケテコサイマス」）に対して何らの異議も出されることなく，確定したものであるとのことである。中舎寛樹「表見的債権者と弁済」星野英一ほか編『民法講座(4)』（有斐閣，1985）306頁注1。河上正二「民法478条（債権の準占有者に対する弁済）」広中俊雄＝星野英一編『民法典の百年Ⅲ』（有斐閣，1998）167頁。

5) 梅謙次郎『民法要義卷之三債権編』（私立法政大学＝有斐閣書房・大正元年〔参照し得たのは，同年発行訂正増補第33版の復刻版〕）247頁は，第478条の立法趣旨について説明するに際し，「第二百五条ニ依レハ『自己ノ為メニスル意思ヲ以テ財産権ノ行使ヲ為ス』者ハ準占有者ニシテ之ニ占有ノ規定ヲ準用スヘキモノトセリ故ニ『債権ノ準占有者』トハ自己ノ為メニスル意思ヲ以テ債権ヲ行使スル者ナリ例ヘハ相続権ナキ者カ誤リテ相続人ノ権利ヲ行ヒ又ハ他人ノ不在ニ乗シテ其財産ヲ横領シ世人ニ対シテ恰モ其所有者ノ如キ動作ヲ為ス者ノ如シ」「弁済者ハ他人ノ相続其他他人間ノ関係ニ熟知スルコト極メテ難キヲ以テ若シ是等ノ場合ニ於テ弁済ヲ無効ナリトセハ往往不測ノ損失ヲ被ムル者ヲ生スルニ至ルヘシ況ヤ債権ノ準占有者カ債権証書ヲ持参シテ弁済ヲ促スニ方リテハ弁済者カ之ヲ以テ正当ノ債権者ナリト信スルハ誠ニ当然ナルニ於テヲヤ」と論じていた（下線は筆者による。）。

6) この修正については，結果的に債権の「準占有者」概念の理解如何では，際限なく本条の適用範囲が拡大する素地を提供したことになるとの評価がある。河上・前掲注4）168頁。

7) フランス民法第1240条は，次のような規定である（訳は河上・前掲注4）169頁によった。）。

第1240条 債権を占有する者に善意を以て為したる弁済は，たとえその占有者が後に債権を追奪せらるることありと雖も有効なり

また，持参人払い証書の場合を除いては，債権を証明するのに用いられる証書の持参人でもない。……債権の占有者とは，真正の債権者でないのにそのようにふるまい，第三者の目にその資格を有する人のように見える者をいう。例えば，毎年の利息を収受したり，訴えを提起したり，期限を猶予したりする行為をなす者がそれにあた」ると説明されている。

　近時，フランス民法第1240条は「誰が債権者かに法的争いがある場合の表見債権者への弁済を免責する規定であり，誰が債権者かに争いがなく，ただ債権証書を偽造して債権者になりすました者に支払った場合までも免責する規定ではない。このような解釈は今日でも維持されており，判例・学説も極めて限定的な場合にしか適用を認めていない」との評価が示されている[8]。

　これ以前から，フランス民法第1240条の解釈については，新関輝夫教授による研究がしばしば引用される[9]。その概要を示せば，フランス法における「準占有」とは，所有権以外の物権の享有を指し，我が国の「準占有」とは概念が異なること，フランス法における「債権の占有」は，身分占有とともに物権法上の「占有」とは異なる概念として捉えられ，「債権の占有」の具体例として挙げられるのは，①表見相続人（いったん相続をしたが，後になってより近い親等の相続人が現れて相続財産を剥奪された者，後になって遺言相続人によって相続財産を奪われた者等），②無効な又は取り消すことができる譲渡行為による債権の譲受人（ただし，譲渡行為時に作成された譲渡証書を所持する譲受人以外の者や偽造の譲渡証書の所持人は債権の占有者に当たらない。）及び③債権が物に関して生ずる場合におけるその物の占有者が，典型例として取り上げられ，④自称（詐称）代理人は債権の占有者に当たらず，表見代理の法理によって債務者が保護されるにすぎないこと，結局，「占有」という言葉を用いているのは単なる比喩にすぎず，債権者としての外観を意味するものである，と結論付けるものである。

　8）　岩原紳作「偽造その他無権限キャッシュカード等取引に関する英米仏等の法制について」（平成17年3月4日開催の金融庁偽造キャッシュカード問題に関するスタディグループ〔以下本文においても「スタディグループ」という。〕〔第3回〕配付資料・金融庁HPから閲読することが可能）による。
　9）　新関輝夫「フランス民法における債権占有」名法41号84頁以下（特に109頁以下），同「預金証書の持参人に対する弁済と民法四七八条」遠藤浩ほか監『現代契約法大系(5)』（有斐閣，1984）64頁以下（特に71頁以下）。その紹介として，河上・前掲注4）169頁参照。

3 法継授による変容

2で紹介した見解は，フランス民法第1240条から旧民法財産篇第457条，民法第478条へと法継受をする上で，内容的な変容が生じているとされる。

すなわち，民法修正案において上記のような概念として用いられたフランス法上の「債権の占有（者）」を物権法上の占有とパラレルな概念として規定された「債権の準占有（者）」へと置き換えたことは，ミスリーディングであるというのである（前掲注9））。

このように，フランス民法，旧民法財産編，現行民法の法継受・起草過程を背景に，民法第478条の解釈を論ずる学説は，同条がごく限定的な適用範囲を有するにすぎない規定であることを指摘し，同条の適用範囲が拡大されている現在の傾向に対しては批判的である[10][11]。

4 判例・通説

周知のとおり，判例・通説は，偽造の債権証書・受取証書の所持者や詐称代理人の事例を通じて，債権の準占有者に対する弁済を広く認める方向に進み，学説の多くも，民法第478条の適用範囲の拡大を支持しており（ただし，その後の預金担保貸付けや担保預金との相殺，当座貸越等への類推適用については，異論がある。），判例・通説による「債権の準占有者」の定義は，「取引観念からみて真実の債権者【その他の受領権者】であると信じさせるような外観を有する者」となる[12]。

本稿に関連する預金払戻しの場面については，預金証書その他の債権証書とともに弁済を受けるに必要な印章を持参した者は債権の準占有者であるとされる[13]が，このこと自体が，判例・通説に反対する見解からは，元々の立法趣旨からは既に逸脱していると指摘されることになる。

しかしながら，起草者の梅が，債権の準占有者が「債権証書」を持参する

[10) 今回参照し得たのは，三宅正男・判例民事法昭和16年六〇事件評釈（直接には郵便貯金法第13条の適用が問題となった大判昭16.6.20民集20巻921頁の事案について，偽造の債権証書の所持者を債権の準占有者と見ることに反対する。），浜上則雄「表見受領権者への弁済」谷口知平＝加藤一郎編『新民法演習(3)債権総論』（有斐閣，1968）160頁以下，河上・前掲注4）である。

11) なお，民法修正案においては，第478条だけでなく，当時のドイツ民法第一草案第266条に倣った形で第480条をも採用していることから，「四七八条はそれだけ限定的な内容のものと考えられていたからこそ四八〇条を併せて規定したのだとも言えそうである」との指摘もされている。河上・前掲注4）170頁。

という場面を殊更に強調していることは前掲注5）の下線部のとおりであり，これでは債権証書を所持しているだけで債権者の外形を有するとの評価をすることにつながり，すでにしてフランス民法における「債権の占有者」の通説的な理解とは異なる解釈を予定したものであったとの評価が可能であると考えられるが，フランスにおいても，債権証書の持参人を「債権の占有者」と解すべき場合があるとの見解が存在することには注意すべきであるといえよう。すなわち，新関・前掲注9）名法41号125頁注(11)によれば，オブリー＝ロー（Aubry et Rau〔日本語表記は新関教授の表記に従った。〕）は，「単なる債権証書の所持人に対する弁済でも，それが債権者の責に帰することができる場合は有効とされる場合がある」と主張しているということである（ただし，この著作は1942年のものであるというから，梅自身がフランス民法第1240条についていかなる解釈を念頭に置いていたのかについては，梅がリヨン大学に留学し，その後民法修正案を起草した当時参照したフランス学説の分布を調査することができなかったため，明らかではないし，起草当時と著書の執筆当時の見解が同一であるかどうかも確認はできていない。）。

また，判例・通説が，郵便貯金証書や預金通帳などの所持者を債権の準占有者に当たるとして預貯金の払戻しに民法第478条を適用する見解を採用してきたことについては，サイン社会の欧米とは異なる印鑑による本人確認の伝統が存在したことを指摘することができると思われ[14]，旧郵便貯金法第13条の存在が，そうした解釈を後押ししたこともあると考えられる。したがって，単純に民法第478条が預金払戻しの場面に適用されてきたことが，比較法的見地・法継受の見地のみから疑問視されるべきものではないように思われるところである。

12）　本文の【　】部分を含めるかどうかは，「債権の準占有者」に詐称代理人を含めることを肯定するかどうかの立場によって異なることになると考えられるが，【　】部分を定義に含めていない学説も，詐称代理人を債権の準占有者に含めているように思われる。
　なお，詐称代理人も「債権の準占有者」であることを認める判例の立場において「自己のためにする意思」がどのように理解されているのかについては，学説の評価が分かれるが，最近の見解として，中田裕康『債権総論』（岩波書店，2008）310頁は，「もはや『自己のためにする意思』を顧慮しなくなったと見るべきであろう」といい，「債権の準占有者」に「自己のためにする意思」は必要ないとの理解を示す。参照し得た限りでは，平井宜雄『債権総論〔第2版〕』（弘文堂，1994）〔一七二〕（198頁）も夙に同様の理解を示していた。
13）　旧郵便貯金法第13条の適用事例であるが，大判昭16.6.20民集20巻921頁参照（判例集では，参照条文として，旧郵便貯金法第13条のほか，民法第478条も挙げられているが，判決理由中に同条は引用されていない。）。

第3　債権者の帰責事由

1　民法第478条が債権者の帰責事由を要件としない理由は，いかなるものであろうか（起草段階でこの点が問題になった形跡はない。）。

梅謙次郎『民法要義巻之三債権編』によれば，債権の準占有者が生ずる場合というのは，多くは債権者に「怠慢」があることが原因であり，そのような債権者よりも，債権の準占有者に対する弁済を無効とすることによって損失を受ける債務者を救うべきであるとされており，民法第478条の立法趣旨は，あたかも債権者と債務者との間の利益考量の結果，債務者を保護することとしたかのような論述がされている[15]。したがって，起草当時における民法第478条の解釈上，債権者の帰責事由は，専ら立法趣旨における考慮事情とされたのみで，条文上には規定されなかったということになりそうである。

これは，「債権の占有者」を限定的に解する前記のフランス民法の系譜に相当程度忠実な解釈を指向するものと評価することができるが，既に述べたとおり，梅は，債権証書の所持自体により債権の準占有者と評価する理解に踏み出していると解され，フランスにおける通説的な見解とは距離があるのではないかとも思われるところである[16]。

梅の示す「利益考量」を民法第478条の解釈上考慮するとすれば，同条の規定の上では，「債権の準占有者」に該当するかどうかの認定作業の中で行うことになる（前述のオブリー＝ローの見解に従ってフランス民法第1240条を解釈す

14）　担保預金との相殺につき民法第478条の類推適用が問題とされた事例についての最二小判昭53.5.1判時893号31頁が，担保定期預金と相殺する予定の下にされた貸付けについて相殺をする場合に民法第478条の類推適用があることを肯定した上で，「この場合において貸付を受ける者が定期預金債権の準占有者であるというためには，原則として，その者が預金証書及び当該預金につき銀行に届け出た印章を所持することを要するものと解すべきである。もっとも，貸付を受ける者が届出印のみを所持し，預金証書を所持しないような場合であっても，特に銀行側にその者を預金者であると信じさせるような客観的事情があり，それが預金証書の所持と同程度の確実さをもってその者に預金が帰属することを推測させるものであるときには，その者を預金債権の準占有者ということができる。」と判示して，印章の所持をより重視しているように見えるのも，我が国において，印鑑を重要な本人確認手段として厳重に取り扱う慣行が存在するとの認識を前提にするものであると考えられる。

15）　梅・前掲注5）247頁の引用部分に続けて「然ルニ債権ノ準占有者アル場合ニ於テハ多クハ真ノ債権者ニ怠慢アルモノナルカ故ニ此場合ニ於テハ寧ロ善意ノ弁済者ヲ助ケテ債権者ヲ保護セサルヲ妥当トス」と述べる。梅が例示する相続人や不在の他人が，自己の権利を適切に管理・行使すれば準占有者が生ずることはないとの認識に立つものと思われる。

る場合においても,「債権の占有者」の該当性の認定によることとなる。)。

2 学説上,債権者の帰責事由について明文の規定がないにもかかわらず,端的に,債権者の故意又は過失を不文の要件に加えると主張する見解があるが[17],民法第478条が「表見法理」を採用するものであると捉えた上で債権者の帰責事由の要否を検討する学説の中においても,戦後の判例が採用し,平成16年の民法現代語化の際に明文化された弁済者の無過失要件の判断の中で考慮すべきであると指摘する見解も存在しており[18],後者の方がより条文に即した解釈を指向するものであるといえよう。

3 現在のところ,債権者の帰責事由を要件としないことについては,なお大方の学説が支持しているところであると理解されるが,この立場は,

---

16) 梅・前掲注5) 247頁は,前掲注15) の引用部分に続けて「殊ニ債権者ハ債権ノ準占有者ニ対シテ求償権ヲ有スルコトハ固ヨリナルカ故ニ多数ノ場合ニ付テ之ヲ言ヘハ債権者カ全ク損失ヲ被ムルコトハ希ナルヘシ」と述べており,債権者が債権の準占有者に対して求償する(不当利得の返還を求めるとの趣旨であろうと思われる。)ことが可能な場合のみを念頭に置いているようにも読むことが可能であるが,十分な確証があるわけではない。

17) 例えば,三宅・前掲注10) は,外観たる準占有を生ぜしめた「原因」を考察すべきであると指摘されるが,具体的な要件論については触れられていなかった。
篠塚昭次=柳田幸男「準占有と代理資格の詐称」判タ139号2頁以下は,民法478条が準占有の作出された原因について,債権者の帰責事由(故意,過失)その他の制限を規定していないが,「手形,小切手など有価証券の場合でさえ,偽造された証券にもとづく支払は無効であるのにくらべると,通常の民事責任にかんする通説・判例の態度はあきらかに取引保護の限界をこえているのではなかろうか」との価値判断に立って,債権者に過失があったことを要件とする(ただし,解釈論として提示されているのは,民法第480条を偽造の受取証書の持参人に対する弁済について適用する場面のみである。)。
浜上・前掲注10) 167頁は,端的に「債権者の側に故意又は過失を要すると解すべきではなかろうか」とするが,要件としての位置付けについては特段の指摘はないので,ここに挙げることとした。

18) 奥田昌道『債権総論〔増補版〕』(悠々社,1992) 504頁は,債権者の帰責事由が要件とされないことで債権者に酷な結果を生ずることについて,「『無過失』の内容を状況に応じて厳しく判断することで歯止めをかけることで満足するほかないと思われる」とする。
また,林良平「CDカードによる払戻しと免責約款」金法1229号15頁は,CD取引についての免責約款の検討において,預金者の不注意を「付随義務か間接義務か,体系的問題はあろうが,端的に<u>銀行の過失判定において勘案すべきである</u>」(下線は筆者による。)とする。最近では,内田貴『民法Ⅲ』(東京大学出版会,1996) 50頁も,「過失」要件の中でそれを考慮するというのが解釈論としては適当だと思われるとする。
なお,弁済者が債権の準占有者を債権者その他の受領権者であると信じたことについて過失がなかったことが,債権の準占有者に対する弁済の有効要件として要求されることを初めて判示したのは,最三小判昭37.8.21民集16巻9号1809頁であるが,この判例については,別の観点から後に触れることになる。

① 弁済という日常最も頻繁に行われる取引について，安全，敏速かつ簡便に処理する必要があること
② 弁済は既に発生した法律関係に基づいて債務を履行する場合であり，弁済者は義務に基づいて履行行為をしているため，より外観〔信頼〕への保護を必要とすること
③ 新たな権利義務関係を発生させる場合より既に発生している債権を消滅させる方が影響が小さいこと

などを理由として，債権者の帰責事由が考慮されていないことを正当化するものである[19]。

このような理解は，債権者と弁済者の立場を考量した結果として広く弁済者の保護を図ろうとする立場から，民法第478条に，債権者の帰責事由を成立要件として考慮しない代わりに，不文の要件である弁済者の無過失を付加することを強く要求する解釈論を準備することとなったということができ，これが，「債権者の帰責事由」が民法第478条の従前の解釈論においていわば「裏側から」果たした役割であったと評することが許されよう。

第4 CD，ATMを利用した預金取引における民法第478条の適用

1 CD，ATMを利用した預金取引の現状

民法第478条の現実の適用場面として最も多数を占めると思われるのは，預金通帳，預金証書の所持者に対する預貯金の払戻しの場面であろう。

現在は，これにCD，ATMを利用した預貯金の払戻しが加わり，むしろ，預金の預入れや払戻しを行う際に，窓口で対面の取引を行うことは希になってきているのが実情であると考えられる。

全国キャッシュサービス（MICS）に参加する全国の民間金融機関の業態別CD・ATM設置状況等が公表されているところ，これによると，都市銀行，地方銀行，信託銀行，長期信用銀行・商工中金，第二地方銀行協会加盟の地方銀行，信用金庫，信用組合，労働金庫，系統農協・信漁連の9業態の総合計で，CD・ATM設置台数は11万2304台，カード発行枚数は3億4281万枚であるという（平成19年9月末現在。全国銀行協会公表）。

---

[19] 河上・前掲注4）171頁が諸説を総合して述べるところである（ただし，〔　〕は筆者が補充した。）。

こうした数字に照らせば、キャッシュカード取引は、預金の払戻し、金銭の振込みなどを行うためのインフラとして完全に定着しているということができよう。
　次に、「盗難通帳による払出し件数・金額等に関するアンケート結果等について」（平成20年9月26日、全国銀行協会公表）[20]という資料が存在するが、これは、全国銀行協会の正会員・準会員187行に対するアンケート結果である。これによると、

　　盗難通帳による払出し件数・金額は、平成19年10月から12月までの3月間で43件・7300万円
　　盗難キャッシュカードによる預金引出しである又は盗難カードによるローンの借入れであるとの可能性が高いと判断することができた件数・金額は、同時期に714件・2億7000万円
　　偽造キャッシュカードによる預金引出しである又は偽造カードによるローンの借入れであるとの可能性が高いと判断することができた件数・金額は、同時期に229件・1億7900万円

であった。
　以上の統計資料に照らせば、その規模・頻度からして、債権の準占有者に対する弁済の効力を問題とすべき最大の領域はCD、ATM取引であると言わざるを得ない状況が、平成19年当時には生じていたということができる。
　さらに、インターネットバンキングのような新たな取引形態も増加傾向にあることは周知のとおりである。

2　免責約款と民法第478条との関係

　ところで、預金の払戻し等（預金を担保とする借入れを含む。）については、各種の取引約款中の免責約款による規律が存在している[21]。
　この免責約款の効力について判断した判例として著名なのが、最一小判昭46.6.10民集25巻4号492頁である。
　この判例は、免責約款を適用するための銀行の注意義務が軽減されるものではないことを示しており、これに照らせば、免責約款の適用上要求される

　20）　http://www.zenginkyo.or.jp/news/2008/02/07110000.html 参照。その後も、逐次アンケートが実施され、その結果が同様に公表されている。
　21）　なお、従前は、郵便貯金については銀行取引約款ではなく郵便貯金法第26条及び郵便貯金規則第52条による規律がされていたが、郵政公社の設立に伴い、これらの条項は廃止され、郵政公社の定める約款に基づく規律に変更され、その後の郵政民営化によりゆうちょ銀行が設立されたことに伴い、銀行取引約款が定められている。

金融機関の注意義務が，民法第478条の善意無過失の要件と重なり合う，すなわち，免責約款は民法第478条の内容を注意的に規定したにすぎず，又はその具体化を図るものであると理解するのが多数説である。

3 CD，ATM取引における民法第478条，免責約款の適用が問題とされた具体例

① **最二小判平5.7.19**（判タ842号117頁，判時1489号111頁。以下「平成5年判決」という。）

(1) **事案の概要と上告理由**

預金者以外の者が真正なキャッシュカードを使用し，正しい暗証番号を入力してCDから預金の払戻しを受けたところ，これが被告銀行が定めたキャッシュカード取引規定中の免責約款によって有効な払戻しとしての効力を認められるかが争われた事案である。

この事案では，預金者である原告が預金の払戻しを請求したのに対して，銀行である被告が，民法第478条又は免責約款（「支払機によりカードを確認し，支払機操作の際使用された暗証と届出の暗証との一致を確認のうえ預金を払い戻しました場合には，カードまたは暗証につき偽造，変造，盗用その他の事故があっても，そのために生じた損害については，当行および提携行は責任を負いません」との規定）に基づき，提携銀行のCDにおいて，原告名義の真正なカードであることを確認した上で預金を払い戻しているとして免責を主張した。

第1審，原審が，いずれも免責約款による免責を認めた（被告は，民法第478条による免責も主張したが，こちらは判断されていない。）ことから，上告人（原告）は，①払戻しに用いられたのが真正カードであるとの判断が証拠によらないものであり，審理不尽・採証法則違反の違法がある，②カードの偽造が容易であることなどの主張を排斥したことに審理不尽・理由不備の違法がある，③印鑑照合による場合には，通帳持参と印鑑照合の一致のみならず支払を請求した者の風采・挙動・応答その他についての銀行の注意義務が斟酌されるのに，CDによる場合には，カードと暗証番号の一致の確認を機械的に行うのみで銀行が免責されるのでは，両者の均衡を失うことになるが，原審は両者の相違をシステムの質的相違として切り捨てて免責約款を有効と断じるもので，審理不尽・経験則違反の違法がある，④原審の判断は，最一小判昭46.6.10に反し，法律の解釈適用を誤った違法がある，などと主張した（平成5年判決の上告理由・金判944号34頁以下参照）。

以上のとおり，上告理由は，原審が免責約款を適用して銀行を免責したこ

とに違法があると主張するものであるから，平成5年判決においては，免責約款と民法第478条との適用関係については何ら触れられていないことに注意すべきである。
　(2)　判示内容
　①及び②の上告理由については，原審において真正カードであると判定した上支払われた旨の裁判上の自白が成立しているとして簡単に排斥されている。したがって，この事案においては，預金の払戻しに用いられたのが偽造カードであるとも真正カードであるとも事実認定はされていない。
　その余の上告理由に対しては，最高裁は，「銀行の設置した現金自動支払機を利用して預金者以外の者が預金の払戻しを受けたとしても，銀行が預金者に交付していた真正なキャッシュカードが使用され，正しい暗証番号が入力されていた場合には，銀行による暗証番号の管理が不十分であったなど特段の事情がない限り，銀行は，現金自動支払機によりキャッシュカードと暗証番号を確認して預金の払戻しをした場合には責任を負わない旨の免責約款により免責されるものと解するのが相当である。」と判示して，原審を維持した。
　(3)　注目すべき点
　平成5年判決は，上告人が，原審において，払戻しがされた昭和56年4月当時における被上告人（被告）銀行が採用していたシステムについて，当時被上告人が上告人を含む預金者に交付していたキャッシュカードの磁気ストライプ上には，預金者が被上告人に届け出た暗証番号がコード化されて記録されていたとの主張を前提に，このようなキャッシュカードについては，市販のカードリーダーをパーソナルコンピューターに接続することにより，暗証番号を解読することができるから，支払システムとしての安全性を欠き，免責約款は無効であると主張していたことを捉えて，「所論の方法で暗証番号を解読するためにはコンピューターに関する相応の知識と技術が必要であることは明らかである（なお，記録によれば，本件支払がされた当時，このような解読技術はそれほど知られていなかったことがうかがえる。）から，被上告人が当時採用していた現金自動支払機による支払システムが免責約款の効力を否定しなければならないほど安全性を欠くものということはでき」ないと判示している。
　この部分は，傍論ではなく，キャッシュカードシステムを構築した銀行の注意義務にかかわり，上告理由に応えた判示部分における「特段の事情」があるとは認められないことを付加的に述べたものであると理解したいところである。
　また，「特段の事情」の内容として，暗証番号の管理が不十分であること

等を挙げていることからは，人的な側面を含めたシステム全体の安全性を免責の要件としたものであるとの理解が示されており[22]，次の平成15年判決へとつながる理論枠組みが用意されていたといえそうである。

(4) 平成5年判決の実務的影響

平成5年判決が扱った昭和56年当時のキャッシュカードシステムは，キャッシュカードの磁気ストライプ部分に直接暗証番号のデータを記録する「非ゼロ暗証方式」に加えて，CDの端末において，カード所持者がCDの画面上で入力した暗証番号（4桁の数字）をCDに挿入されたカードの磁気ストライプ部分に記録された暗証番号のデータと照合し，その一致を確認する「暗証番号の端末確認方式」を採用するものであった。

この方式によると，上告人が原審で主張したように，カードリーダーを用いた偽造カードの作成が容易に可能である。すなわち，偽造者が，カードの磁気ストライプ部分に真実の暗証番号とは異なる任意の4桁の数字のデータを記録する技術があれば，CDは挿入されたカードの暗証番号と入力された暗証番号が一致すれば，暗証番号が確認されたものとして払戻しをしてしまうという危険性があるものである。

この平成5年判決の事件があったことなどから，全国銀行協会連合会（当時）は，昭和62年9月に，カードの磁気ストライプ部分に暗証番号のデータを記録しない「非ゼロ化方式」及び暗証番号の照合を，CD端末限りでなくセンター・コンピュータに登録された届出の暗証番号のデータと照合する「暗証ホスト照合方式」の採用を促す通達を行い，それまで対応を実施していなかった金融機関においても採用が進むことになったようである[23]。

② 平成15年判決

(1) 事案の概要と上告受理申立ての理由

預金者以外の無権限者が預金者所有の自動車ごと盗難にあった真正な預金通帳を使用し，正しい暗証番号（自動車の登録番号と同一）を入力してATMから預金の払戻しを受けたことについて，民法第478条により払戻しが効力を有するかが争われた事案である。

この事案では，原告が，被告銀行に対して，払戻しが無効であり，そうでないとしても債務の本旨に従った履行とはいえないなどと主張して，払戻し

[22) 松並重雄・平15最判解説(民)(上) 235頁が指摘するところである。
[23) 川田悦男「カード・暗証による支払機からの預金の不正払戻しと銀行の免責」手形研究483号17頁以下。

に係る預金相当額の返還又は債務不履行に基づく損害賠償として同額の金員の支払等を求めたのに対して、被告銀行が民法第478条による免責及び債務の本旨に従った履行であると主張して争った。

　被告銀行においては、キャッシュカードを使用してATMから預金の払戻しをした場合（カード機械払）については、キャッシュカード規定の免責約款が定められていたが、被告銀行は通帳を使用してATMから預金の払戻しをすることができる（通帳機械払）システムを採用していたにもかかわらず、通帳機械払の方法により預金の払戻しが受けられる旨を貯蓄預金規定、カード規定のいずれにも定めず、免責規定も設けられていなかったとの事情が存在した（原審においては、原告は、ATMでキャッシュカードを使用して預金の預入れをしたことはあったが、ATMで通帳又はキャッシュカードを使用して預金の払戻しを受けたことはなく、通帳機械払の方法により払戻しが受けられることを知らなかったと認定されている。）。

　第1審、原審とも民法第478条の適用を肯定するとともに、通帳機械払による預金の払戻しは債務の本旨に従った履行であるとして原告の請求を棄却したことから、上告人（原告）は、上告受理申立てをし、上告受理申立て理由として、①通帳機械払の方法により預金の払戻しが受けられる旨の規定がないのに、第三者が正しい暗証番号を入力したことのみで、銀行側の過失を否定している、②短時間に複数の店舗のATMから多額の払戻しがされるという不審な行動が見られたのに漫然と払戻しをした被告銀行の機械払システムは安全性が十分ではない、③被告銀行では通帳機械払のシステムの採用が顧客に周知されておらず、そのために、原告の通帳が盗難にあった旨の届出が遅れ、払戻しがされたのであり、通帳機械払の方法により預金の払戻しが受けられる旨の規定を欠いたことは被告銀行の機械払システムに欠陥があった、などとして、原審が銀行の過失を否定して民法第478条を適用したのは同条の解釈適用を誤ったものであると主張した。

　以上のとおり、本件では、通帳機械払の方法による払戻しについての免責約款が存在しなかったことから、上告審においては、民法第478条の適用のみが問題とされたものである。

(2) 判示内容

「(1) 無権限者のした機械払の方法による預金の払戻しについても、民法478条の適用があるものと解すべきであり、これが非対面のものであることをもって同条の適用を否定すべきではない。

　債権の準占有者に対する弁済が民法478条により有効とされるのは弁済者が善意かつ無過失の場合に限られるところ、債権の準占有者に対する機械払

の方法による預金の払戻しにつき銀行が無過失であるというためには，払戻しの際に機械が正しく作動したことだけでなく，銀行において，預金者による暗証番号等の管理に遺漏がないようにさせるため当該機械払の方法により預金の払戻しが受けられる旨を預金者に明示すること等を含め，機械払システムの設置管理の全体について，可能な限度で無権限者による払戻しを排除し得るよう注意義務を尽くしていたことを要するというべきである。その理由は，次のとおりである。

　機械払の方法による払戻しは，窓口における払戻しの場合と異なり，銀行の係員が預金の払戻請求をする者の挙措，応答等を観察してその者の権限の有無を判断したり，必要に応じて確認措置を加えたりするということがなく，専ら使用された通帳等が真正なものであり，入力された暗証番号が届出暗証番号と一致するものであることを機械的に確認することをもって払戻請求をする者が正当な権限を有するものと判定するものであって，真正な通帳等が使用され，正しい暗証番号が入力されさえすれば，当該行為をする者が誰であるのかは全く問われないものである。このように機械払においては弁済受領者の権限の判定が銀行側の組み立てたシステムにより機械的，形式的にされるものであることに照らすと，無権限者に払戻しがされたことについて銀行が無過失であるというためには，払戻しの時点において通帳等と暗証番号の確認が機械的に正しく行われたというだけでなく，機械払システムの利用者の過誤を減らし，預金者に暗証番号等の重要性を認識させることを含め，同システムが全体として，可能な限度で無権限者による払戻しを排除し得るよう組み立てられ，運営されるものであることを要するというべきである。

　(2)　前記事実関係によれば，被上告人は，通帳機械払のシステムを採用していたにもかかわらず，その旨をカード規定等に規定せず，預金者に対する明示を怠り（なお，記録によれば，被上告人においては，現金自動入出機の設置場所に「ATMご利用のお客様へ」と題する書面を掲示し，「当行の通帳・カードをご利用のお客様」の払戻手数料を表示していたことがうかがわれるが，これでは預金者に対する明示として十分とはいえない。），上告人は，通帳機械払の方法により預金の払戻しを受けられることを知らなかったというのである。無権限者による払戻しを排除するためには，預金者に対し暗証番号，通帳等が機械払に用いられるものであることを認識させ，その管理を十分に行わせる必要があることにかんがみると，通帳機械払のシステムを採用する銀行がシステムの設置管理について注意義務を尽くしたというためには，通帳機械払の方法により払戻しが受けられる旨を預金規定等に規定して預金者に明示することを要するというべ

きであるから，被上告人は，通帳機械払のシステムについて無権限者による払戻しを排除し得るよう注意義務を尽くしていたということはできず，本件払戻しについて過失があったというべきである。もっとも，前記事実関係によれば，上告人は，本件暗証番号を本件車両の自動車登録番号の4桁の数字と同じ数字とし，かつ，本件通帳をダッシュボードに入れたまま本件車両を自宅近くの駐車場に駐車していたために，何者かにより本件通帳を本件車両ごと盗まれ，本件暗証番号を推知されて本件払戻しがされたものと認められるから，本件払戻しがされたことについては上告人にも帰責事由が存するというべきであるが，この程度の帰責事由をもって被上告人に過失があるとの前記判断を覆すには足りない。

したがって，本件払戻しについて，民法478条により弁済の効力を認めることはできない」。原判決破棄，第1審判決取消し，原告（上告人）の請求を認容（自判）。

(3) **注目すべき点**

平成15年判決は，CD，ATMを利用した機械払についても，民法第478条が適用されることを肯定した最高裁として初めての判決である。

平成15年判決においては，銀行の無過失の認定に際し，銀行において，通帳機械払の方式により預金の払戻しが受けられる旨を預金者に明示すること等を含め，ATMを利用した預金の払戻（弁済）システムの設置管理の全体について，可能な限度で無権限者による払戻しを排除し得るよう注意義務を尽くしていたことを要するとして，システムの安全性が民法第478条の適用の要件となることを明らかにしたものであると理解されている。

このような，弁済のための払戻システムの設置管理の全体について弁済者の無過失を判断すべきであるとの判断枠組みは，既に最三小判昭37.8.21（前掲注18））が示していたと解すべきであり（同判決の判決要旨に採られていない部分であるが，数人の者が段階的に関与して一連の弁済手続を成す場合に関係者の一部の過失が弁済者の過失となる旨の判示について，担当調査官解説では重要な判示として，特に解説が加えられている。）[24]，学説の中にも，平成15年判決が示したシステム過失を認めた先例として注目するものがある[25]。

とはいえ，本件における銀行の過失は，通帳機械払の方法により預金の払

---

24) 右田堯雄・昭37最判解説(民)427頁以下（特に434頁）。
25) 菅野佳夫「民法四七八条と債権者の帰責性」判タ1138号38頁以下（特に39頁），並木茂「現金自動入出機による預金の払戻しと民法四七八条の適用の有無など(中)」金法1698号85頁3段。

戻しが受けられる旨を預金規定等の約款に規定して預金者に明示していなかった過失であり，約款に規定しさえすれば，明示義務を尽くしたとするものであり，その点以外の安全性確保について不十分であるとの認定がされたものではない。

なお，平成15年判決においては，システム過失を論ずる部分で「窓口における払戻し」では，「銀行の係員が預金の払戻請求をする者の挙措，応答等を観察してその者の権限の有無を判断したり，必要に応じて確認措置を加えたりする」ことが可能であることが前提とされており，窓口における払戻しにおいては，通帳及び届出印鑑の所持のみならず，請求者の挙措，応答等を観察してその者の権限の有無を判断することが具体的場面においては要求され得ることも示されたと理解したいところである（近時の下級審裁判例には，この点の詳細な事実認定に基づいて，金融機関側の過失を認めて債権の準占有者に対する弁済の効力を否定するものが少なくないところである。）。

(4) 平成15年判決の実務的影響

本件は，「通帳機械払方式」という多くの銀行では採用されていなかった機械払の方式が，預金者にも知らされず，通帳が盗難されて払戻しがされた場合などに対応する免責約款の整備もされていなかったという事案であり，キャッシュカードシステムそのものの安全性が確保されることが銀行の注意義務の内容となることを前提にしつつも，具体的に問題とされたのは通帳機械払方式の採用について約款を整備して預金者に知らせることを怠ったことのみであったため，それ自体はシステムに大きな変革を迫るようなものではなかったといえると思われる。

しかしながら，正にこの当時から，平成5年判決で問題とされたキャッシュカードシステムの安全性に対する脅威が大きく社会問題化していくこととなり，預金者保護法制定へと繋がっていくこととなる。

4 平成5年判決及び平成15年判決を前提とした「債権者の帰責事由」の位置付けの検討

(1) 平成5年判決及び平成15年判決により，弁済のためのシステム（キャッシュカード又は預金通帳及び暗証番号による本人確認を前提とするATM等の機械払式預金払戻しのシステム）の安全性を確保するという意味での弁済者側の注意義務を想定することができること，この義務を尽くさなかったことによる過失の有無が民法第478条の適用において検討されるという判例の定式が抽出される。

(2) 本稿の主題との関係で問題であると思われるのは，預金者側の過失に

ついて触れた平成15年判決付言部分の意味をどう理解するかである。
　この点について，平成15年判決の担当調査官は，「銀行のシステムの安全性に問題がある場合であっても，預金者の帰責事由が重大である場合には，<u>銀行の過失が問われない場合があり得ることをいうものと解される</u>」「技術の進歩等によって，ある時点で安全とされたシステムが後に安全でなくなった場合には，銀行は，技術・コストの制約の中で可能な限度でシステムを安全なものにする義務を負うことになる。このような場合においても，<u>銀行の注意義務違反の程度と預金者の帰責事由の程度を比較して，銀行の過失が否定される場合があり得ると思われる</u>」と指摘している（下線は筆者による。)[26]。
　(3)　この解説の趣旨を敷衍すれば，銀行側の過失の存在を判断するための事情として預金者の帰責事由が取り上げられているように思われる。すなわち，要件事実的には，「過失がないことの評価根拠事実」として，銀行が預金払戻しのシステムの安全性を確保するための注意義務を尽くしていたことを示す具体的事実の主張を要するのに対して，「過失がないことの評価障害事実」として，上記事実と両立する当該システムが安全性を欠いたことを示す具体的事実を預金者の側で主張することを要するものと解されるところ，本稿の主題との関係では，「預金者の帰責事由の存在」が銀行の無過失の評価根拠事実を構成することを意味するものと解してよいかどうか，との立論の可能性が問題となる。
　(4)　平成15年判決付言部分に対しては，「債権者（預金者）の帰責事由を『弁済者の無過失』の判断の一資料として，弁済者の過失が大で債権者の帰責事由が小であれば，弁済者の無過失と判断すべきでなく，弁済者の過失が軽微で債権者の帰責事由が重大であれば，弁済者の無過失と判断すべきだというのであれば，弁済者の無過失を要件とした趣旨に反する」との指摘も存在するところである[27]。
　しかしながら，そもそも，債権者の帰責事由を問わない代わりに，弁済者の無過失を要件として要求したにもかかわらず，なぜ弁済者の過失の有無（注意義務違反）を判断するに当たって，弁済者の支配領域外の事情であると考えられる「債権者の帰責事由」を考慮しなければならないのかを問題とすべきではなかろうか。すなわち，規範的要件事実における規範的評価の根拠となるべき事実をどの範囲で捉えることが許されるのかが，ここでの問題ではなかろうか（この評価根拠事実として取り上げられるべき事実を選別するという視点は，

---

26)　松並・前掲注22) 237頁，238頁。

大阪民事実務研究会における報告の際に，出席者から示唆をいただいたものである。）。

　この点について，筆者は，「弁済者の無過失は，弁済者が弁済のための特定のシステムを利用することを前提とする場合には，当該システムの安全性の確保に向けられた注意義務を尽くしたといえるかどうかについて判断される」との前提から，弁済者が，当該システムの利用者である債権者に対し，当該システムの安全性を確保するためにどのような働きかけをしたのかがまずもって問われるべきであると注意義務の範囲を整理することができると考える。

　その上で，預金払戻しの事例に引きつけて言えば，弁済者による具体的な働きかけに応じて，預金払戻システムの安全な利用に向けて，債権者（預金者）側が負担すべき安全性確保の措置が存在するとの前提が肯定され，弁済者が債権者に対し，具体的なシステムの安全性確保に向けた措置を債権者自身もとることに向けられた「働きかけ」をしていたにもかかわらず，債権者において当該措置をとらなかったとの事情が存在する場合には，これを「債権者の帰責事由」として，弁済者の無過失の評価根拠事実に加えることができるのだということになるのではないだろうか[28]。

　すなわち，債権の準占有者に対する弁済（預金の払戻し）が，弁済者が可能な限度で行った弁済のためのシステムの安全性確保の措置が及ぶ領域外（債権者〔預金者〕の領域内）の事実を原因として生じた場合であっても，無権限者による預金の払戻しが生じたのは，弁済者が債権者（預金者）に対して具体的な安全性確保に向けた措置をとるよう働きかけをしたにもかかわらず，

---

[27]　並木茂「現金自動入出機による預金の払戻しと民法四七八条の適用の有無など（下）」金法1699号46頁4段。同書では，さらに，梅・前掲注15），16）で引用した部分を指摘して，「民法第478条には債権者の帰責事由の有無が折り込まれているとして，<u>弁済者の支配の及ばない債権者側の事情により弁済の効力の有無が定まるとすること</u>は，立法趣旨に大きく背馳することになり，相当ではないのではないだろうか」と指摘する（下線は筆者による。）。

　しかしながら，梅博士の論述が，母法であるフランス民法第1240条に相当程度忠実な解釈を指向するものである（少なくとも，条文上の要件として債権者の帰責事由が問題とされてはいない。）と考えられることからは，現在の民法第478条の理解と整合するとは必ずしも言えないのではないかと考えられ，前記下線部分については，債権者側の事情がそれのみで要件として判断されるものではなく，本文で述べる理解の仕方が相当ではないかと考える。

[28]　従来の学説が，債権の準占有者に対する弁済において債権者の帰責事由を考慮すべきであるとするのも，本文で述べたような意味で主張されていたのではないかと考える。例えば，岩原伸作『電子決済と法』（有斐閣，2003）155頁から165頁までの立法提言における預金者のキャッシュカード及び暗証番号の管理についての故意・過失も，銀行による十分な注意喚起がされることを前提に考察されていると理解すべきではないかと考える（164頁）。なお，後掲注44）も参照。

債権者が当該措置を怠ったためであり，弁済者にとっては結果回避のための措置を尽くしたのに回避可能性がなかったと評価されるということなのではないだろうか。

(5) このような想定の下で，平成15年判決付言部分を読むとどうなるであろうか。

債権者（預金者）は，本件暗証番号を本件車両の自動車登録番号の4桁の数字と同じ数字とし，かつ，本件通帳をダッシュボードに入れたまま本件車両を自宅近くの駐車場に駐車していたために，何者かにより本件通帳を本件車両ごと盗まれ，本件暗証番号を推知されて本件払戻しがされたというのであって，上記のような弁済者による債権者（預金者）に対する弁済システム（本件の場合は，通帳機械払方式）に危険を生じさせる行為があったというべきであるけれども，弁済者は，この弁済システムの内容について，債権者に対して知らせていなかったものと認定されているのであり，これによれば，債権者（預金者）の過失が直ちに弁済者（銀行）の弁済を正当化する「過失なく債権者であると信じたこと」の評価根拠事実となるものではないというべきであり，平成15年判決付言部分の趣旨をよく理解することができるのではないだろうか。

(6) なお，平成15年判決の担当調査官は，(2)で引用した箇所に続けて「当該無権限者による払戻しの原因が預金者の領域になく預金者の側に何らの意味でも帰責事由といえるものが存しない場合には，当該払戻しについて銀行側の過失を肯定すべきものとする考え方を採用する余地が残されているように思われる」との指摘をしている。これは，弁済システムの安全性確保のために，弁済者（銀行）側も債権者（預金者）側も応分に負担すべき注意義務を尽くした場合に，どちらが預金払戻しによるリスクを負担すべきであるとするかの究極の政策判断であり，現行民法第478条が債権者の帰責事由を明文の要件としないことからは，論理的に弁済者負担とすることも債権者負担とすることも可能であるが，弁済者の保護を強調してきた従来の通説的見解からは，債権者が危険を負担すべきであるとされることになるのであろう。仮に，この場面で，弁済者に預金払戻しのリスクを負担させるとの結論を採るとすれば，民法第478条の要件として，債権者の帰責事由の存在を，一定の場合に限ってではあるが，正面から位置付けるということとなろう（その意味で，上記の弁済者の無過失の評価根拠事実としての位置付けを超える意味を与えることとなる。）。

5 平成15年判決の別の理解——過失相殺の可否

(1) 平成15年判決付言部分の理解について残された問題は，債権者の過失を捉えて，過失相殺の可能性を肯定することができるかどうかである（本稿の元となった大阪民事実務研究会の報告の際にも，出席者から，過失相殺の可否についてどう考えるのかとの指摘があった。）。

(2) 文理からすれば，民法第418条の過失相殺は，債務不履行によって生じた損害についてのみ行うことができるにとどまるはずであるが，学説にも，債権者の重大な過失によって預金通帳と印鑑が盗まれ，銀行が盗まれた通帳と印鑑を持参した者に支払った場合には，民法第418条の類推適用を支持するものが見られ[29]，下級審裁判例の中には，盗難被害に遭ったという預金通帳が利用された普通預金の払戻しにつき，債権の準占有者に対する弁済を理由とする金融機関の免責を否定しつつ，預金者の通帳管理に過失があったとして，3割の過失相殺をして預金者の払戻請求を預金額の7割の限度で認容するという判断を示したものがある[30]。

(3) 筆者としては，学説・裁判例の過失相殺を肯定する議論に異を唱えるつもりはないが，契約に基づく履行請求を求めたことに対して，催告後の遅延賠償部分にとどまらず，履行請求自体についてまで過失相殺の対象とすることについて理論的に説明することができているのか，なお疑問がある。

そうであれば，既に提唱されていることではあるが，預金者側にも債権の準占有者が生じたことについての帰責事由があることから，弁済者・金融機関側に対する不法行為が成立することを前提に，弁済者が，不法行為に基づく損害賠償請求権をもって，預金者の履行請求権と対当額において相殺するとの構成を採用するのが無難ではなかろうか。この場合，自働債権についての過失相殺も検討する必要が生ずるという意味でやや複雑ではあるものの，問題がよく整理されるように思われるが，いかがであろうか。

---

[29] 中川善之助ほか編『注釈民法(10)』（有斐閣，1987）652頁〔能見善久〕。
[30] さいたま地判平16.6.25金判1200号13頁，金法1722号81頁。

第5　預金者保護法沿革小史

1　立法に至る背景事情

　平成15年判決が言い渡された同じ年から，現実に偽造カードによる預金払戻しの被害が増加し始めている。

　全国銀行協会の傘下銀行に対するアンケート調査の結果によれば，平成16年には，年間で440件・9億6900万円の偽造キャッシュカードによる預金等引出しの被害が発生している。

　これは，暗証番号を盗む技術（ATM画面ののぞき込み，ATMを操作する手の動きの観察，隠しカメラによるATM操作状況の盗撮，旧カードの磁気データの利用など），カード番号を盗む技術（スキミング，カードそのものの盗取など），偽造カード作成技術のいずれもが進化したことによるものと分析されている。すなわち，スキミング装置，盗撮カメラ，解読機等の入手が容易になっていることが原因であるというのである[31]。

　この偽造者側の進化に対して，銀行のセキュリティ対策は十分ではなかったとの指摘がされている。すなわち，銀行は，約款（カード取扱規定）に，カードの安全維持について，具体的な危険性（瑕疵に相当）を明示せずに，預金者に注意義務を課すにとどまり，預金者に自己責任を押しつけるだけで，偽造カード犯罪が増えても，その実態や具体的な注意点について預金者に告知せず，暗証番号を誕生日以外のものにすれば安全であるかのような告知ばかりに力を入れていた，などの指摘である。

　このように，平成5年判決が指摘したような状況に比べて，技術的なハードルが下がり，偽造カードの作成が容易化し（スキミングについては，衣服のポケットに財布に入れた状態で入っているキャッシュカードのデータが，衣服に触れることなくスキミングされるとまで言われたが，これは技術的に不可能であるとされている。），しかも，一般に暗証番号の管理がそれほど厳重でなく，他人に推知されやすい番号（生年月日，電話番号，自動車登録番号等）を用いたり，暗証番号を記載したメモをカードとともに所持していたとの事情が存在し，さらには，偽造者側の巧妙な暗証番号の入手方法[32]により，暗証番号を知られて，払戻しがされるといった事態が増加した。

---

31)　柳田邦男「偽造キャッシュカード犯罪および被害の問題点」メモ（平成17年2月25日開催のスタディグループ〔第2回〕配布資料）によった。

1 偽造カード等及び盗難カード等を用いて行われる不正な機械式預貯金払戻し等からの預貯金者の保護等に関する法律第4条の要件の検討

　以上の状況について，預金者保護法の制定以前におけるキャッシュカードシステムの安全性は，金融機関側によるシステムセキュリティの強化が図られない状況下において，キャッシュカードを利用する預金者によるカード自体及び暗証番号の管理がいかに厳重に行われるかに依存していたにもかかわらず，預金者に対するカード・暗証番号の管理の重要性を認識させるための努力が金融機関側において十分ではなかったとの評価がされている。

　しかも，ハード面のシステムの脆弱性にも問題があるとされ（偽造が容易に可能であるようなカードを採用していること自体が脆弱性を示すとの指摘がされている。），ICキャッシュカードの採用や，生体認証の採用はごく一部でのみ始まっていたようであるが，金融機関の多数が進めていた方策であるとはいえない状況であったと評価されている[33]。

2　金融庁スタディグループによる検討・中間取りまとめ

　このような偽造カード被害の多発が，社会問題にまで発展してきた平成17年2月，金融庁は，スタディグループ（座長・岩原紳作東京大学法学部教授）を発足させた。スタディグループは，同月22日から同年3月25日までに6回の会議を開催し，同月31日，「偽造キャッシュカード問題に関するスタディグループ中間取りまとめ～偽造キャッシュカード被害に対する補償を中心として～」（以下「中間取りまとめ」という。）を公表した[34]。

　中間取りまとめは，偽造キャッシュカード被害に関する補償の現状及び問題点を検討した上で，現行の免責約款によって，預金者が補償を受けられないケースが多いとの批判があること，平成5年判決及び平成15年判決の射程が偽造キャッシュカードにも及ぶとして，磁気キャッシュカードの偽造が容

---

[32]　あるゴルフ場では，4桁の暗証番号を入力するタイプのロッカーに真正キャッシュカードを保管させ，ロッカーの管理者が，解錠するための暗証番号をシステムで強制的に表示させてカードと暗証番号を入手し，スキミングにより偽造カードを作成した上でカードを戻しておくという手口により，多くの利用者がロッカーの暗証番号にキャッシュカードの暗証番号と同じ番号を用いたために暗証番号が漏洩した。岩下直行「偽造・盗難カード預貯金者保護法と金融機関のセキュリティ対策」ジュリ1308号45頁以下（特に47頁）。

[33]　「偽造キャッシュカード問題に対する銀行の取組み状況（平成17年4月末）」（平成17年6月16日開催のスタディグループ〔第19回〕配付資料）によれば，利用限度額の一律引下げの対策を講じた銀行は，当時キャッシュカードを発行していた銀行135行のうち111行に上るが，ICキャッシュカードの発行は6行，生体認証の導入は当時ATMを設置していた銀行129行のうち2行にとどまった。

[34]　平成17年6月24日付けで公表された「偽造キャッシュカード問題に関するスタディグループ最終報告書～偽造・盗難キャッシュカード被害発生の予防策・被害拡大の抑止策を中心として～」別添3。金融庁HP上で公開されている。

易にできることが広く周知されてきたことに加え，ICカード等より安全なシステムが技術的に可能となっていることにかんがみれば，現在のシステム及びその管理態勢について何らの措置も行わない場合には，将来的には，免責約款の効力が否定され，又は金融機関に過失があるとして弁済が無効と判断されることもあり得るとの意見があること，海外における偽造カード被害に対する補償制度の在り方等[35]を踏まえて，我が国における損失負担ルールを創設することを提言するものであった。

　提言は，偽造キャッシュカードを使用した預金の払戻しに限らず，振込み及び預金担保借入れも対象とすることを前提に，金融機関に偽造キャッシュカードによる被害を予防する措置を講ずるインセンティブが働くよう配慮するが，他方で，暗証番号やカードの管理に関する預金者のモラルハザードを招かない配慮も必要であることがルール検討の考慮すべきポイントであるとして，損失負担ルールの前提となる考え方を次のとおりまとめている（中間取りまとめ4頁以下）。

① 偽造キャッシュカードによる払戻し，振込，預金担保借入は，無権限者への預金の払戻し，無権限者の指図による振込，無権限者による借入であり，本来，有効な行為ではないということを前提とすべき。

② 現在のキャッシュカードシステムは，カードの所持と暗証番号との二つの認証により成り立っているが，偽造キャッシュカードが作られる状況とは，カードの所持による認証が機能していないことに他ならず，（完璧なシステムがありうるのかという議論はあるものの．）現行のキャッシュカードシステム自体には，何らかの改善・補強を行うべき欠陥があるといえるのではないか。

③ 金融機関と預金者では，一般的に立証能力等に差があり，債務者の動態的取引の保護に重きを置いた民法第478条的な発想では，偽造キャッシュカードの場合には，債権者（預金者）側に酷な場合が多いのではないか。

④ もちろん，カード及び暗証番号の管理について預金者に全く注意義務を求めないのは適切ではない。偽造されるリスクをあらかじめ説明したうえで，預金者にも注意義務を尽くすことを求めるべき。

---

35) 諸外国における預金者保護制度を概観する資料として，杉浦宣彦「偽造・盗難キャッシュカードによる不正払戻しへの対応に関する諸外国の預金者保護制度とその実情について」ジュリ1308号53頁以下。

以上の考え方を前提として，示された損失負担ルールの内容は，次のようなものであった（中間取りまとめ6頁）。

○　偽造キャッシュカードが使用されたことによる損害は，原則として金融機関が負担
○　ただし，預金者の責に帰すべき重大な事由（キャッシュカードの偽造又はその使用につき預金者に故意がある場合及びキャッシュカード又は暗証番号の管理につき預金者に重過失がある場合をいう[36]）がある場合には，預金者が負担
○　預金者の帰責事由については，金融機関に立証責任

なお，上記提案は，預金者に重大な帰責事由があるときは偽造カードを用いた払戻しによる損失を全額負担するとの考え方に立つものであるが，損失負担の割合について，「過失相殺等により事案に応じて勘案することも考えられる」との考え方も示されていた。

また，個別の事案につき，金融機関による対応に差が出ることの防止策として，ガイドラインを作るための預金者の帰責事由の類型化を図るべきとの提案も見られたところである。

3　議員立法による預金者保護法の制定

以上のスタディグループの提言と同時期に，並行して当時の与野党が立法措置を検討していた。

中間取りまとめによる偽造カードに対する損失負担ルールの提言は，その時点では，あくまで約款や事務取扱いの指針を作成するための自主的ルールの策定を念頭に置いたものであったが，偽造キャッシュカード被害が拡大する中，与野党がそれぞれ議員立法による法律案の提案をする状況にまで進んでいたことから，中間取りまとめの提言が参考にされつつ，与党案が取りまとめられたものと想像される。

預金者保護法案は，第162回国会に平成17年6月21日，江崎洋一郎議員外5名（自民・公明）が共同で提出し（衆法第23号），同年7月15日，財務金融委員会に付託された後，同月19日，趣旨説明，質疑等が行われ，同月21日，

---

[36]　預金者の重過失については，「(偽造キャッシュカードの場合，スキミングと預金引出しとの間で時間的余裕を犯罪者側が持ちうることにもかんがみ，) キャッシュカード及び暗証番号の両方の管理につき過失が認められる場合に初めて認定すべきとの意見もあった」とされる。

討論を経て採決された結果，賛成多数で可決された（附帯決議あり）。その後，参議院では，8月2日に委員会付託・賛成の議決がされ，翌3日には本会議で可決され，預金者保護法が成立した。

なお，同年3月25日に中塚一宏議員外4名（民主党）が提出した無権限預貯金等取引からの預金者等の保護等に関する法律案（衆法第12号）が同時に衆議院で審議されたが，賛成少数で否決されている。

以上の国会審議の過程では，債権者の帰責事由を考慮することの意味（第4条にいう「過失」の概念の意義）については衆議院財務金融委員会における法案提出者の趣旨説明における説明を除いて，特段の議論はなかった[37]。

4 偽造カード等を用いて行われた機械式預貯金払戻し等の規律の概要[38]

預金者保護法は，預貯金者の保護及び預貯金に対する信頼の確保を目的に掲げ（第1条），規律の対象を金融機関（預貯金を取り扱っている金融機関に限定。第2条第1項各号）と預貯金等契約（預貯金の預入れ及び引出しに係る契約又はこれらに併せて金銭の借入れに係る事項を含む契約をいう。）を締結する個人に限定する（同条第2項）。

その上で，保護を図るのがATMを利用した払戻システムを利用する場面であることを前提に，カード等その他これに類似するものを用いて行われる機械式預貯金払戻し等について民法第478条の規定の適用を原則として排除し（第3条本文），真正カード等を用いて行われる機械式預貯金払戻し等については，例外的に民法第478条を適用することとしている（同条ただし書）。

ここにいう「機械式預貯金払戻し等」とは，機械式預貯金払戻し（現金自動支払機による預貯金の払戻し〔振込みに係る預貯金者の口座からの払戻しを含む。〕をいう。）及び機械式金銭借入れ（現金自動支払機による金銭の借入れ〔預貯金以外のものを担保とする借入れを除く。〕をいう。）を含む概念である（第2条第6項及び第7項）。「現金自動支払機」とは，預貯金等契約に基づき預貯金の払戻し又は金銭の借入れを行うことができる機能を有する機械（ATM）をいう（同条第6項）。

「真正カード等」とは，預貯金等契約に基づき預貯金者に交付された預貯

---

[37] 第162回国会衆議院財務金融委員会（平成17年7月19日開催）における法律案提出者江崎洋一郎議員の提案理由説明。別紙1参照。

[38] スタディグループは，盗難カードに関する問題も併せて検討することとなり，平成17年5月13日に，「偽造キャッシュカード問題に関するスタディグループ第二次中間取りまとめ〜盗難キャッシュカード被害に対する補償を中心として〜」を取りまとめて公表しており（前掲注34）別添4），その内容も預金者保護法第5条に一定程度反映されていると見られる。

金の引出用のカード又は預貯金通帳をいう（同条第3項）。したがって，機械式預貯金払戻しには，平成15年判決の事案の機械式通帳払いが含まれる。

また，「盗難カード等」の定義（盗取された真正カード等をいう。同条第5項）に照らせば，金融機関が預貯金等契約に基づいて発行したカード等であっても，預貯金者に未だ交付されていないものは「真正カード等」ではなく，「偽造カード等」（真正カード等以外のカード等その他これに類似するものをいう。同条第4項。外形上キャッシュカードや通帳といえないものであっても，CD，ATMにおいて真正カード等であるものと認識されるような情報が記録されていれば足りるということであると考えられる。）に当たると解される。

以上の内容によれば，預貯金者は，「カード等その他これに類似するものを用いて機械式預貯金払戻し等が行われたこと」が立証されれば，第3条本文の規定により，民法第478条ではなく，第4条の適用を受けることができることとなり，原則として機械式預貯金払戻し等が無効であることを前提に，金融機関に対し，預貯金の払戻しを請求することができることとなる。

本稿では盗難カード等を対象としないので，第5条から第7条までの規定は取り上げないが，第3条から第7条までの偽造カード等及び盗難カード等を用いて行われた機械式預貯金払戻し等についての規律は，強行規定とされ，これらの規定に反する特約で預貯金者に不利なものの効力は否定される（第8条）。

第6　預金者保護法第4条により機械式預貯金払戻し等が有効となるための要件の検討

1　主張責任・立証責任の所在

第5で見たとおり，偽造カード等を用いて行われた機械式預貯金払戻し等は，原則として無効とされる。

すなわち，預金者保護法第3条及び第4条によれば，預貯金者は，金融機関を被告とする訴訟においては，預金払戻請求権を訴訟物とすることとなり，請求原因として，

① 預貯金者が金融機関との間において預貯金等契約を締結したこと
② 預貯金等契約に基づき，請求に係る金額の預貯金が存在すること[39]

を主張すれば足りるということになる。

これに対して，請求を受けた金融機関は，偽造カード等が用いられた場合

には，抗弁として，
① 偽造カード等を用いて行われた機械式預貯金払戻し等であること
② 当該機械式預貯金払戻し等にかかる預貯金等契約を締結している預貯金者の故意により当該機械式預貯金払戻し等が行われたものであること
②' 当該機械式預貯金等契約を締結している金融機関が当該機械式預貯金払戻し等について善意でかつ過失がないこと及び当該預貯金者の重大な過失により当該機械式預貯金払戻し等が行われたこと（金融機関の無過失及び当該預貯金者の過失については，その評価根拠事実）
を主張する必要があることとなるものと，まずは考えられる。

2 客観的要件

①の客観的要件については，偽造カード等が用いられたことの主張立証を必要とするが，金融機関が保存するジャーナルにカードのフォトコピーが残ることから，比較的簡単に偽造カード等の使用を判別することができるといわれている[40]。

3 主観的要件

②の預貯金者の故意により偽造カード等を用いて機械式預貯金払戻し等が行われた場合には，金融機関の主観的態様を問わずに，払戻しは有効とされ，借入れについては預貯金者が責任を負担することとされる。

また，②'の場合においては，預金者に重大な過失があると認められない限り，金融機関が善意無過失であっても，払戻しは無効とされることとなる。

以上のように理解する限り，預金者保護法第4条第1項の規律は，民法第

---

[39] 具体的には，預貯金契約の約定により生じた利息も含まれることになろうから，単に預貯金契約締結時やその後の入金だけでなく，取引の全体を主張すべきなのかが問題となり得るが，請求時の残高に争いがなければ，残高を主張することで権利主張としては十分であろう。

[40] 三上徹「偽造・盗難カード等の不正使用からの預貯金者保護法の諸問題」新堂幸司＝内田貴編『継続的契約と商事法務』（商事法務，2006）281頁。なお，ジャーナルの保存の負担や，保存機関が当該金融機関でなく別の者（ATMネットワークで接続された第三者が保有するATMを利用した場合）であることを想定すると，盗難カード等を用いて行われた機械式預貯金払戻し等の場合には補てん等の請求権について規定された（預金者保護法第7条により第5条の適用を受ける要件である金融機関に対する盗難の通知がカード等の盗取の日から2年を経過する日後に行われたときは同条が適用されないとするもので，除斥期間を定めたものと解される。）ような消滅時効期間の短縮が規定されていないのは預金者保護法の不備である旨の指摘がある。

478条が適用される他の弁済の場面においては従来取り得なかった規律を含むものであり，同条の全面的な特則であると理解することができる[41]。

次に，②'のうち金融機関の善意無過失は，規定の文言上，「当該機械式預貯金払戻し等」（偽造カード等を用いて機械式預貯金払戻し等が行われたこと）について判断することになるので，善意無過失の判断対象は，「機械式預貯金払戻し等に偽造カード等が用いられたこと」であると解される。

この金融機関の無過失の評価根拠事実として，どのような事実が想定されるかについて考えると，2つの考え方があり得るように思われる。

一つの考え方は，金融機関の無過失の対象が，規定の文言上，「当該機械式預貯金払戻し等」（偽造カード等を用いて機械式預貯金払戻し等が行われたこと）についてのみであると見て，預貯金者の重大な過失は，規定の文言どおり金融機関の善意無過失とは独立に判断するというものである。しかしながら，機械式預貯金払戻し等という限定された場面における無過失を根拠付ける評価根拠事実を考える上では，平成5年判決及び平成15年判決において，その理論的前提とされている「弁済のための払戻システムの設置管理の全体について弁済者の無過失を判断すべきである」との判断枠組みに沿って，機械式通帳払いについて判断を示した平成15年判決の判示内容が参考にされるべきであり，規定の文言に囚われすぎるのは相当でないと考える。大体において，我が国の民事立法における主観的要件としての過失又は無過失を規定する際の文言は，過失又は無過失の判断の対象を明確にしないことが多く，立法に当たっても，金融機関の無過失の対象を，単に偽造カード等を用いて機械式預貯金払戻し等が行われたことを事実として知らなかったことについてのみ判断するというのではなく，弁済のための払戻システムに偽造カード等が用いられる状況を作出したことについての金融機関側の責任を問うことが

---

[41] 本文の②の例についていえば，偽造の受取証書による弁済の事案において，債権者が債務者に対して弁済を求めた場合，債務者は，債権者が故意により第三者をして偽造の受取証書を所持して弁済を求めさせたとの事情があったとしても，債務者が善意無過失であることを主張立証しない限り，民法第478条を適用することはできないのと結論が異なることとなる。もっとも，このような場合には，債権者の故意により債務者の法的利益（債権者が債務者を欺罔して不必要な支払をさせた）が侵害されたとして，不法行為に基づく損害賠償債権をもって，請求債権と相殺するとの主張をすることも可能ではないかと思われ，利益状況は同一といえなくもない。

また，②'の例についていえば，民法第478条の明文からはあり得ない結論ということとなる。ただし，本文第4の4(6)において指摘したように，債権者の帰責事由の存在を民法第478条においても正面から認める立場を採用すれば，預金者保護法第4条は民法第478条の具体化の一例であるということになろう。

前提にされているものと考えるのが相当である。

そうすると，もう一つの考え方は，金融機関の無過失の評価根拠事実には，従来民法第478条にいう弁済者の無過失について論じられた内容が盛り込まれるというものである。

上記の民法第478条についての検討結果に加え，預金者保護法が偽造カード等を用いて行われた機械式預貯金払戻し等については同条の適用を排除した上で，これに代わる金融機関と預貯金者との衡平を図るための要件を定めたものであると解されることに照らせば，前述のように，平成5年判決及び平成15年判決の判示内容とその前提となる上記の判断枠組みに沿った判断がされるべきである。したがって，**第4の4**において平成15年判決付言部分について検討したように，債権者である預貯金者の重大な過失は，預金者保護法第4条の規定振りにかかわらず，少なくとも判断の思考過程においては，弁済者である金融機関の無過失の評価根拠事実に組み込んで考えることになるというべきであり，筆者としては，こちらの理解を採りたいと考える。

すなわち，預金者保護法第4条のうち金融機関及び預貯金者の過失を内容とする②'の要件は，民法第478条の要件と同等の要件を分解・構造化した上で規定したものであると理解し，実際の判断に当たっては，預貯金者に重大な過失がないことから，金融機関が無過失であるとは認められないとの判断につながるものと考える。

そのため，1で掲げた主張立証責任の所在について再考すれば，金融機関が②'において無過失の評価根拠事実として主張立証すべきなのは，自己の領域内の事実としての弁済のための払戻システムの設置管理の全体について取っていた措置であるとともに，それを前提にした預貯金者の不適切な行動（預貯金者の重大な過失の評価根拠事実）が加わるということになろう。

4 預貯金者の重大な過失

預貯金者の重大な過失の内容については，カード等の所持と暗証番号の一致の確認により，機械式預貯金払戻し等がされるという預金者保護法が前提とする預貯金払戻システムの構造に照らし，カード等が偽造されたこと又は暗証番号が知られたことについて預貯金者に重大な過失がある場合をいうことになると解される。

国会審議において明らかにされた「預貯金者の過失」の考え方[42]に即し

---

42) 別紙1及び2を参照。

て考えれば，預貯金者の故意又は過失は，真正カード等及び暗証番号の管理に向けられたものであり，全国銀行協会の「偽造・盗難キャッシュカードに関する預金者保護の申し合わせ」[43]も，真正カード等及び暗証番号の管理の場面に即して，重大な過失又は過失に当たり得る場合を明示しているが，これは，本稿が論じてきた金融機関の無過失の評価根拠事実の内容そのものといえる。

したがって，預金者保護法第4条にいう「重大な過失」の判断の前提として，金融機関が，真正カード等及び暗証番号の管理について，その重要性のみならず，どのような場合に偽造カード等による機械式預貯金払戻し等が行われる危険性が生ずるのかについても，個別具体的な働きかけによる注意喚起を当該預貯金者に対してしていたことを要する（それによって，当該預貯金者の行動を，システムの安全性を確保するための応分の負担にふさわしいものであったといえるかどうかの評価の俎上に載せることができる。）と解すべきであり[44]，そのため，金融機関の個別具体的な働きかけが十分であったとは認められないときは，②'の要件のうち金融機関の無過失が認められることはないと解される。

もっとも，預金者保護法第9条第1項が金融機関に義務付けている機械式預貯金払戻し等に係る認証の技術の進展の状況によっては，「重大な過失」の解釈の内容が変遷することはあり得るところであり，預貯金者に対する「働きかけ」が十分に行われ，暗証番号の設定やカードの管理が適切に行われるようになってくれば，偽造事案自体が減少するはずであり，現に偽造案件は減少していると見られるところである。

そうすると，金融機関の機械式預貯金払戻し等のシステムの脆弱性が解消される以前の事案であっても，預貯金者に対する注意喚起が個別具体的に確

---

[43] 平成17年10月6日公表。
[44] スタディグループの座長を務められた岩原伸作教授は，「電子資金移動（EFT）および振込・振替取引に関する立法の必要性(2)」ジュリ1084号100頁において，「自分の電話番号や生年月日を暗証番号とすることは，預金者にとって危険な行為かもしれないが，多くの預金者はその危険性を認識しておらず，非常に多くの預金者がこれらを暗証番号としていることは，キャッシュカード犯罪の約三〇％において暗証番号が推測されていることからも窺われる。単にこのような暗証番号を設定したことをもって直ちに預金者に過失があるとは言いがたいのではなかろうか。」「暗証番号に推測されやすい電話番号や生年月日を使うことと併せて，キャッシュカード・システムを提供している銀行において，暗証番号の設定の仕方や秘密の保持について，十分な注意を顧客に与えているかが問われよう。仮に十分注意を与えていないのであれば，その責任が問題となりえよう。」と指摘していたのであり，スタディグループの中間取りまとめに示された預金者の重大な過失の考え方にも，このような理解が反映されていると考えられる。

実に行われれば，偽造カードが用いられたことについての「当該預貯金者の重大な過失」が緩やかに認められることにもなり，ひいては金融機関の無過失が認定されることがあると考えられる。

他方で，金融機関が預貯金者に対する注意喚起を個別具体的に確実に行ったにもかかわらず，しかも，預貯金者が重大な過失に当たるような不適切な行動を取っていなかったにもかかわらず，偽造カード等を用いて機械式預貯金払戻し等が行われた場合には，要件上，預貯金者の重大な過失が認められないことから，前記のとおり預貯金者が保護されることとなる。

これは，預金者保護法の目的に照らし，弁済のための払戻システム全体の安全性の確保の観点から取られる結論であるというべきである。預貯金者の側で応分の負担をすべき注意義務を尽くしたところでは，システム管理者である金融機関がリスクを負担すべきであるとするものであり（第4の4(6)参照），この点では，預金者保護法により民法第478条の適用が排除されることの意味は極めて大きいというべきであろう。

本稿は，平成20年7月12日に開催された大阪民事実務研究会における報告レジュメを元に加筆・再構成したものである。当日は，筆者の拙い報告に対して，多くの方から貴重なご意見をいただいたことに，この場を借りてお礼申し上げる次第である。本稿においてそれらのご意見を十分に咀嚼して取り入れることはできていないと言わざるを得ないが，ご意見の趣旨を本文又は脚注においてご紹介しつつ，それを踏まえた若干の考察を付け加えさせていただいたものである。

【追　記】
第4の1について

本論稿の判例タイムズ掲載後に公表されている偽造キャッシュカードによる預金等の不正払戻しの件数・金額は，次のとおりである（全国銀行協会の正会員・準会員186行に対するアンケート結果による。）。

依然としてカード偽造事案は跡を絶たないが，真正な権利者からの申出に対する対応方針として補償に応じるとされた件数が減少しているのは（同アンケート結果の「偽造キャッシュカードによる預金等の不正払戻しにかかる補償件数等について」），権利者の故意又は過失が問題とされたものではないかと考えられる。

　平成20年度　　365件　　2億3000万円（補償件数363件）
　平成21年度　　242件　　1億2500万円（補償件数242件）

1 偽造カード等及び盗難カード等を用いて行われる不正な機械式預貯金払戻し等からの預貯金者の保護等に関する法律第4条の要件の検討

平成22年度　227件　1億9200万円（補償件数224件）
平成23年度　375件　2億3300万円（補償件数323件）

別紙　「偽造キャッシュカードによる預金等の不正払戻し」等に関するアンケート結果（対象：正会員・準会員186行）
1.偽造キャッシュカードによる預金等の不正払戻し件数・金額について（単位：件，百万円）

時期	件数	金額
平成15年度	82	237
平成16年度	276	655
平成17年度	778	819
平成18年度	589	504
平成19年度	650	418
平成20年1月～3月	82	72
平成20年度	365	230
平成20年4月～6月	193	120
平成20年7月～9月	49	47
平成20年10月～12月	80	36
平成21年1月～3月	43	27
平成21年度	242	125
平成21年4月～6月	35	21
平成21年7月～9月	98	55
平成21年10月～12月	72	29
平成22年1月～3月	37	20
平成22年度	227	192
平成22年4月～6月	52	46
平成22年7月～9月	49	26
平成22年10月～12月	87	91
平成23年1月～3月	39	29
平成23年度	375	233
平成23年4月～6月	51	17
平成23年7月～9月	106	89
平成23年10月～12月	156	97
平成24年1月～3月	62	30

2.偽造キャッシュカードによる預金等の不正払戻しにかかる補償件数等について

時期	対応方針決定済件数	うち補償件数	補償率
平成20年1月～3月	82	80	97.6%
平成20年度	365	363	99.5%
平成20年4月～6月	193	193	100%
平成20年7月～9月	49	48	98.0%
平成20年10月～12月	80	80	100%
平成21年1月～3月	43	42	97.7%
平成21年度	242	242	100%
平成21年4月～6月	35	35	100%

平成21年7月～9月	98	98	100%
平成21年10月～12月	72	72	100%
平成22年1月～3月	37	37	100%
平成22年度	224	224	100%
平成22年4月～6月	52	52	100%
平成22年7月～9月	48	48	100%
平成22年10月～12月	86	86	100%
平成23年1月～3月	38	38	100%
平成23年度	323	321	99.4%
平成23年4月～6月	50	50	100%
平成23年7月～9月	104	102	98.1%
平成23年10月～12月	143	143	100%
平成24年1月～3月	26	26	100%

(注1) アンケート結果は，自行のお客さま（預金者）からの申出があり，ジャーナル等を確認した結果，実際に偽造キャッシュカードによる預金等の不正な払戻しが発生している，もしくは偽造カードによるローンの借り入れである件数・金額を計上（配偶者や親族による払戻しを除く）。
(注2)「時期」とは，当該事案について，預金等払戻しが発生した時期。
(注3)「件数」は，原則として預金名義人単位。「2.」の「対応方針決定済件数」は，「1.」の「件数」の内訳。
※ 全国銀行協会のホームページで公表されているものである。
http://www.zenginkyo.or.jp/news/2012/06/28130000.html を参照されたい。

別紙1 第162回国会衆議院財務金融委員会会議録第24号　平成17年7月19日（火曜日）（抄）

○江崎（洋）議員　ただいま議題となりました偽造カード等及び盗難カード等を用いて行われる不正な機械式預貯金払戻し等からの預貯金者の保護等に関する法律案について，提出者を代表して，その趣旨及び概要を説明いたします。

　なお，趣旨説明の中で，預貯金は，以下，略称として預金と呼ばせていただきますので，御了承願います。

　近年，偽造または盗難されたキャッシュカード等を用いてATM等において預金が不正に引き出されるという事件が多数発生し，その被害者が多大な経済的負担を強いられており，一方，一般の国民も，いつ自分自身も被害者になるかもしれないという大きな不安を抱いている状況にあり，その対策が急務となっております。

　この背景には，金融機関が長年にわたって安全なシステム構築への投資を怠ってきたことがあると考えております。

　本法律案は，このような状況にかんがみ，預金者の保護を図り，あわせて預金に対する信頼を確保するため，偽造・盗難カード等を用いて行われる不正な機械式預貯金払い戻し等により預金者に生じた損害を原則として金融機関が補償することとするとともに，これらの犯罪が発生しないよう，安全性の高い，世界に冠たるATMシステムの構築を金融機関に求めるものであります。

1 偽造カード等及び盗難カード等を用いて行われる不正な機械式預貯金払戻し等からの預貯金者の保護等に関する法律第4条の要件の検討

　以下，法律案の概要を申し上げます。
　第一に，本法律案は，偽造・盗難カード等を用いて行われる不正な払い戻し等により預金者に生じた損害について，原則として金融機関に補償を義務づけることとするものであります。
　まず，偽造カード等を用いて行われた払い戻し等による損害については，簡単に偽造されてしまうような脆弱なシステムを使っている金融機関の責任が重いことから，預金者に重大な過失がない限り，金融機関がその損害の全額を負担することとしております。
　次に，盗難カード等を用いて行われた払い戻し等による預金者の損害につきましては，預金者に重大な過失がある場合を除き，原則として金融機関がその損害の全額を補てんするものとしておりますが，脆弱なシステムを提供している金融機関の責任と，不正な払い戻しが行われるに至った預金者側の事情を考慮して，続いて御説明するように，預金者に重大な過失以外の過失があることが金融機関により証明された場合には，損害の四分の三を補てんすることとしております。
　この預金者の過失につきましては，いわゆる立証責任の転換を図り，預金者に過失があることの立証責任は金融機関にあることとしたところであり，あわせて，過失そのものにつきましても，後ほど詳しく述べさせていただくように，これが認定されるのは実際上かなり限られた場合になるものと考えております。したがって，ほとんどの場合において，全額の補てんが行われることとなると考えております。
　第二に，偽造・盗難カード等を用いた不正な払い戻し等が行われないようにして，預金者がその預金を安心して預けられるよう，金融機関に対し，預金者の利便性を損なうことなく，現在の我が国の脆弱なATMシステムを改め，安全性の高い，世界に冠たるATMシステムの再構築を行うために必要な措置について規定しております。
　第三に，この法律は，公布の日から起算して六月を経過した日から施行することとしておりますが，この法律の施行前に発生した被害についての補償に関しても，この法律の趣旨に照らし最大限の配慮が行われるものとしております。
　第四に，この法律は，預金の払い戻し等の金融サービスをめぐる状況の変化やこの法律の実施状況等を勘案し，預金者の一層の保護を図る観点から，この法律の施行後二年を目途として検討が加えられ，必要があると認められるときは，その結果に基づいて所要の措置が講ぜられるものとすることとしております。
　以上が，本法律案の概要でありますが，ここで，先ほど言及いたしました，本法律案の中で規定しております過失という概念について，提出者の考えを述べさせていただきます。
　まず，過失とは，一般的には，損害の発生を予見し防止する注意義務を怠ることと説明されており，本来的には個々の事例に即し，終局的には裁判所において判断されるべきものであると考えております。

とはいえ，本法律案により，裁判所を経ず，預金者への補てんが円滑，迅速に行われるためには，この過失の内容を明確にしておく必要があると考え，提出者の考えを明らかにするものであります。
　わかりやすく，できるだけ具体的な例で申し上げますと，盗難カード等による被害の場合，暗証番号を生年月日等の類推されやすいものとしていたことが原因の一つであることが多いようでございますが，この点について，それだけで直ちに預金者の過失を問うことはできないものと考えております。
　と申しますのは，これまで，金融機関が生年月日等の類推されやすい番号の使用を容認し，その使用の危険性について預金者への説明が十分でなかったという経緯に照らして，まず，金融機関から預金者に対し，生年月日等の類推されやすい暗証番号から別の番号に変更するよう，複数回にわたる働きかけが行われることが前提となると考えているからでございます。
　そして，この働きかけは，類推されやすい暗証番号を使用している預金者に対して，電話やダイレクトメール等により個別的，具体的に行う必要があり，ポスター等による預金者一般に向けた広報では，ここに言う働きかけには該当しないものと考えております。
　そのような金融機関による働きかけが行われたことを前提とした上で，預金者が，なお生年月日等の類推されやすい番号を事情なく暗証番号として使用し，かつ，そのカードが当該暗証番号を推測させる書類等と一緒に盗取されてしまった場合には，その他の諸事情も勘案して過失が認定されてもやむを得ないこととなる場合が多いものと考えております。
　また，暗証番号を書き記したメモ等をカードと一緒に保管または携帯し，それらをカードと一緒に盗取された場合なども同様と考えております。
　また，重大な過失については，典型的には，故意と同視し得る程度に注意義務に著しく違反する場合と考えており，提出者としては，具体的には，預金者が暗証番号の管理に関して１　他人に暗証番号を知らせた場合，２　暗証番号をカード上に書き記した場合や，カードの管理に関して３　預金者がみずからカードを安易に第三者に渡した場合，そして，これらと同等程度以上に注意義務違反が著しい場合に限られると考えております。
　なお，この過失の前提となる暗証番号の管理等につきましては，高齢者等に若年者等と同様の対応を求めることは無理なため，金融機関が預金者の年齢や心身の状況に応じた助言や説明を行うなど，きめ細かな対応を行うことが必要と考えております。
　そして，この法律の成立に合わせて，全銀協その他関係金融機関が，本委員会の審議等を通じ明らかとなった過失の概念について十分御理解いただき，その趣旨に沿った基準を作成するように求めていきたいと考えております。
　以上が，本法律案の趣旨及び概要でございます。

1 偽造カード等及び盗難カード等を用いて行われる不正な機械式預貯金払戻し等からの預貯金者の保護等に関する法律第4条の要件の検討

別紙2　平成17年7月22日　衆議院財務金融委員会

偽造カード等及び盗難カード等を用いて行われる不正な機械式預貯金払戻し等からの預貯金者の保護等に関する法律案に対する附帯決議

　政府，金融機関その他の関係者は，本法の施行に当たっては，次の事項について特段の配慮をすべきである。

　一　金融機関の窓口における不正な預貯金の払戻しについて，速やかに，その防止策及び預貯金者の保護の在り方を検討し必要な措置を講ずること。

　一　インターネットバンキングに係る犯罪等については，速やかに，その実態の把握に努めその防止策及び預貯金者等の保護の在り方を検討し必要な措置を講ずること。

　一　金融機関は，盗難カード等を用いて行われた不正な機械式預貯金払戻し等に係る損害の補てん請求の要件とされる「十分な説明」とは，盗取に関する状況について一般的かつ客観的に十分な説明が行われることであり，また，その預金者が置かれた状況にかんがみて十分な対応，情報提供を行っているかどうかで判断されるものであることに留意して対応すべきものであること。

　一　金融機関は，預貯金者の過失の有無については，暗証番号を生年月日等の類推されやすいものとしていただけで直ちに過失があるものと判断してはならないこと，また，預貯金者の重大な過失の有無については，他人に暗証番号を知らせた場合，暗証番号をカード等の上に書き記した場合，カード等を安易に第三者に渡した場合その他これらと同等程度以上に注意義務違反が著しい場合に限られることに留意して対応すべきものであること。

　一　金融機関は，偽造カード等又は盗難カード等を用いて行われる不正な機械式預貯金払戻し等の防止のための措置等を適切に講じ，この法律の施行後二年を目途として，強固なATMシステムを構築するよう努めること。また，これに要する費用について，安易に預貯金者への転嫁を行わないよう努めること。

　一　金融機関は，偽造カード等又は盗難カード等を用いて行われる不正な機械式預貯金払戻し等の防止のために導入を進めているICカード化，生体認証等について，できるだけ早期に規格の統一又は互換性の確保を図り，預貯金者の利便に支障を生じないよう努めること。

　一　金融機関は，この法律に基づく預貯金者に対する補てん等に伴い生じる負担を回避するため，一方的な利用限度額の著しい引下げその他の利用の制限を行うことにより預貯金者へのサービスの低下を招くことがないよう努めること。

　一　金融機関及び捜査機関は，偽造カード等又は盗難カード等を用いて行われる不正な機械式預貯金払戻し等の被害を擬装した犯罪を防止するための対策に関し連携を図ること。

2
金融機関による融資についての取締役の責任と経営判断原則
拓銀カブトデコム事件の高裁判決及び最高裁判決の検討を中心として
木村哲彦

第1 序

　経営判断原則とは，会社の取締役等が経営判断を行う際には広い裁量が認められるべきであり，事後的に会社に損害を生ぜしめたとしても，当該取締役の責任を問うべきでないという考え方である。金融機関による融資について善管注意義務違反が問題になった事案において，この経営判断原則はどのように位置付けられてきたのであろうか。本稿は，この点を検証することにより，高裁と最高裁とで結論を異にするに至った拓銀カブトデコム事件（最二小判平20.1.28裁判集民227号105頁，判タ1262号69頁〔本件最高裁判決〕，札幌高判平17.3.25判タ1261号258頁〔本件高裁判決〕）において，各々がどのような具体的事情に着目し，どのような理由に基づいて結論に至ったのか，事案に即した検討を試みるものである。

　同様に，金融機関による融資について善管注意義務違反の有無が問題となった事案としては，最二小判平21.11.27判タ1313号119頁[1]，最二小判平20.1.28裁判集民227号43頁，判タ1262号63頁（拓銀栄大不動産事件）[2] がある。高裁が善管注意義務違反を否定したのに対し，最高裁がこれを覆して積極的に認定した点も，拓銀カブトデコム事件と同様である。

　本件高裁判決では，金融機関による融資に対する取締役の善管注意義務について一定の規範が定立されたところ，本件最高裁判決では結論が覆され，

---

[1]　県において再建資金の融資を計画していた債務者に対し，銀行が県から要請を受けてつなぎ融資を実行した後，さらに追加融資を実行したことについて，銀行の取締役の善管注意義務が問われた事案。義務違反肯定。

[2]　追加融資実行時における不動産担保の評価について，取締役の善管注意義務違反が問われた事案。義務違反肯定。

特段の規範も定立されなかった。同様に，上記2つの最高裁判決においても，金融機関による融資に対する取締役の善管注意義務についての規範が示されたとは言い難い。今後事案の集積に伴って，一定の規範が形成されるものと考えられるところ，本稿がその一助となれば幸いである。

第2　善管注意義務と立証責任

後述のとおり，経営判断原則と立証責任とは，直接関連するものとは言い難いと思われるが，経営判断原則について議論する前提として，善管注意義務の立証責任について確認しておきたい。

民法レベルの議論としては，一般に，債務者側が債務の履行の立証責任を負うとされる[3]。この考え方を当てはめれば，取締役の責任追及の訴訟においても，善管注意義務違反が請求原因とされた場合には，取締役側が立証責任を負うことになる[4]。ただ，龍田教授は，債務者（取締役）側が立証責任を負うとしながら，「原告・被告のそれぞれ立証すべき範囲を明確に線引きすることは容易でない」と述べている。

立証責任が経営判断原則によって転換されるという考え方を取れば，同原則の効果として，注意義務違反についての立証責任が原告側に転換される。ただ，このような説を採る者も，あくまでもアメリカの判例法における考え方であるとしており[5]，我が国において，取締役側の立証責任を経営判断原則により転換することについては，「事実の立証責任を特に取締役の経営判断に限って，責任追及の側に負わせるということが，実際問題として必要なのか疑問がある」としている[6]。

これに対して，経営判断原則を用いるまでもなく原告側が注意義務違反（＝取締役において，債務の本旨に従った履行のないこと）の立証責任を負うとする考え方も，有力である[7]。善管注意義務については，どのような場合に義務が履行されたと言えるのか必ずしも明確でないことから，義務違反を不完全履

---

[3]　司法研修所民事教官室編『民事訴訟における要件事実について』42頁。
[4]　元木伸「取締役の責任と経営判断の原則」曹時48巻7号1頁，龍田節『会社法大要』（有斐閣，2007）91頁。
[5]　アメリカ法では，原告側が取締役の注意義務違反についての立証責任を負うものとされている。
[6]　元木・前掲注4）。同氏は，結論としてアメリカの経営判断原則は我が国では適用の余地がないという。
[7]　江頭憲治郎『株式会社法〔第4版〕』（有斐閣，2011）437, 440頁注(4)。

行の類型で捉える考え方もあり得る。この考え方によっても，債権者である原告側が立証責任を負うことになろう。

　取締役の善管注意義務に関する以上の議論の状況を踏まえて，以下，経営判断原則の位置付け，内容等を見ていくことにする。

第3　事業会社一般における経営判断原則

1　意　義

　株式会社の取締役は，その善管注意義務違反の業務執行行為により会社に生じた損害を賠償する責任を負う。しかし，会社の営利の最大化を目的として行われる取締役の業務執行は，不確実な状況下で迅速な判断を迫られる場合が多い。取締役の判断に基づく業務執行が利益をもたらすか損失につながるかは，紙一重の差であることも少なくない。にもかかわらず，取締役の業務執行が損失を招いた場合，事後の結果に基づいて取締役の責任を追及することは，取締役にとって酷であるだけでなく，取締役を萎縮させてしまい，リスクを前提にリターンを目指す経営判断を行うことが難しくなり，結局会社の営利の最大化を目指すことに支障を来すことにもなりかねない。

　経営判断原則という言葉は，元々，アメリカの判例法が採用する原則「business judgement rule」の和訳である。同原則は，取締役の経営上の決定に広く自由裁量権を認めるとともに，判断の過誤について問責しないことにより，効率的な会社経営を行うことを期待するものと言われている[8]。

　なお，経営判断原則に関しては，法令違反行為について適用があるかも大きな問題であるが，今回取り上げるカブトデコム事件とは直接関連がないので，ここでは割愛させていただく。

2　効　果

　経営判断原則を，善管注意義務と区別された形で論じるのであれば，理論的には，同原則が適用される場合の法的効果が何なのかが，意識されるべきと思われる。しかし，同原則は，アメリカの判例法の理論を我が国の実務上の要請に応じる形で導入されたとされており[9]，我が国の会社法における理

---

8)　新谷勝「経営判断の原則と適用基準」判タ1038号28頁。
9)　新谷・前掲注8)28頁。

論的な位置付けは必ずしも未だ十分に検討されておらず，同原則が取締役の善管注意義務といかなる関係に立ち，原則が適用された結果，いかなる法的効果がもたらされるのかについても，明確になっていないようである。

以上のことを踏まえて，あえて考え方を分類すると，以下のようになると思われる。

① 立証責任の転換と見る立場（**第2**参照）
② あくまで，善管注意義務の敷衍と捉える立場
　ⅰ 裁判所が，取締役による判断内容の合理性の審査を一切行わないとするもの（裁判所は，取締役・会社間に利害対立がないこと及び取締役の意思決定過程に不合理がないことのみを審査する）[10]。
　ⅱ 判断内容の合理性の審査は行うものの，取締役に経営判断上の裁量を広く認めてそれを尊重するもの。

アメリカの判例法は，一般に，②ⅰの立場を取っていると解されているようであるが，①の立場を取っていると主張するものもある[11]。我が国の学説を見ると，**第2**で述べたとおり，①の立場を取るものは少ないようである。我が国の下級審裁判例を見ると，後述のとおり，②ⅰの立場に基づいて判断内容の合理性の審査を回避していると見られるものもないではない（裁判例①ほか）が，全体としては②ⅱの立場を取っているものが多いようである。

②ⅱの立場を取るとしても，それにより，善管注意義務に代わる，より緩やかな過失認定基準を設定する効果まで認めるのではなく，裁判所は過失の認定に慎重であるべきとする「配慮」に止まると解されている[12]。

前述のとおり，株主の利益の最大化を図るためには経営上の冒険的判断が不可避であるから，取締役の経営判断に対する事後的評価を行って責任を追及することにより取締役を萎縮させることは，株主の利益にならない[13]。このような観点から，取締役の責任の有無を検討するに当たり，取締役に一定の裁量を認めるべきという総論部分については，異論がないと思われる。

しかし，裁判所が各事案の検討に当たり，前述の「配慮」をした結果として，経営判断については「特別扱い」がなされ，特に株主代表訴訟の場面では取締役の責任が認められることが少ないと捉えられている[14] [15]。訴訟で被告とされる取締役側からすれば，自身の責任を軽減する「頼みの綱」とし

---

10) 江頭・前掲注7) 439頁。
11) 元木・前掲注4) 1頁。
12) 新谷・前掲注8)。
13) 江頭・前掲注7) 438頁。

て，経営判断原則に対する期待は大きい[16]。

3 要 件

経営判断原則を善管注意義務の敷衍と捉えるとしても，立証責任の転換という効果を伴わせるとしても，いずれにせよ，いかなる要件の下で認めるかが問題となる。

(1) アメリカ法

経営判断原則が判例法によって形成されてきたものであるため，その要件が必ずしも明確に定められるものではないものの，概ね以下のように解されている[17]。

　ア　取締役が経営に関する判断をした事項について利害関係を有しないこと

　イ　取締役が，当該状況の下において，相当であると合理的に信ずる範囲で経営判断事項についての情報を得ていること

　ウ　経営判断が会社の最良の利益に合致すると信じるに足る合理性があること

このような要件を定立する趣旨は，取締役が意思決定をする前に意思形成過程において必要な情報を入手することに関わる要件（手続的要件）と，判断内容である意思決定それ自体についての合理性の要件（実質的要件）とを明確に区別することにある。そして，前者（ア・イ）の手続的要件を重視し，そこでは通常の過失基準で審査するものの，後者の実質的要件（ウ）においては経営判断の合理的根拠の有無を審査するのに止まり，経営判断の内容の当否を審査せずにこれを尊重することになる[18]。

(2) 判 例

最高裁の判例としては，証券会社による損失補填が問題となった最二小判平12.7.7民集54巻6号1767頁，判タ1046号92頁，商法210条（当時）に違反する自己株式取得が問題となった最一小判平5.9.9民集47巻7号4814頁，判

---

14) 森田果「わが国に経営判断原則は存在していたのか」商事1858号4頁，江頭・前掲注7) 438頁注(3)。
15) 新谷・前掲注8) は，経営判断原則について「理論面よりも実際上の要請に基づくものである」としている。
16) 河本一郎ほか「座談会取締役の責任」民商109巻6号10頁（河合発言）。
17) 米国法律協会(American Law Institute)作成「Principles of Corporate Governance」
18) 新谷・前掲注8) 33頁参照。

44

タ831号78頁があるものの，いずれも取締役の業務執行行為が法令に違反する事例である。蛇の目ミシン事件として知られる最二小判平18.4.10民集60巻4号1273頁，判タ1214号82頁も，旧商法266条1項2号の対株主利益供与禁止違反が問題になった事例である。法令違反のない経営判断に基づく業務執行行為が問題になった事例について，実質的な判示をした最高裁判例は見当たらない。

これに対して，下級審の裁判例は，以下のとおりである。

ア　東京地判平5.9.16（裁判例①）

（野村證券損失補填株主代表訴訟第1審判決・判タ827号39頁，義務違反否定）

「このような経営判断の性質に照らすと，取締役の経営判断の当否が問題となった場合，（中略）裁判所としては，実際に行われた取締役の経営判断そのものを対象として，その前提となった事実の認識について不注意な誤りがなかったかどうか，また，その事実に基づく意思決定の過程が通常の企業人として著しく不合理なものでなかったかどうかという観点から審査を行うべきである」

イ　東京地判平10.9.24（裁判例②）

（ニッポン放送株主代表訴訟第1審判決・判タ994号234頁，義務違反否定）

「したがって，取締役に善管注意義務又は忠実義務の懈怠があるか否かの判断に当たっては，取締役によって当該行為がされた当時における会社の状況及び会社を取り巻く社会・経済・文化の情勢の下において，当該会社の属する業界における通常の経営者の有すべき知見及び経験を基準として，当該行為をするにつき，その目的に社会的な非難可能性がないか否か，その前提としての事実調査に遺漏がなかったか否か，調査された事実の認識に重要かつ不注意な誤りがなかったか否か，その事実に基づく行為の選択決定に不合理がなかったか否かなどの観点から，当該行為をすることが著しく不当とはいえないと評価されるときは，取締役の当該行為に係る経営判断は，裁量の範囲を逸脱するものではなく，善管注意義務又は忠実義務の懈怠がないというべきである。」

ウ　東京地判平17.3.3（裁判例③）

（日本信販株主代表訴訟事件判決・判タ1256号179頁，義務違反否定）

「このような判断は，いわゆる経営判断にほかならないから，本件支援金支出についての取締役の判断の適法性を判断するに当たっては，（中略）意思決定が行われた当時の状況下において，当該判断をする前提となった事実の認識の過程（情報収集とその分析・検討）に不注意な誤りがあり合理性を欠いて

いるか否か，その事実認識に基づく判断の推論過程及び内容が明らかに不合理なものであったか否かという観点から検討がなされるべきである。」

(3) 裁判例の検討
a 事実認識と意思決定の区別について
(a) 裁判例①③は，経営判断を，判断の前提となる事実認識の部分（「(1)アメリカ法」で述べた手続的要件に対応する）と事実に基づく意思決定の部分（同じく実質的要件に対応する）とに分けた上[19]，事実認識に比べ意思決定については取締役の裁量をより広く認める傾向が窺える。例えば，裁判例①は，事実認識（「その前提となった事実の認識」）について「不注意な誤りがなかったかどうか」という規範を定立しているのに対し，意思決定（「その事実に基づく意思決定の過程」）については，「通常の企業人として著しく不合理なものでなかったかどうか」という規範を定立して「著しく」の要件を加重し，取締役の裁量をより広げている。裁判例③が，事実認識（「当該判断をする前提となった事実の認識の過程（情報収集とその分析・検討）」）について「不注意な誤りがあり合理性を欠いているか否か」という規範を定立しているのに対し，意思決定（「その事実認識に基づく判断の推論過程及び内容」）については，「明らかに不合理なものであったか否か」という規範を定立しているのも，同じ趣旨である。

裁判例②も，事実認識について「その前提としての事実調査に遺漏がなかったか否か，調査された事実の認識に重要かつ不注意な誤りがなかったか否か」と細分化して規範立てしており，事実認識についての取締役の裁量の範囲を限定する方向で考えていることが窺える。

(b) アメリカ法では，手続的要件と実質的要件とが明確に区別されており，取締役としての義務を果たしたといえるためには，両要件ともに満たす必要があり，いずれかの要件が欠けていれば，義務違反に当たることになる。これに対し，我が国の前記裁判例は，事実認識と意思決定を区別して検討はするものの，いずれかの要件が欠けていれば直ちに義務違反に当たるとまで結

---

19) なお，我が国の裁判例は，「事実の認識」と「判断の推論過程及び内容」とで区別するものが多い。アメリカ法では，経営判断の内容について経営陣の判断を尊重しようとするものであるから，「判断の推論過程」については，手続的要件の要素として考慮されていると考える余地があると思われる。アメリカ法の経営判断原則と我が国の経営判断原則を厳密に対応させて考える必要もないと思うが，整理の便宜上，「事実の認識」部分をアメリカ法の手続的要件と対応させ，「判断の推論過程及び内容」（意思決定）部分を同実質的要件と対応させて検討することとした。

論付けるのではなく，(a)で述べたような両要件における裁量の幅の相違を認めるか否かも含めて，両要件を総合的に考慮して義務違反の有無を判断しているものと解される。

　b　経営判断（意思決定）の内容に対する審査について

　裁判例①は，前掲最二小判平12.7.7の第1審であり，経営判断原則を初めて正面から取り入れ，取締役の責任を否定したと言われている[20]。そして，裁判例①は「取締役の経営判断そのもの」を審査の対象とするという一方，前述した意思決定それ自体についての合理性の審査（実質的要件）については，「意思決定の過程」の合理性のみを審査対象として，「意思決定の内容」を審査の対象から除外している。このことからすると，裁判例①は，判断内容の合理性の審査を行わないとする立場（前掲第3の2の②ⅰ）に近いように見える。

　これに対し，裁判例③は，意思決定それ自体についての合理性の審査（実質的要件）について，「事実認識に基づく判断の推論過程及び内容」を審査対象とするとして，「意思決定の内容」についても審査対象としている（前掲第3の2の②ⅱ）。裁判例②も，「事実に基づく行為の選択決定」の合理性を審査対象としているところ，その後の当てはめの判示部分も併せて見ると，意思決定の内容を審査対象としているものと思われる。後述する金融機関についての裁判例でも，「意思決定の内容」について審査対象に含めるものが多い[21]。

(4)　学　説

ア　江頭憲治郎『株式会社法〔第4版〕』437頁

　「善管注意義務がつくされたか否かの判断は，<u>行為当時の状況に照らし合理的な情報収集・調査・検討等が行われたか，および，その状況と取締役に要求される能力水準に照らし不合理な判断がなされなかったか</u>，を基準にな

---

20)　上告審で問題となった独占禁止法違反の点について，1審では，損害が生じていないとの理由で，原告の主張を排斥している。

21)　後述の裁判例④は，善管注意義務の規範立てでは審査対象を「その基礎となる事実の認定又は意思決定の過程」として，意思決定の内容を含めていないものの，その後の具体的事例の検討部分を見る限り，経営陣による意思決定の内容について審査しているものと解される。

　上記の点については「本件判決は，経営判断の『過程』の判断に経営判断の内容を含めているようにみえる。（略）このような本件判決の用語法は，経営判断の手法と内容を区別し，前者については厳格に，後者については緩やかに義務違反につき判断することで経営者に判断の幅を与えるという経営判断原則の趣旨に鑑みるならば，誤解を与えるものであり，妥当でない」との批判がなされている（岡田昌浩「商事法判例研究(415)」商事1589号40頁〔森本滋監修〕）。

されるべきであり，事後的・結果論的な評価がなされてはならない。」
　イ　岩原紳作・商事1742号4頁
「一般的な学説・判例は，経営判断の前提となる情報収集・分析・検討に関しては，合理的なレベルでなされることを要求し，判断内容についても，少なくとも明らかに不合理なものでないことを要求している」

第4　金融機関による融資に対する経営判断原則の適用

　株主代表訴訟の場面と異なり，整理回収機構による金融機関経営者責任追及の場面では，原告である整理回収機構の勝訴率が高い[22]。他方で，同訴訟で被告とされる金融機関の取締役側においても，事業会社におけるのと同様に，自身の責任を軽減する「頼みの綱」として経営判断原則に対する期待は大きく，訴訟において同原則の適用が積極的に主張されることが多い。
　金融機関による融資についての取締役の責任が追及される場合，責任原因について諸々主張されることになるが，ここでは，法令違反（主に，大口融資規制違反が問題となる）は除き，カブトデコム事件で問題となった融資の回収可能性と経営判断原則の関連に絞って論じることとしたい。
　ちなみに，以下の議論を，事実認識面と意思決定面の両面から分類すると，「1　金融機関の取締役の注意義務加重論」は両面に関わる，「2(4)　回収可能性の判断について（利息収入以外の）融資から期待される利益を考慮するか」は意思決定面に，「2(5)　事実認識と金融機関における分業と権限の委任（信頼の原則）の関係について」は事実認識面に，各々関わる議論といえよう。

1　金融機関の取締役の注意義務加重論

　金融機関における経営判断原則の適用のあり方を検討する前提として，金融機関の取締役についての注意義務加重の是非について触れておく。すなわち，銀行法を中心とした金融機関に対する諸々の法的規制の一環として，金融機関の役員は一般の事業会社の役員に比べ，より高度の注意義務を負うの

---

[22]　岩原紳作「銀行融資における取締役の注意義務(上)」商事1741号13頁によると，整理回収機構が提訴した金融機関役員の責任追及訴訟について，整理回収機構が全面勝訴したものが68件，一部敗訴したものが8件であり，後者のうち2件については控訴審で責任が認められた。整理回収機構の勝訴傾向については，森田・前掲注14）も言及している。

ではないか，という考え方の是非である。
 (1) 学　説
 ア　岩原紳作[23]
「金融機関の経営者の注意義務は，事業会社の経営者の注意義務よりも，手続の面でも実体的な決定内容の面においても，一般的には高い水準が要求されているように思われる」
 イ　吉井敦子[24]
「今日，銀行取締役の注意義務に関しては，一般事業会社の取締役の注意義務に比較して，銀行業務の特性に呼応し，業務の健全性・安全性に配慮した，より慎重な経営判断が求められていると捉えることには異論がないといってよいであろう」
 (2) 裁判例
 ア　名古屋地判平9.1.20（裁判例④）
　　（中京銀行株主代表訴訟事件判決・判タ946号108頁，義務違反否定）
「ところで，取締役は，その職務を執行するに当たって，企業経営の見地から，経済情勢に即応し，流動的で多様な各般の事情を総合した合目的的，政策的な判断が求められることはいうまでもないが，会社経営は極めて波乱に富むものであり，多少の冒険とそれに伴う危険はつきものである。それ故，取締役が業務の執行に当たって，企業人として合理的な選択の範囲内で誠実に行動した場合には，その行動が結果として間違っており，不首尾に終わったため会社に損害を生ぜしめたとしても，そのことの故に取締役の注意義務違反があったとして責任を問われるべきでない。
　したがって，取締役が右の善管注意義務，忠実義務に違反したとされるかどうかは，当該取締役が職務の執行に当たってした判断につき，その基礎となる事実の認定又は意思決定の過程に通常の企業人として看過しがたい過誤，欠落があるために，それが取締役に付与された裁量権の範囲を逸脱した

---

23) 岩原伸作「金融機関取締役の注意義務──会社法と金融監督法の交錯」落合誠一先生還暦記念『商事法への提言』（商事法務，2004）212頁。岩原教授は，同論文の中で「金融機関においては，預金保険制度等により預金者が保護され，預金者が金融機関の取締役・執行役をモニターするインセンティブが薄れているために，金融機関が過度のリスクテークを行うことを誘発する恐れがあると指摘されている」と述べたうえ，事業会社の経営者に比べて金融機関の経営者がより高い注意義務の基準を求められる根拠について「銀行法等の金融監督法に規定されている金融機関の業務の公共性から要請されるものと考えられる」とされている。
24) 吉井敦子「銀行取締役の融資判断にかかる善管注意義務」民商139巻1号88頁。

ものとされるかどうかによって決定すべきものである。」（字句は原文のまま）

　　イ　札幌地判平16.3.26（裁判例⑤）
　　　（拓銀ソフィア事件・判タ1158号196頁，義務違反肯定）
　「銀行は，営利性に基づき，株式会社としての利潤の追求を図るだけではなく，公益性の観点から，広く大衆から受け入れた莫大な資金を社会的に有益な事業等に運用していくことも期待されているのであり，銀行法は，このような銀行業務の公共性に鑑み，宣言的に上記目的を掲げたものと解される。したがって，銀行の取締役は，このような銀行法の目的に反することのないようにその職務を遂行していくことが職責上要請されているということができ，その限りにおいて，他の一般の株式会社における取締役の注意義務よりも厳格な注意義務を負い，そのことによって，経営判断における裁量が限定されるような場合もあり得るというべきである。」

　　ウ　札幌高判平18.3.2（裁判例⑥）
　　　（拓銀エスコリース事件・判時1946号128頁，義務違反肯定）
　「株式会社の取締役について，経営の専門家として会社の経営を委任されている者であるから，その任務を遂行するため，専門的な知識と経験に基づき，合目的的で，総合的，政策的な判断が要求されているのであって，その判断が広範な裁量に委ねられていることはいうまでもない。とりわけ，銀行の取締役が融資判断をするに当たっては，一面において，利息収入，取引機会の拡大，既存融資の回収可能性の増加等の融資から得られる利益を確保，拡大することが期待されているが，他方，銀行の健全経営の確保，預金者等の保護の観点からすると，銀行の取締役が融資の可否を決するに当たっては，確実性（安全性）の原則（回収が確実な融資の実行）及び収益性の原則（銀行にとって収益のある融資の実行）を遵守することが要請されているのであって，これらの原則及び前記の銀行業務の公共性から銀行の取締役の裁量の幅は制限されるものというべきである」
　「このように，銀行の取締役が負う注意義務の内容は一般の営利企業の取締役が負う注意義務の内容とは異なるものであるところ，企業の営む業務の違いによって取締役の負う注意義務の内容に違いが生じるのは当然のことであるから，銀行の取締役の負う注意義務の程度と一般の営利企業の取締役が負う注意義務の程度を比較して，いずれが重いかを議論することは意味がない。」

　　エ　最三小決平21.11.9（裁判例⑦）
　　　（商法違反被告事件・判タ1317号142頁）（刑事事件）

（多数意見）

「銀行の取締役が負うべき注意義務については，一般の株式会社取締役と同様に，受任者の善管注意義務（民法644条）及び忠実義務（平成17年法律第87号による改正前の商法254条の3，会社法355条）を基本としつつも，いわゆる経営判断の原則が適用される余地がある。しかし，銀行業が広く預金者から資金を集め，これを原資として企業等に融資することを本質とする免許事業であること，銀行の取締役は金融取引の専門家であり，その知識経験を活用して融資業務を行うことが期待されていること，万一銀行経営が破たんし，あるいは危機にひんした場合には預金者及び融資先を始めとして社会一般に広範かつ深刻な混乱を生じさせること等を考慮すれば，融資業務に際して要求される銀行の取締役の注意義務の程度は一般の株式会社取締役の場合に比べ高い水準のものであると解され，所論がいう経営判断の原則が適用される余地はそれだけ限定的なものにとどまるといわざるを得ない。」

(3) 従前は，裁判例④のように金融機関の取締役と事業会社の取締役を区別せず，金融機関の取締役の注意義務について「通常の企業人」を基準にして判断する，との立場も見られたようである。しかし，金融機関は融資を業として行うのであり，融資先の情報収集・調査・検討については組織的に行われ，取締役の地位にある者も融資についての専門的知識を有していることが評価されて，その地位に就いたはずである。とすれば，裁判例⑤⑥が判示するとおり，少なくとも融資業務については，事業会社による融資と比べ，より厳格な基準で判断されてしかるべきであろう。

裁判例⑦は刑事事件であるものの，その判示内容を見る限り，最高裁も，融資業務に関する一般論として，同様の立場に立つことを明確にしたと解される。

ただ，裁判例⑥も指摘するとおり，取締役の注意義務の内容は，会社の業種や規模等によって異なると考えるのが自然であり，上記のことわりが，金融機関の取締役がいかなる場面においても一般の事業会社の取締役よりも高度な注意義務を負うことまで意味するとは直ちに言い難い。重要なのは，具体的場面において，金融機関の取締役の注意義務違反を構成する具体的な職務執行の態様や行為がいかなるものかを提示ないし明示していくことであろう[25]。

このことは，他方で，一般の事業会社においても，業種・規模と損失を生

---

[25] 和田宗久「銀行取締役による融資判断と対会社責任」金判1304号22頁。

じさせた行為・損害額等との関係如何によっては，一般に取締役に求められる注意義務よりも，高度な注意義務が取締役に求められ，厳格な基準で義務違反の有無が判断されるべき場合があり得ることにつながると思われる。

2 融資の回収可能性

(1) 意　義

　金融機関で実行された融資が後に回収不能に陥って取締役の責任が問われる事案においては，善管注意義務違反の有無を検討するに当たり，まず，融資実行時における回収可能性の有無が問題とされる。
　この回収可能性の要件は，銀行の健全経営の確保，預金者等の保護の観点から導かれる安全性の原則に基づくものである。参考までに，いくつかの判例を挙げる。

ア　札幌高判平18.3.2（裁判例⑥）

　「銀行法一条一項は，銀行業務の公共性に鑑み，信用を維持し，預金者等の保護を確保するとともに金融の円滑を図るため，銀行業務の健全かつ適切な運営を期し，もって国民経済の健全な発展に資することを銀行法の目的とする旨規定するところ，同項は，銀行法の目的を宣言的に規定したもので，それ自体が具体的規範性を有しているとは解されないが，銀行は，株式会社として利潤の追求を図るだけではなく，公共性の観点から，広く大衆から受入れた莫大な資金を社会的に有益な事業等に運用していくことも期待されているのであり，銀行法は，このような銀行業務の公共性に鑑み，宣言的に上記目的を掲げたものと解される。したがって，銀行の取締役は，このような銀行法の目的に反することのないようにその職務を遂行していくことが職責上要請されているということができる。」
　「株式会社の取締役について，経営の専門家として会社の経営を委任されている者であるから，その任務を遂行するため，専門的な知識と経験に基づき，合目的的で，総合的，政策的な判断が要求されているのであって，その判断が広範な裁量に委ねられていることはいうまでもない。とりわけ，銀行の取締役が融資判断をするに当たっては，一面において，利息収入，取引機会の拡大，既存融資の回収可能性の増加等の融資から得られる利益を確保，拡大することが期待されているが，他方，銀行の健全経営の確保，預金者等の保護の観点からすると，銀行の取締役が融資の可否を決するに当たっては，確実性（安全性）の原則（回収が確実な融資の実行）及び収益性の原則（銀行にとって収益のある融資の実行）を遵守することが要請されているのであって，これ

らの原則及び前記の銀行業務の公共性から銀行の取締役の裁量の幅は制限されるものというべきである」

イ　東京地判平14.10.31（裁判例⑧）
（国民銀行事件第1審判決・判タ1115号211頁，義務違反肯定）
「銀行の取締役は，融資の判断にあたっては，リスクを勘案の上，当該融資により合理的な利益を期待し得る場合にのみ融資を行うべきであるが，不特定多数から借り入れた資金を他に融資するという業務の特殊性及び金融システムの根幹を担うという公共性からして，引受けるリスクにはおのずと限度があるというべきである。このような観点から融資にあたっては，利息収入，取引機会の拡大，既存融資の回収可能性の増加など融資から期待される利益の検討のみならず，融資の持つリスクを的確に分析・評価し，その適正化を図ることが必要である。」

以上のとおり，融資を決裁・実行する取締役の善管注意義務の内容としては，融資から期待される利益の有無と融資の持つリスク（回収可能性）の有無を適正に検討することである。融資から期待される利益とは，通常は利息収入があること，すなわち，調達金利（通常は，預金金利）よりも貸出金利が高いことを指す[26]。通常の融資について，利益と回収可能性のいずれが欠けても善管注意義務違反となることが想定されている。ただし，既存の融資先に対して融資を継続する場合は，融資から期待される利益として，利息収入以外の利益として，既存の融資の回収可能額やその他の利益まで含めて，総合的に考慮すべきか否かが問題になり得る。この点は，後に詳述する。

(2)　経営判断原則との関係
融資実行時における回収可能性についての判断が取締役としての善管注意義務に違反するか否かを検討するに際しては，取締役に一定の裁量が存することが前提になる。ただし，回収可能性の判断についての取締役の裁量の範囲を検討するに当たり，経営判断原則が適用されるか否か，適用されるとしてどのような形で適用されるかについては，検討を要する。

ア　経営判断原則は，会社の営利の最大化を目指す取締役を保護しようとする概念であり（第3の1），金融機関の経営に当たっても収益性の原則が妥当することは，(1)で前述したとおりである。しかし，回収可能性の要件自体は安全性の原則から導かれるものであるから，回収可能性の判断基準を定立

---

[26]　ただし，善管注意義務違反が問題となる融資案件で，この点が問題になることは皆無である。

する際に，営利の最大化を目的とする経営判断原則が適用されるかどうか，また適用することが相当なのかは，検討を要するところと思われる。この点については，1で議論したとおり融資を実行する金融機関の取締役の注意義務を加重して考えるべきという考え方はあるにせよ，取締役の経営者としての判断に裁量が認められること自体について異論はないようである（後述(3)）。

　イ　回収可能性の判断について経営判断原則が適用されるとした場合，事業会社の場合（第3）と同様，判断の前提となる事実認識と事実に基づく意思決定とに区別して取締役の裁量の範囲についての判断基準を異なるものとするのか，問題となる。

　ウ　さらに，回収可能性の判断について経営判断原則が適用されるとした場合，専ら新規融資の回収可能性の判断について適用するに止めるのか，それとも，融資から期待される利益も含めて両者を総合的に考慮する判断まで含めて適用する余地を認めるのかが，問題となる（ここで問題になる融資から期待される利益としては，大きく分けて，後述既存融資の回収不能額の最小化という直接的具体的な経済的利益と，金融機関の信用失墜，既存の取引先の離反や将来の取引機会の喪失などの金銭的換算が困難な2次的・間接的な損失の回避が考えられる）。

　このような問題意識は，特に既存の融資先に対して融資を継続する事例について生じる[27]（この問題意識が正面から問われ，高裁と最高裁で異なる結論に至ったのが，後に取り上げるカブトデコム事件である）。このような事例で前述のように利益についての検討も含める形で経営判断原則適用の余地を認めるとすれば，融資のリスクが極めて高く回収可能性を欠くといえる融資であっても，融資から期待される利益が極めて高いと判断されれば，善管注意義務違反とならない余地が生じることになる。

(3)　事実認識と意思決定の区別に関連する裁判例（前述(2)イ）

　ア　東京地判平14.4.25（裁判例⑨）

　　（長銀初島リゾート事件・判タ1098号84頁，義務違反肯定）

「しかしながら，このような判断は，時間と情報の制約の中で，経済情勢，当該プロジェクトの属する市場の動向，プロジェクト運営主体の経営能力，取引先との関係や銀行を取り巻く社会情勢など複雑かつ多様な諸事情を勘案した総合的判断であることから，情勢分析とその衡量判断の当否は，意思決

---

[27]　ここで言う新規融資とは，融資金が既存融資の返済に直接充てられる「借換え」の場合ではなく，新たな資金が実際に融資先へ拠出される場合を指す。

定の時点において一義的に定まるものではなく、取締役の経営判断に属する事項としてその裁量が認められるべきである。」

「そして、取締役の判断に許容された裁量の範囲を超えた善管注意義務違反があるとするためには、判断の前提となった事実の認識に不注意な誤りがあったか否か、又は判断の過程・内容が取締役として著しく不合理なものであったか否か、すなわち、当該判断をするために当時の状況に照らして合理的と考えられる情報収集・分析、検討がなされたか否か、これらを前提とする判断の推論過程及び内容が明らかに不合理なものであったか否かが問われなければならない。」

イ　東京地判平14.10.31（裁判例⑧）

「このような融資の判断は、専門性と将来予測を伴う総合判断であることから、取締役の経営判断事項として裁量が認められるべきであり、融資の回収不能の責任を取締役に問うためには、その判断についての裁量の範囲を超えた善管注意義務違反の有無、すなわち、当該判断をするためになされた情報収集・分析、検討が当時の状況に照らして合理性を欠くものであったか否か、これらを前提とする判断の推論過程及び内容が明らかに不合理なものであったか否かが問われなければならない。」

ウ　東京地判平16.3.25（裁判例⑩）

（長銀ノンバンク支援事件第1審判決・判タ1149号120頁、義務違反肯定）

「しかしながら、このような判断は、情報の非対称と多数の経済主体間の複雑な相互依存関係の中において、これを取り巻く諸情勢を踏まえた専門的かつ総合的判断であることから、情勢分析と衡量判断の当否は、意思決定の時点において一義的に定まるものではなく、取締役の経営判断に属する事項としてその裁量が認められるべきであり、いわゆる経営判断の原則が妥当する。」

「したがって、本件各支援行為について取締役の責任を問うためには、取締役の判断に許容された裁量の範囲を超えた善管注意義務違反があったか否か、すなわち、意思決定が行われた当時の状況下において、原告と同程度の規模を有する大銀行の取締役に一般的に期待される水準に照らして、当該判断をするためになされた情報収集・分析、検討が合理性を欠くものであったか否か、これらを前提とする判断の推論過程及び内容が明らかに不合理なものであったか否かが問われなければならない。」

エ　名古屋地判平9.1.20（裁判例④）

「取締役が右の善管注意義務、忠実義務に違反したとされるかどうかは、

当該取締役が職務の執行に当たってした判断につき，その基礎となる事実の認定又は意思決定の過程に通常の企業人として看過しがたい過誤，欠落があるために，それが取締役に付与された裁量権の範囲を逸脱したものとされるかどうかによって決定すべきものである。」

オ 札幌高判平18.3.2（裁判例⑥）

「以上のことを考慮すると，銀行の取締役の注意義務違反の有無については，銀行の取締役一般に期待される知識，経験等を基礎として，当該判断をするためにされた情報収集，分析，検討が当時の状況に照らして合理性を欠くものであったか否か，これらを前提とする判断の推論過程及び内容が確実性の原則及び収益性の原則，銀行業務の公共性に照らし不合理なものであったか否かにより判断すべきである。」

前記裁判例を見る限り，経営判断原則の適用を明言するか否かにかかわらず，回収可能性の判断について取締役の裁量の範囲の判断基準は，事業会社の経営判断原則についての議論と同様，判断の前提となる事実認識と事実に基づく意思決定に分けて検討されている。そして，いずれかの要件が欠けていれば直ちに義務違反に当たるとするのではなく，両要件を総合的に考慮して義務違反の有無を判断する枠組みを採用しているように解される。

裁判例⑧⑨⑩は，第3の3で検討した経営判断原則についての裁判例と同様，事実認識について「合理性を欠くか否か」という基準を用いるのに対して，意思決定については「明らかに不合理か否か」という基準を用いることにより，取締役の裁量を広げている。これに対し，裁判例④⑥は，いずれも，前者と後者で判断基準を区別していないように解される。

(4) 回収可能性の判断について（利息収入以外の）融資から期待される利益を考慮するか（前述(2)ウ）。

ア 東京地判平14.4.25（裁判例⑨）

「プロジェクトに対する追加融資は，常に既存融資の回収を可能とするものではなく，他方で新たに追加融資分についても貸倒リスクを拡大させるものであり，既存融資の回収可能性と新規融資分についての貸倒リスクの大きさは，結局のところプロジェクトの採算性に依存するものである。従って，本件のようにプロジェクトに対して追加融資を行うか否かの判断においては，銀行の取締役は，追加融資の打ち切りにより直ちに顕在化する既存融資の回収不能やプロジェクトの挫折により被る有形・無形の損失の大きさのみに目を奪われることなく，追加融資を打ち切る場合とこれを実行する場合のそれぞれに予測される損失を的確に把握し，これを最小化する方策を検討し

た上で，その比較衡量を行ない，追加融資を実行する方が損失が小さい場合，すなわち合理的に見込まれる貸し倒れリスク等を考慮しても追加融資を実行することにより全体として利益が期待しうる場合にのみ，これを実行すべきである。」

　イ　札幌地判平14.12.25（拓銀カブトデコム事件1審判決）（本件地裁判決）
「このような借主に対する追加融資は，返済はもとより，十分な担保を徴求することすらも難しく（略），回収不能となる蓋然性が高く，融資に要求される確実性・収益性を著しく欠くものであるから，これを決裁した取締役は，原則として，善管注意義務に反するものとして上記融資によって銀行に被らせた損害を賠償する責任があり，ただ，延命のための追加融資をすることによって，追加融資額（実質的には回収不能の見通し額）を超える銀行の利益を得ることが具体的かつ確実に見込まれる場合に限り，追加融資のうち，銀行側の利益が追加融資額を超える限度において，善管注意義務違反を免れるものというべきである」

　ウ　札幌高判平18.3.2（裁判例⑥）
「日本における銀行と借り手企業との間には，預金・貸出・為替などに関連する取引関係が長期にわたって安定的に維持されるとともに，借り手企業が危機に陥ったときには融資銀行が支援の手を差し伸べるなど，通常の銀行取引を超えた関係がみられ，この日本独特の銀行取引関係を一般にメインバンク関係ということが認められる」

「銀行の取締役は確実性の原則，収益性の原則，銀行業務の公共性に照らし合理性を有する判断をしなければならないのであって，拓銀がエスコリースの道義的メインバンクだとしても，本件各融資のように回収を予定しない融資をすることは，確実性の原則に照らし，基本的には許されないものであることは明らかである。」

「しかし，ある企業が破綻した場合に，メインバンクがこれを任意整理の方法で清算することとし，これを実行するために不可欠なものとして回収可能性のない融資をすることは，清算の手順，方法，清算結了の時期等を明らかにした具体的な清算計画が策定され，この計画どおりに清算される可能性が高く，この計画どおりに清算されれば，当該融資を実行しない場合に比べて当該メインバンクの得る利益が融資額よりも大きい，あるいは当該メインバンクが被る損失が融資額以上に減少することが具体的に明らかになっているという特別な事情がある場合には，当該メインバンク全体としてみると確実性の原則に反しないということができるから，このような特別の事情があ

る場合に限り，上記のような融資をすることも許されると解するのが相当である。」

エ　東京地判平16.3.25（裁判例⑩）

「すなわち，このような状況において，銀行の取締役は，金融・経済情勢，融資先の財務・経営状況，融資先と銀行との間の関係の濃淡，他の取引債権者の状況等を踏まえた上で，支援をしない場合に見込まれる損失，すなわち，融資先の破綻により回収不能が見込まれる既存の貸付金や出資金，さらには他の取引債権者との間で銀行が負担を求められる可能性のある損失などの直接的損失（破綻処理コスト）のみならず，融資先を支援せずに破綻させたことにより銀行が被るおそれのある社会的批判や信用失墜，銀行の系列会社の取引や銀行の資金調達コストに与える悪影響，さらには既存の取引先の離反や将来の取引機会の喪失などの2次的・間接的な損失をも的確に把握し，これらを最小化する方策を検討する必要がある。他方で，支援を行う場合の想定として，融資先の再建計画の実現可能性，再建のために必要となる総資金量，支援先及び他の債権者等との間の分担の可否及び負担の方法を検討の上，支援によって負担することが相当と考えられる必要最小限度の救済コスト及び支援先に対して残存する貸付金等についての回収不能リスクを把握しなければならない。そして，以上のような観点から，支援をしない場合と支援を行う場合に見込まれる損失を幅広く情報収集・分析，検討した上で，後者が前者よりも小さい場合，すなわち支援により負担する損失を上回るメリットが得られる場合にのみ，支援を行うことが許されるものというべきである。」

オ　東京地判平14.7.18（裁判例⑪）

（長銀イ・アイ・イ第1次訴訟第1審判決・判タ1105号194頁）

「原告は、1980年以降,長期信用銀行という制度に依拠した経営から脱皮し、新たに投資銀行に転換していく方向を目指したが，投資銀行への転換は一挙に図られるものではなく，大企業の資金需要の減少を中堅中小企業の新規開拓で置き換えつつ進めていく戦略がとられた。」

「当時においては，メインバンクは，借り手についての情報収集・蓄積及び経営監視の面で他の債権者よりも優位な立場にあること，最大の融資者として借り手が経営難に陥った場合の危機管理にイニシアチブを発揮することから，これらに信頼・期待して他行は当該借り手企業への融資を引き受け，他方メインバンクは，借り手の預金，為替及び社債管理業務などを独占的に引き受ける関係が成立していたものと解される。そうすると，原告は，本件融資の依頼について既に述べたとおり一時的な流動性不足であると判断した

のであるから、上記のような関係の中でメインバンクの動きを注視している他行に対して、訴外会社の経営が悪化しているという誤ったシグナルを送る行動を避ける必要があった」

（何をもって融資から期待される利益とするか）

　裁判例⑥⑨⑩及び本件地裁判決とも、既存の融資先に対して融資を継続する場合についての経営判断原則の適用に当たり、回収可能性と融資から期待される利益も含めて両者を総合的に考慮することを認めたうえ、融資のリスクが極めて高く回収可能性を欠くといえる融資であっても、善管注意義務違反とならない余地を認めている。ただし、裁判例⑥⑨及び本件地裁判決と、裁判例⑩では、融資から得られる利益の捉え方が異なると解される。裁判例⑥⑨及び本件地裁判決は、融資を打ち切る場合に予測される損失の回避、すなわち既存融資の回収不能額の最小化という、金融機関自身の直接的具体的な経済的利益を念頭に置いていると考えられる。後述の田原補足意見も、同様の立場と解される。これに対し、裁判例⑩は、既存融資の回収不能額の最小化に加え、銀行が被るおそれのある社会的批判や信用失墜、銀行の系列会社の取引や銀行の資金調達コストに与える悪影響、さらには既存の取引先の離反や将来の取引機会の喪失など、金銭的に換算することが困難である2次的・間接的な損失の回避についても、融資から得られる利益として、経営判断原則の適用に当たり考慮できるとするものである。

　裁判例⑪は、裁判例⑥と同じく、当該融資を実行する金融機関がメインバンクであることに着目するものである。ただ、裁判例⑥が融資実行によるメインバンクとしての既存融資の回収率という直接的経済的利益に着目するのに対し、裁判例⑪はメインバンクとしての信用維持という間接的利益に着目している点が異なる。間接的利益に着目する点で裁判例⑩と趣旨を通ずるものといえるが、裁判例⑩は金融機関の関連ノンバンクに対する融資であるのに対し、裁判例⑪は事業会社に対する融資であるから、間接的利益の意味合いがやや異なる。

　拓銀カブトデコムの高裁判決は前述の2次的・間接的な損失の回避を重視するものであり、長銀についての裁判例である裁判例⑩⑪の延長にあるものとして捉えられる。ただ、長銀と拓銀では融資拡大路線に至った背景が異なり（長銀の背景については、前掲裁判例⑪参照）、拓銀カブトデコム事件と裁判例⑩⑪を同一視することも適当ではない。

（当該融資の回収可能性と融資から期待される利益の検討順序）

　まず当該融資の回収可能性が検討されることになると考えられる（善管注

意義務の立証責任と経営判断原則の関係をどのように捉えるかにかかわらず，回収可能性の立証責任については原告が負うとするのが，大多数の裁判例の考え方である）。そして，回収可能性を欠くとの結論に至った場合は，原則として善管注意義務違反となり，ただ既存融資の回収可能性等，新規融資から期待される利益が回収可能性欠如の損失を上回る場合に限り，例外的に義務違反を免れることになるものと考えられる（イの裁判例）。すなわち，回収可能性と融資から期待される利益も含めて両者を総合的に考慮する立場に立つとしても，「融資から期待される利益」についての立証責任は，原則として被告が負うと考えるべきであろう。ただ他方で，回収可能性についての検討と融資から期待される利益についての検討を峻別することは難しい場面も想定される[28]。そのような場合に，原被告間においてどのような形で立証責任の分配を図るかは，今後の課題である。

(5) **事実認識と金融機関における分業と権限の委任（信頼の原則）の関係について**

　裁判例⑧は，金融機関の場合の特殊事情として，回収可能性についての判断の前提となる事実認識に対する審査の仕方について，以下のとおり判示している（この判示内容は，裁判例⑤，裁判例⑥でもほぼそのまま引用されている）。

　「取締役の情報収集・分析，検討に上記のような不足・不備があったかどうかについては，分業と権限の委任を本質とする組織における意思決定の特質が考慮に入れられるべきであり，特に，原告のように融資の際に営業部店及び本部審査部などがそれぞれの立場から重畳的に情報収集・分析，検討を加える手続が整備された銀行においては，取締役は，特段の事情のない限り，各部署の行った情報収集・分析，検討に依拠して自らの判断を行うことが許されるべきであるが，特段の事情の有無は，当該取締役の知識・経験・担当職務，案件とのかかわり等を前提に，当該状況におかれた取締役がこれらに依拠して意思決定を行うことに当然躊躇を覚えるような不足・不備があったかどうかにより判断すべきである。」

　金融機関以外の会社における経営判断原則を論じた裁判例において，判断の前提となる事実認識と事実に基づく意思決定に分けた上，事実に基づく意思決定に比べ，判断の前提となる事実認識についての方が取締役の裁量を狭

---

[28] 新規融資によって既存融資の回収可能性が高まるのであれば，それは融資先の業績回復を意味すると考えられるところ，そのことが立証されるのであれば，新規融資の回収可能性の判断にも影響を及ぼすはずである。

める傾向があることは，前述のとおりである。しかし，先の裁判例は，分業と権限の委任を本質とする組織における意思決定の特質を考慮するとして，金融機関の取締役は，特段の事情のない限り，各部署の行った情報収集・分析，検討に依拠することが許される旨を判示している（いわゆる「信頼の原則」）。そこで，両者の関係をどのように考えるか，問題となる。

　金融機関の融資に対する経営判断の原則の適用について一般企業の取締役に比してより限定されるという見解に立つのであれば，前述の裁判例の判示の趣旨を，単に判断の前提となる事実認識について取締役の義務を軽減するものと解することについて疑問が生じる。上記判示が「融資の際に営業部店及び本部審査部などがそれぞれの立場から重畳的に情報収集・分析，検討を加える手続が整備された銀行においては」と限定を付していることを重視すれば，少なくとも，金融機関の取締役は，経営判断原則の適用を受ける前提として，融資に関しての適切な情報収集・分析，検討を行うための組織ないしシステムを予め構築しておく義務を負うこと，そして，そのシステムを通じて自らにあげられてきた情報に基づいて意思決定を行う際，意思決定の内容と当該情報との関係を明確かつ合理的根拠をもって説明することが必要となろう。

(6)　最三小決平21.11.9（商法違反被告事件）（裁判例⑦）田原裁判官補足意見

　直近の刑事事件の判例ではあるが，銀行が無担保融資を実行する場合の取締役の善管注意義務と経営判断原則について，田原裁判官が補足意見を付して極めて具体的かつ詳細な検討を行っているので，言及しておきたい。

　「銀行業務におけるリスク取引の典型例は，無担保融資であるが，以下に述べるように，相手方が正常企業の場合と実質破綻企業の場合とがあり，それに応じて経営判断の内容は異なる。」

　「(1)　正常企業の場合　融資先が正常企業で将来の事業の伸展が見込まれ，そのためには，一定の設備投資資金等が必要とされるが，その融資に見合う適切な担保を有しない場合などである。かかる事例では，その資金需要の必要性，合理性を厳しく検討するのはもちろんのこと，相手方企業の事業内容，過去の業績，将来の業績見込み，企業の物的・人的施設の状況，経営者の資質，将来の資金需要，そのうち自己資金と外部資金の調達割合等を厳しく点検し，それらが全て合理的であると判断できて初めて最低限度必要とされる資金の融資が許容されるものであり，その合理性判断の過程において経営判断の原則が適用されるのである。」

　「(2)　実質破綻企業の場合　相手方が実質破綻している場合であっても，

次項で検討するような既存の融資の回収の最大化と損失の極小化を図るうえで，相手方に一定の資金が必要とされ，その資金の融資の可否が問われることがある。融資取引を主要な取引内容とする銀行と企業との関係においては，回収の最大化と損失の極小化は，ほぼ同義であり，相手方企業の存続の如何は，原則としてかかる観点から捉えることができるものである」「かかる場合の融資に際し，一般にそれに見合う適切な担保を取得することは困難であるが，それにもかかわらず，かかる融資が肯認されるのは，それが既存の融資の回収の増大に必要な費用としての性質を有しているからである。そうすると，その融資（実質は費用）の実行に当たっては，それに伴う回収の増加が見込めるか，その投入費用（実質破綻企業に対する赤字補填を含む。）と回収増加額の関係，回収見込額の増減の変動要因の有無，その変動の生じるリスク率，そのリスクを勘案した上で，どの時点まで費用を投じるか，あるいは，どの時点で新たに生じた損失を負担してでも新規の貸付けを打ち切るのか等が詳細に検討されなければならない」

「そして，取締役が上記の判断をなすに当たっては，常に時機に応じて適確な情報を入手し，合理的な分析をなしたうえで新たな判断をなすことが求められるのであり，その判断過程には，経営判断の原則が適用されるものと言えるのである。」

田原補足意見は，前掲**第4の1(2)イ**と同様に，金融機関の融資に対する経営判断の原則の適用について，一般企業の取締役に比してより限定されると一般に解されているとし，銀行が一般企業と同様のリスク取引（無担保融資が典型）を行うことは許されないとした。他方で，金融機関による無担保融資が経営判断の原則の適用により許容される場合があることも認め，その要件を，融資先が正常企業の場合と実質破綻企業の場合とで区別した。正常企業の場合は，専ら新たな融資の持つリスク，回収可能性を判断する場面においてのみ経営判断原則を適用するものと解される。これに対して，実質破綻企業の場合については，当該融資の持つリスク，回収可能性のみならず，融資から期待される利益も含めて総合的に考慮するに当たって経営判断原則を適用する余地を認めている。すなわち，融資先企業の存続自体が既存の融資の回収の最大化と損失の極小化につながるとして，融資から期待される利益と捉えている。そして，新たな融資は融資先企業の存続のための「費用」（「費用」という言葉を用いる趣旨は，新たな融資を回収可能性のないものとして扱うところにあると思われる）と捉える。そのように捉えることによって，実質破綻企業に対しても新規融資の実行を許容される場合があるとする。

他方で，金融機関の信用失墜，既存の取引先の離反や将来の取引機会の喪失などの金銭的換算が困難な2次的・間接的な損失の回避については言及されておらず，このような要素を融資から期待される利益として考慮することについて経営判断原則を適用することは想定していないと考えられる。

第5　拓銀カブトデコム事件

1　事案分析（別添時系列表参照）

(1) 当事者

融資先　カブトデコム社（代表者D）

　　昭和46年設立。不動産の賃貸，仲介，売買業。

　　平成元年3月　株式店頭公開

　　関連企業　　約40社（平成3年3月時点）

　　資本額　　　約483億円（平成3年6月時点）

融資元　拓銀

　　昭和60年ころから，企業育成路線を採用

　　30億円超の融資案件は，経営陣が参加する投融資会議で方針決定。

　　上部機関として，経営に関する重要事項を協議する経営会議あり。

(2) 時系列

S60　カブトデコム社，拓銀に対し，メインバンクとなることを要請。

　　　A銀行支店部，財務内容が不透明であること，依頼した資料提出を拒否されていることを指摘し，上記要請拒否を進言。

　　　拓銀経営陣，上記進言を覆し，メインバンクとなることを了承。

S63　拓銀融資部，カブトデコム社について，借入金過大，資金繰り多忙，不健全資産比重高く財務内容は良好でないなど，問題点を指摘。今後，貸付金使途の管理，担保管理，情報収集等に留意すべきことを指摘。

S63　カブトデコム社，関連会社のG社を事業主体として，会員制リゾートホテル事業計画を立案（エイペックス事業）。

　　　拓銀，ホテル会員権販売終了までのつなぎ資金融資実行，会員権販売，拓銀の関連保証会社による会員権の預託金返還債務保証などにより，G事業を支援することを決定。

　　　支援実行前（H1.3.22）の拓銀のカブトデコム社に対する融資残高，

約98億円。
H2.2 ～ H3.8　第1融資実行（195億7000万円）
H4.4 ～ H4.8　第2融資実行（540億円）
H4.11 ～ H5.3　第3融資実行（409億円）

2　本件地裁判決——札幌地判平14.12.25

第1ないし第3融資，全てについて，義務違反肯定。

3　本件高裁判決

(1)　**判旨**（原判決一部取消）

ア　規　範

「もとより，取締役の経営上の判断には一定の裁量が認められるけれども，融資について確実性と収益性があるとした取締役の判断が，その過程，内容等の客観的諸事情からみて著しく合理性を欠くと認められる場合には，その判断は，裁量を逸脱したものとして善管注意義務違反になると解され，取締役は，商法266条1項5号に基づき，当該融資により銀行に被らせた損害を賠償する責任を負うというべきである。」

「特に，本件のように，事後的には，いわゆるバブル経済の崩壊期におけるものと評価することができる融資にあっては，各融資時に不動産市況や株式市況等について客観的な事後検討に耐え得るような予測をすることが極めて困難であったのであるから，各融資実行時の関与取締役の注意義務を措定するに当たっては，当時の経済状況，金融環境や一般的な銀行の融資態度等時代的背景も加味するなど，より慎重な検討を要するというべきである。」

「また，銀行が行う融資の中には，短期的な1回限りの融資もあれば，長期にわたる継続的融資もあり，あるいは，融資先限りの需要に終始するものもあれば，当該銀行自身の経営方針に関わるものもあるのであって，後者における銀行の利害は，当該融資による単体の収支では計ることができない場合もあり得る。」

「各取締役について，その予測や判断の基礎となった資料の収集・検討において杜撰であったとか，あるいは，当該案件について取締役が会社と利益相反する客観的事情があったというような著しく不合理なものが認められ，当該取締役の予測や判断そのものが不誠実であったと認められるような場合であれば格別，そうした不誠実性が認められない場合には，各取締役の予測や判断と結果との不一致を捉えて注意義務違反を認め，商法266条1項5号

に基づく損害賠償責任を課すのは相当でない」

　イ　第1融資についての結論（詳細は別紙1のとおり）（義務違反否定）
「本件においては，以上の事実及び検討結果に加え，全証拠によっても，平成2年2月13日開催の上記投融資会議に参加した控訴人らによる第1融資を相当とした判断に，拓銀の取締役として尽くすべき注意義務違反があったとは認められない。もっとも，結果からすると，第1融資に関わるほとんどの債権が不良債権となり，拓銀がこの分の損害を受けたことは明らかであるが，これは，第1融資を了承した判断が誤っていたことによるものではなく，主として，その後のバブル崩壊による土地下落という，当時においては予測不可能な経済的要因に基づくものであり（当時予測不可能であったことは，公知の事実である。），また，その後のカブトデコムやそのグループ企業の業績を精査し，かつ，取得担保株の値動きを監視するなどして，第1融資の取得担保が実効担保額を割り込んだ時点において，速やかに追加担保を取得したり，債権回収を図るなどの対応を怠った当該担当役員の怠慢等に起因するものというべきである。」

　ウ　第2融資についての結論（詳細は別紙2のとおり）（義務違反肯定）
「上記各経営会議に参加した控訴人らには，取締役としての注意義務違反が認められるところ，第2融資によって，拓銀には300億円を超える回収不能債権額相当の損害が発生したものと認められる」

　エ　第3融資についての結論（詳細は別紙3のとおり）（義務違反否定）
「以上の事実及び検討結果に加え，本件においては，全証拠によっても，平成4年10月26日開催の経営会議に参加した控訴人らによる第3融資を相当とした判断に，拓銀の取締役として尽くすべき注意義務違反があったとは認められない。もっとも，第3融資により，現在370億円余の債権が不良債権となり，回収不能の状態となっているが，これは，上記第3融資のメリットを取得する対価ともいうべきものであり，その損失はやむをえないものである。そして，本来の責任は，第2融資を含む，総量規制実施以降の融資を漫然と了承した担当役員や第1融資の回収を怠った担当役員に帰せられるべきものである。」

(2)　検　討
　ア　規範（事実認識と意思決定の区別，裁量の範囲）
　本件高裁判決は，「取締役の経営上の判断には一定の裁量が認められる」とし，金融機関による融資の場面において経営判断原則が適用されることを明らかにした。そして，善管注意義務違反の規範としては，「過程，内容等

の客観的諸事情からみて著しく合理性を欠くと認められる場合」とし，具体的には「その予測や判断の基礎となった資料の収集・検討において杜撰であったとか，あるいは，当該案件について取締役が会社と利益相反する客観的事情があったというような著しく不合理なものが認められ，当該取締役の予測や判断そのものが不誠実であったと認められるような場合」とした。

　この規範は，これまでの同種裁判例（第4の2(3)のア～オ）と比べても，取締役の裁量の範囲を大きく広げている。取締役と会社の利益相反性を考慮要素として挙げていることからすると，従前の我が国の裁判例よりも，アメリカ法の経営判断原則（第3の3(1)）を参考にしているようにも見える。また，「資料の収集・検討」という事実認識面，「当該取締役の予測や判断」という意思決定面，各々の要素を考慮するものの，他方で，事実認識面と意思決定面を明確に区別せずに双方を総合的に考慮するものとしているように見える。また，アメリカ法では事実認識面（手続的要件）については通常の過失基準で審査するとされているのに対し，本件高裁判決は，事実認識面においても取締役の裁量の範囲を大きく広げていると見られ，アメリカ法の経営判断原則よりも，さらに緩やかな基準になっていると解することができる。このような経営判断原則の捉え方については，学者からも批判的な意見が出されていた[29]。

イ　事実認識面の検討（第1融資）

　本件高裁判決は，「各控訴人らには，各付議案件について必要な事実の調査や資料の収集を含めて各融資の必要性及び相当性を適切に判断すべき注意義務があった」と判示する一方，アの緩やかな規範を踏まえてか，「同法人部の提出した資料そのものが上記第1支店部及び融資部事業調査室の資料と整合しないとか，連続性に欠けるものとは認められず，また，本件全証拠によっても，同法人部の提出資料に同法人部の作為又は捏造による事項が記載されていたとは認められない」ことを理由として，「なお，資料が不足していたとか，さらに客観的調査を指示する必要があったとまで断じることはできない」と判示している。この判示内容を見る限りは，取締役の善管注意義務違反を検討するに当たって，下部組織が提出した資料の内容に踏み込む必要はないという，信頼の原則を重視した立場を取っているようにも見える。ただ他方で，拓銀において，融資に関する適切な情報収集・分析，検討を行

---

29) 岩原・前掲注22) 4頁，同「銀行融資における取締役の注意義務(下)」1742号4頁。

うための組織ないしシステムが第1融資当時に構築されていたといえるか否かについては，特に検討されていない[30]）。

ウ　意思決定面の検討要素（回収可能性，融資から期待される利益）（第1融資）

本件高裁判決は，第1融資を，企業育成路線に基づく投資的性格の融資と位置付けた。この企業育成路線は，金銭的換算が困難な2次的間接的利益というべきものであり，この路線を取ることによって将来拓銀が得べかりし利益を換算して第1融資の融資額と比較しようとすることは，本件高裁判決で試みられていない。

そして，この投資的融資については「融資先に既存の物的かつ確実な担保提供を求めること自体が不可能を強いるもの」として，通常の融資と異なる基準で回収可能性を検討することを許容している。このように投資的性格の融資というものを認める判示を我が国で行ったのは，今回の本件高裁判決が初めてと思われる。もし，こうした融資を認めて担保による回収可能性を重視しない立場によるとしても，企業としての収益性は審査されるべきであるはずである。その意味で，本件最高裁判決も指摘する「昭和60年調査及び昭和63年調査において，その財務内容が極めて不透明であるとか，借入金が過大で財務内容は良好とはいえないなどの報告がされていた」ことについては，どのように位置付けるのか，疑問の残るところである。

本件高裁判決は，バブル崩壊という予測不可能な経済的要因を強調しており，本件を特殊な案件と位置付け，今後同様の事案が出てくることを想定していないようにも思われる。しかし，本件高裁判決の判断手法は，意思決定の内容を審査するに当たり，回収可能性よりも融資から期待される利益（しかも，金銭的換算が困難な2次的間接的利益）を重視するものとも解されるところ，融資に関する金融機関の取締役の注意義務を厳格に判断しようという昨今の流れにもそぐわないように思われる。

エ　意思決定面の検討要素（回収可能性，融資から期待される利益）（第3融資）

本件高裁判決は，第3融資について「カブトデコムは，第2融資当時から既に倒産が危ぶまれる状況にあったものと認められることは上記のとおりであるところ，第2融資にもかかわらず，事態はさらに悪化していた」「第3融

---

[30]　この点に関し，岩原・前掲注29) 7頁は，第1融資について検討する際，昭和63年に融資部が行った調査報告が検討されていないことを問題視している。このように，金融機関内部で融資実行の可否を検討する際に，過去の資料も併せて検討される態勢になっていないとすれば，適切な情報収集・分析，検討を行うための金融機関のシステム構築としては，不十分とする余地はあろう。

資は，客観的には，既に資産状況が危殆に瀕したカブトデコムに対する融資であったことが明らかである」と判示し，第1融資よりもさらに進んで，第3融資については回収可能性が皆無に近いことを半ば前提としている。これに対し，融資から期待される利益として，既存融資の回収不能額の最小化にも言及はされているが，「担保対象物件の価値が約417億円増加することが見込まれるなどエイペックス関連債権の不良債権化が大幅に回避できるメリットもあった」とあるのみで，さほど強調されていない。また，「不良債権化が大幅に回避」という表現が単に債権分類上の格付けの改善を意味するにすぎないのであれば，直ちに回収可能額の増加に結び付くとも言い難く，融資による利益の金銭的換算は難しい。

　以上のことからすれば，第3融資は，第1融資にも増して，融資から期待される2次的間接的利益（損失回避）を重視しないと正当化できないところ，本件高裁判決は，取引先企業等を含む関連倒産防止，北海道内の金融秩序維持，その他の経済的混乱回避，拓銀の銀行としての対外的信用維持という目的を重視し，義務違反を否定したものである。このような金銭的換算が困難な2次的間接的利益を重視することについての疑問は，第1融資で述べたのと同様である。しかも，第1融資が目的とした企業育成路線は拓銀自身の利益であるのに対し，第3融資の利益として挙げられたものは，取引先企業等を含む関連倒産防止，北海道内の金融秩序維持など，必ずしも拓銀自身の利益ではないものも含まれている（その意味では，裁判例⑩よりも，間接的利益の範囲を広げている）。これらによる拓銀への影響を金銭的に換算することはそもそも不可能とも思われるが，本件高裁判決は「拓銀の他の取引先企業の関連倒産を防ぐことやエイペックス事業の存続を図ること及び拓銀としての信用を維持することのメリットやデメリットを第3融資の額を基準として単純にその回収額の有無や多寡によって評価するのは相当ではない」とした。関連倒産防止，金融秩序維持，経済的混乱回避，金融機関としての対外的信用維持などの目的自体は正当化できる余地がある（本件最高裁判決）としても，審査するに当たり具体的な基準を立てる必要がないと言い切ってしまってよいのか，疑問の残るところである[31)][32)]。

4　本件最高裁判決

(1)　**判旨**（原判決破棄自判）

　ア　**規　範**

　なし。一般規範として経営判断原則を適用するか否かについても，言及し

ていない（ただし，後述の「イ　第1融資についての結論」「ウ　第3融資についての結論」参照）。

　　イ　第1融資についての結論（詳細は別紙1のとおり）（義務違反肯定）
　「そうすると，第1融資を行うことを決定した被上告人らの判断は，第1融資が当時A銀行が採用していた企業育成路線の一環として行われたものであったことを考慮しても，当時の状況下において，銀行の取締役に一般的に期待される水準に照らし，著しく不合理なものといわざるを得ず，被上告人らには銀行の取締役としての忠実義務，善管注意義務違反があったというべきである。」

　　ウ　第3融資についての結論（詳細は別紙3のとおり）（義務違反肯定）
　「第3融資を行うことを決定した被上告人Y₁及び同Y₃の判断は，当時の状況下において，銀行の取締役に一般的に期待される水準に照らし，著しく不合理なものといわざるを得ず，被上告人Y₁及び同Y₃には銀行の取締役としての忠実義務，善管注意義務違反があったというべきである。」

　(2)　検　討
　　ア　規　範
　本件最高裁判決は，あくまで事例判決の形を採っている。金融機関の融資について取締役が負うべき忠実義務・善管注意義務の内容についての規範を明らかにしておらず，また，その際の経営判断原則の採用の是非等についても，直接判断を示していない。

　　イ　事実認識と意思決定の区別
　別紙1および3のとおり判断の前提となる事実認識についての問題点，事実に基づく意思決定についての問題点，各々が，混然一体ではあるが，指摘

---

31)　本件地裁判決は，第3融資について「これを決裁した取締役は，原則として，善管注意義務に反するものとして上記融資によって銀行に被らせた損害を賠償する責任があり，ただ，延命のための追加融資をすることによって，追加融資額（実質的には回収不能の見通し額）を超える銀行の利益を得ることが具体的かつ確実に見込まれる場合に限り，追加融資のうち，銀行側の利益が追加融資額を超える限度において，善管注意義務違反を免れるものというべきである（同額であれば，実質的に追加融資額を他の方法で回収するというのと変わらず，逆に手数，時間等を要するため，融資する意味はない結果となる。）」と判示している。

32)　裁判例⑥は，融資先のリース会社が破綻すると，拓銀の信用力が極めて低下して資金調達に困難を来し，調達する資金の金利が上昇し，その損失は数百億円規模に及んでしまうおそれがあるという取締役側の主張に対し，当時の金融市場の金利決定に至るメカニズムを検討の上，リース会社の破綻によって，拓銀のインターバンク市場，ユーロ市場における資金調達コストが上昇するか疑問であると判示して，取締役側の主張を排斥している。

されている。最判としての規範は定立されていないものの，事案の分析内容を見る限り，下級審の裁判例と同様に，事実認識と意思決定は区別した上，両要件を総合的に考慮して義務違反の有無を判断しているのではないかと解される。

ただ，第1融資と第3融資のいずれについても結論の書き方が「融資を行うことを決定した被上告人の判断は，当時の状況下において，銀行の取締役に一般的に期待される水準に照らし，著しく不合理なものといわざるを得ない」という表現になっていることや判示理由全体からすれば，本判決は，主として事実に基づく意思決定部分の問題点に着目して，忠実義務・善管注意義務違反を認めた事例と言ってよいのではないかと思われる。

ウ 検討要素（回収可能性，融資から期待される利益）

a 本件最高裁判決は，第1融資について，債権の回収が専らB社の業績及び株価に依存するリスクの高い融資としながら，回収可能性の点のみで善管注意義務違反を認めることはしていない。銀行が採用していた企業育成路線自体について，一律に不合理なわけではないとし，融資から期待される利益の有無についても検討している。ここで言う「企業育成路線」とは，将来の取引機会増大という金銭的に換算しにくい2次的間接的利益に当たると思われる。しかし，判示の中心は，担保株式による第1融資自体の回収可能性についての検討であること，結論として善管注意義務違反を肯定していることからすると，金銭的に換算困難な2次的間接的利益にさほど重きを置いているものとはいえないであろう。

b 第3融資についても，回収可能性について「その大部分につき当初から回収の見込みがなかったことは明らか」としながら，それだけで善管注意義務違反を認めることはせず，融資から期待される利益として第3融資実行による既存融資の回収可能性に言及している。その中で，本件最高裁判決は，既存融資の回収可能性を融資から期待される利益として考慮することについては理解を示しつつ，第3融資の融資額に見合う既存融資の回収額が期待できたとはいえないとした。すなわち，そこでは，第3融資の融資額を基準とした，金融機関自身の直接的具体的な経済的利益の大小の観点から，善管注意義務違反の有無を判断しているものと思われる。

さらに，本件最高裁判決は，関連企業や他の金融機関の連鎖倒産を回避するためにエイペックス事業完成までカブトデコムを延命させるという第3融資の目的については，本件では，第3融資の実行により関連企業や他の金融機関の連鎖倒産を回避できたとはいえないとの理由でこれを否定している。

その際，関連企業や他の金融機関の連鎖倒産回避という目的が融資から期待される利益として経営判断の中で考慮することが正当化されるのか否かについては，言及がない。このことは，本件最高裁判決が既存の融資の回収可能性については「中長期的には拓銀にとって利益になるとの判断もあながち不合理なものとはいえない。」と判示していることと対照的である。

エ　裁量の範囲

a　本件最高裁判決は，「銀行の取締役に一般的に期待される水準に照らし」という表現を用いており，金融機関の融資についての取締役の善管注意義務については「通常の企業人」を基準とはしないことは明らかにした。

b　結論部分の表現としては，「著しく不合理なものといわざるを得ない」という表現を用いているものの，(1)で述べたとおり，最高裁としての規範定立は行われていない以上，「著しく不合理といえる場合に限って義務違反を認める」という立場を採用したものとは言い難いであろう。

ただ，下級審裁判例を見ると事実認識については合理的なレベルでなされることを求められるのに対し，意思決定については少なくとも明らかに不合理なものでないことを求めるに止まり，取締役の裁量がより広く認められる傾向があることは，既に述べたところである。事実認識と意思決定を特段区別せずに「著しく不合理なものといわざるを得ない」という表現を用いたことが，意思決定について取締役の裁量を広く認める立場に配慮を示したのではないかと思われる。

第6　終わりに

バブル経済崩壊から相当期間を経過し，整理回収機構による提訴案件は現在沈静化しており，今後も増加する可能性はすぐには見いだしがたい。しかし，法曹人口増加とも相まって，株主代表訴訟案件については増加の可能性がある。その場合，これまで整理回収機構案件を中心に蓄積された裁判例を踏まえ，経営判断に関する審理がされることになると思われる。しかし，株主代表訴訟の場合，立証能力等において整理回収機構案件と大きな差があることは否めない。このような違いを踏まえて，今後同種案件が提起された際，実質的な立証責任の分配をどのように行うかも含め[33]，整理回収機構案件の裁判例とどのような形で整合性が保たれていくことになるのか，興味深い。

本稿は，平成22年2月13日に行われた大阪民事実務研究会での発表内容

に若干の加筆をしたものである。同研究会では，奥田昌道元最高裁判事をはじめとする学者・実務家の方々から貴重なご指摘，ご意見をいただいた。この場を借りて御礼を申し上げたい。

33）「立法論としては，むしろ，（対象とする会社などについて議論の余地は多分にあるものの）（略）責任追及訴訟における立証責任の転換を行う（一定の内部統制システムが整備され，それを前提に意思決定がなされていたことの立証を取締役や会社に行わせる）といったことも考えられてよいように思われる」（和田・前掲注25））。また，岡田・前掲注21）は「緩やかな基準で審査される内容の相当性しか事実上争われないのであれば，株主代表訴訟制度は実効性を失うであろう。証拠の偏在を克服するため，何らかの手段を講じなければならない。証拠の偏在の克服のための手段としては，民事訴訟法上の文書提出命令の利用が考えられる」とし，貸出稟議書について文書提出義務を原則否定した最二小決平11.11.12民集53巻8号1787頁を批判的に検討している。

2 金融機関による融資についての取締役の責任と経営判断原則

別紙1

第1融資	事実認識	意思決定			
		回収可能性	既存融資の回収不能額の最小化	融資から期待される利益	
				2次的間接的利益	

高裁判決

事実認識：
投融資会議を経営会議における重要事項を決定する場であるが、必要な資料及び融資部に必要な事業調査部の調査等の収集をせず、連結計算書を検討せず、本件各融資を認めており、また同法人部の提出による判断したことについても、同法人部の作成又は提出した資料に依拠したままでの報告に主要部分を占めていたことから、投融資会議において、事実認識が明らかに足りないと認められる。そして、各付議案件に係る同会議の進捗状況に置かれたイベックス事業等の事業の調査の必要性を判断しそれを過した事務方の対応のためであって、いずれを適切に判断すべきであったということができる。

回収可能性：
第1融資における事案の回収及び利益による収益等を超える利益を目指すものの、ある以上、当然想定される当該融資の営業拡大に伴うところの法人部による事業支援も有要であったかは別として、第1融資ついて、同法人の主要であるカブトデコムの事業について、相当の格が急激に認められると同時に行うに実行されたとすると、融資会議においてそうした投資的性格の強い投融資であるならば、融資先の先行きを担保物的に判断する資料等の担保等を確認しないまま実行することが指摘できないという点に不相当というべきである。

2次的間接的利益：
しかし、上記通り、第1融資はあるいは第1融資以前の金融機関の中で推進していた地60年ごろから拓銀の企業育成路線（インキュベーター路線）の一環としてカブトデコムが選択した企業育成路線に属するものであり、それは当時の拓銀の経営者たちの所属的に国定化され路線ならの裁量的判断に属する。

そしてカブトデコムは当時の拓銀にとって重要な事業であり、それは拓銀自身が対外的に全面支援を表明し、具体的なな計画にも拓銀が参画していたエイベックス事業等を通じていたものにあったという。第1融資は、拓銀にとって、自らが選択した当該企業固有の企業の性質を発揮する融資ではなく、自らが計画に参画した事業を成功させるための融資としての性格の強い融資である。

最高裁判決

事実認識：
第1融資は、当時の発行済株式総数が518万5000株であったカブトデコムについて、第1融資以前の昭和60年以降の10円未満の未発行の優先株3万5000株のうち109万行する計画であった（同月発行が増加率63万株の増加率を占める割合の55％を占める、また同日の発行済株式総額における未発行株式合わせて一度に新株発することとなる）新株を発行することに相当の割合ということになる。そして、それによって増加する相当数の株式を消化するために買いかなければならない以上（他入金の増大するかのいかずれかによって）、同社の財務内容は悪化するはずであり、またはそれを止めずの事実を意識することは程度の危険性を伴うしたものであり、それを止めずに検討した形跡は乏しく...

回収可能性：
株式は不動産等に比べて価格の変動幅が大きく、景気動向などの企業の業績に依存するたカブトデコムの業績次第でもいずれ同社の株価の低下や融資先は財産及び同社の関連会社の場合の担保不動産等を引き上げれば、不動産等を同社に対する担保権をなくとも、同社が株価を担保として行う場合の同社の業績不振による株価の下落により、銀行貸付金先に対する回収にたちまち巨額の資金回収にが困難となる...同社の業績及び同社の関連会社の回収は多数の企業でもなお企業の業績及び株価に依存するというよべきものであったということができる。

2次的間接的利益：
一般に、銀行が、事業内容及び財務内容の経営及び事業内容を把握した上で、成長の可能性を十分検討して合理的と判断される企業に、いわば回収不可能な不動産等の確実な物的担保がないくとも金融から融資を得ることはいわば通常の業務上、銀行の融資先の回収を合理化させるたものでしての融資を行うことも、個別の状況によって一律にか不合理とることはできない...カブトデコムを育成企業として選択した拓銀の判断には疑問があるが、カブトデコムを企業を選択しとして判定とし得るものでもなく、融資するに当たかないが融資的性格もかとの同社へ支援方法を検討することは十分にあり得た。

拓銀が当時採用していた企業育成路線の対象としてカブトデコムを選択した判断上のプロジェクトとする同社の経営及び同社の可否を検討している拓銀が自社の支援方法を選択する余地は十分にあった。

別紙2

	事実認識	意思決定		
第2融資		回収可能性	既存融資の回収不能額の最小化	融資から期待される利益 2次的間接的利益
高裁判決	平成4年3月23日及び同年4月3日開催の上記各経営会議における上記審議以降におけるカブトデコムやその関連会社、協力会社の財務内容の実態を明らかにする資料及び決算報告で済ますことなく、より正確な担保を把握できる資料及び強固な調査を要する資料及び強固な担保を調査すべきであった。平成4年3月ごろまでには、上記実態の一端をただす見ることができたはずであり、ひいては、上記9月までに明らかになった実態に迫ることも容易であったと思われる。少なくとも第1融資を断行し、あるいは、総量規制が行われた以降における、カブトデコムの不動産販売の不振や各種倒産兆候などの営業及び資産の伸び悩み及び第1融資の担保割れがされていれば、カブトデコムの事業をさらに調査することは容易に認識することができたのであるから、カブトデコムが債務超過に陥ることが現実の問題となっていたこと、あるいは、これを容易に認識できたはずである。	上記控訴人らは、上記株価の低迷や第1融資の担保割れ、不動産販売の落ち込みといった上記兆候を的確に認識することなく、カブトデコムの営業継続を前提として事業資金を継続したものと認められる。	第2融資は、そもそも、カブトデコム及び関連会社における企業継続価値による事業継続をしていた点で、判断の前提において相当性を欠いていったと認められるのみならず、実際に徴求された担保の実効担保価格は、第2融資の額である540億円を大幅に下回る164億1200万円にとどまるものであった。	もはや投資的融資を実施すべき前提を欠く状況下における融資は、従前の事業継続における事業継続に対する融資とは必ずしも相当性はないと認められず、融資とは異なったとの観点から相当性や必要性が判断される場合のみならず、現に危機に瀕した企業に対して事業資金を拾象し、この場面における担保の安全性の確保をより優先すべき裁量を認める融資についても、実物担保価値の確保を続けることは、後記第3審議における困難であろう。

74

別紙3

2 金融機関による融資についての取締役の責任と経営判断原則

		意思決定		
第3融資	事実認識	回収可能性	既存融資の回収不能額の最小化	融資から期待される利益	2次的間接的利益
高裁判決	損失の拡大及び逆ざや損失の回復及び保全を統一に検討すべきものとあれ、臨時・暫定的措置であっても相当の改善のりをそもあわり、その各相当額もあわり、その各相当額の貸出先ルーや不測についた損害である。その前提や不測になる資料を支給することが可能な検討と資料を支給することができないまま、相当性について検討を経ることなく、平成4年10月の経営会議に参加していた取締役らに対しても、第3融資に対する調査を行わなかった取締役らについても、自らの職務執行上、善管注意義務違反があるとまで認めることは困難である。	カブトデコムは、エイペックス事業を完成させたのちに拓銀からの第2融資をすべて回復させるため、拓銀グループのカブトデコムへの融資のうち、カブトデコムと何らかの関係のある貸出先について、平成4年9月30日現在で約2597億円で、同時点における拓銀からのカブトデコムの融資残高額は1992億1000万円となっていた。カブトデコム自体から拓銀グループからの融資実行後の実質的債権回収額をフローベースで1625億円、エイペックス事業の完成を目指していたとしても、平成4年3月時点では1300億円の資金不足が予想されたことになるが、これのみを多重的な点で判断してカブトデコムの支援のみを行ったとしても、同社の破綻状態には至らないとしていたことが認識され、カブトデコムの資金繰について合理性がないということは明らかでない。	拓銀にとって、エイペックス事業をカブトデコムから分離させたのちに拓銀が完成させる事業を実行することは不可能ではなく、エイペックス事業を完成させるのは対象担保物件の完成及び取扱社会的資本担保価値の回復価値を含め何らかの債権の関係による417億円相当増加することが見込まれることは大幅に回避することができるメリットもあった。	それまでの拓銀のカブトデコム及びエイペックス事業についての継続経営及び及び回復の担保さらに同時的措置をとるために、軽減措置をとるために、カブトデコムの即時倒産を回避して、その後の取引に関する拓銀先全の倒産企業の関連倒産を防ぐことや、エイペックス事業等を含めする拓銀先及び金融事業者の倒産防止の関連、限に必要な融資を評価する、の取引先の価値を評価する、他の金融機関を第3融資に絡んでの経済的混乱を回避と拓銀の信用的支援に、カブトデコムの対外的信用を維持することと、それについての関わりとして、ことこそ意思があるといったなることはもはやそう簡単なことは選択とは考できない。	平成4年10月26日開催された経営会議における拓銀の経営会議回避及び抗銀経済担保回避の関係、酒井拓銀の見守りクチャーの完成後のリスクチャーをかんがみると、その担保処分によって負担のリスクをとるために、その利益を与えるにあるカブトデコム及びエイペックス事業及び及び関連事業を経営方策及びとしての拓銀事業としてしてその負担軽減処置をとしてして、第3融資が必ずしも不合理とはいえない。 もとより、第危的融合企業に対する融資にあたっては、その救済の存続を図ることを営業事項とするのが全安全を実行するのが、拓銀が主実要な企業に生ずることは結構やむないものであり、拓銀で検討するもあるが拓銀とは、拓銀の存続を維持することの関係おけるメリットに乗じすべきならしない、それに評価することは相当多数に対する融資額の価額を超えるものがあってとはいえ、第3融資によって評価するのは問題はるいうことがある。
最高裁判決	拓銀の総合企画部の調査では、カブトデコムエイペックス事業による不動産価値の価値の増加に伴担保物件として担保に設定された110億円につき減少あり、エイペックス関係の売約417億円も未回収で及ぶ417億円もたにもかかわらず、エイペックス事業を完成させることでも損失減少の401億円程度年度決算以降、第3融資が実行10年後にはその処理の増加金額、第3融資について各種の検討が十分なされたといわず認めるに足る報告の内容が十分にあり、それに基づく判断をしたのと合理的といえるのではないかに照らうと、合理的であるとは認められない。	第3融資に関しては、カブトデコム会社の所有する不動産、エイペックス事業の資金を融資した。時点担保となったため、その実効的な担保価値は、110億円110億円なかった。また、417億円の残り既に実施済みの417億円のうち約153億円は、エイペックス社の販売先相手がキャンセルとなったことにより、その流動資金を返還することが必要となり、ことを実施した際の経営判断結果407億円も未回収で409億円のその見込の大部分は第3融資について債権を算収するについての見込みがあったのとは明らかではない。	もっとも拓銀とは、カブトデコムの倒産と関連事業者を含む多額の資金を融資したことから、現にエイペックス事業を完成することが見込まれない状態で、会員権による売渡会員権キャンセルとなっていたため、エイペックス会員権の売上金334億円のうち約153億円をカブトデコム社が負担していたところ、第3融資についてエイペックス事業を得ることが見込まれるとの融資を完成させるため、カブトデコムが事業を完成させる資金をもってそこから債権を回収することを、その短期的には損失が出たとしても、中長期的には利益となることの判断はあながち不合理なものではない。	第3融資の時には、既にエイペックス事業の前回経営会議議において、前回認定事実によれば、決定した時点決定で、既にエイペックス及び第3融資の実行を決定していた。第3融資が大阪支店、エイペックスの関係に巨額の資金を貸付していて経営し判明することに加え、エイペックス事業が完成したとしてもカブトデコム社が独立して採算が取れる見込みがなく、第3融資しても売上が独立見込み判明した。このような事情は、第3融資を実行しても、短期的には損失を負うと判断したとも判断に照らして、第3融資により見込みを実行することのが実行しがたい。	被上告人Y。及び同Y。関連企業の連鎖倒産を回避するため、第3融資の必要性を認めたこと、及びカブトデコムへの巨額のエイペックス事業の支援要請が来るためこともあって、救済グループに対する支援要請を回避することしたと、それに加え関連事業の破綻を回避することが組合の破綻に及ぼす人及び拓銀に対するの支援要件請が来るとのに合致を考慮すべきならない。しかし、第3融資を行うためにも検討を実行する結果、組合企業の連鎖倒産のおと拓銀の存続とともに合理的な具体的な方策が決められていたわけではなく、第3融資のためにも解決にて第3融資するためのいくつかの代替案を検討する時間的余裕がなかった及びやむを得ない合理性となる検討を行ったという理由を見出すことはできない。 第3融資を実行しなかったとしたコムとその関連企業の連鎖倒産を数ヶ月関連命させることを必要とし、それにより関連企業の破綻から組合企業の支援要請が来るとのに、それによる組合の対処から、第3融資の連鎖倒産によるないとの判断には、通常の判断が必要であり、それでもやはり無理であることは困難となるものである。

75

時系列表

	年月日	融資額	融資目的	担保	弁済期日	拓銀が把握していた事情	拓銀が行った措置	監督官庁等による指摘
	H2.2.13						投融資会議において、第1融資を審議し、実行を決定。	
第1融資	H2.2.20 〜 H3.8.20	195億7000万円	カブトデコム社の新株109万5000株分の引受代金及びこれに対する2年分の利息相当額	左記引受株式（代表者Dの個人保証（個人資産の大半はカブトデコム社株））	3年後に引受株式の売却代金により返済予定	カブトデコム社の発行済み株式総数518万5000株		
			発行価額1株1万5500円			売上及び経常利益が急伸		
						株価が2万0500円（平成2年1月31日）		
						札幌市内中心部の土地を多く保有し、保有土地の値下がりは考えられない。		
第1融資後								
融資残高推移	H2.4 〜					カブトデコム社、無償増資実施		
	H2.7					カブトデコム社株価ピーク 3万9000円		
	H2.10 〜						拓銀、無償増資分の株式売却による返済原資捻出を要請するも、カブトデコム社、株価下落のおそれを理由に拒否。	
	H3中ごろ					札幌市周辺の地価ピーク。以降下落。エイペックス事業会員権販売不振。カブトデコム社の現預金資産、大幅減少。		
	H3.9					カブトデコム社株式、大きく下落。平成3年12月 9590円		
（日銀考査）	H3.12							カブトデコム社貸付について、債権分類上の問題点を指摘

2　金融機関による融資についての取締役の責任と経営判断原則

	H4以降			カブトデコム社案件を経営会議に付議
	H4.2	カブトデコム社株式下落により、担保割れ状態となる。		
	H4.3月期		カブトデコム社、初の減収減益	
第2融資	H4.3	(カブトデコム銀行担当部署から、500億円の融資に応じたいという意見具申あり)		経営会議、カブトデコムグループ全体の財務状況を明らかにすることなどを求め、了承せず。
	H4.4.3	160億円	カブトデコム社所有不動産に根抵当権設定。不動産時価に拓銀の評価基準による一定の掛け目を乗じた担保基準からの先順位の被担保債権額を控除した価格(実効担保価格)は164億1200万円。	経営会議、160億円の融資を決定。
	H4.4.6～H4.8.25	上記融資実行		
		380億円の融資実行		平成4年度中に500億円を限度に融資を実行する方針を立て、経営会議の決裁を経て、順次融資実行。
第3融資	H4.6			拓銀頭取、カブトデコム社の実態調査を指示。
拓銀系企業の実態調査結果	H4.9	(拓銀及びその関連会社からのカブトデコムグループに対する融資残高は平成4年9月30日現在で2597億円)	左記融資残高につき1940億円の保全不足、他方、上記保全不足はイベックス事業の完成に伴う担保物件の価値の増加によって417億円減少すると見込まれた。	カブトデコム社で会員販売上金約334億円のうち、153億円を流用していたことが判明/他方、カブトデコム社が流用資金を返還したとしても、イベックス事業の完成には更に307億円が必要になるとの見込み。

77

| (経営会議) H4.10.26 | | | | カブトデコム社会員権販売停滞、キャンセル相次ぐとの事実判明し、第1次正会員権が販売完了できたと仮定した場合、第2次正会員権を販売せずに必要な完成費を全額借入れで賄ったとしても、金利運減等の措置を用いれば10年後には単年度決算が黒字に転換するので事業化が可能との報告が示された。不動産市況が現状のまま推移すれば、平成6年3月期においてカブトデコムグループ全体で2,032億円の債務超過になる見込み。ホテルの稼働率やその他の資産について不動産及びその他の資産について具体的な検討はなされなかった。 | カブトデコム社はもはや存続不可能と判断 | エイペックス社に関するホテルが開業する予定のホテルの延命に最低限必要なエイペックス事業に係るカブトデコム社から融資する方針を決定 | エイペックス社等自立してでコム社から分離独立させる。 | 拓銀には、エイペックス事業に深く関与しており、これを完成させる責任があるとの指摘。 | 拓銀は道内のリーディングバンクとしてカブトデコム関連会社等の連鎖倒産を避ける必要がある。 | カブトデコム社の保有物件を拓銀の関連会社に購入させ、売却代金を拓銀に対する返済に充てさせる。 | カブトデコムグループに総額368億円を貸し出している1組合が破たんするおそれがあり、その場合は拓銀に支援要請が来るものと考えられる。 | 未登記の担保物件について正式に担保設定登記をし、担保に入っていない物件に追加担保を設定する。海外部門の物件を売却して債権回収に充てる。 |

2　金融機関による融資についての取締役の責任と経営判断原則

日付	融資・回収	担保	回収予定	状況	備考
H14.11.2～H15.3.31	409億円融資実行	新たに不動産や株式に担保が設定されたが、その実効担保価格は約110億円	会員権の在庫や海外物件の売却代金からの回収を予定		
		平成5年6月までに未登記の担保権について登記手続がされたが、その実効担保価格は合計約53億円であった。			
H15.6				エイペックス事業の会員制ホテル開業に至るも、赤字経営	
H15.10.26				カブトデコム社は、存続しているものの、支払不能状態	取締役会で、カブトデコム社への支援打ち切り決定
H9.11					拓銀経営破綻
H10.3				エイペックス社、破産。	
H12.10				エイペックス破産管財人、エイペックス事業の会員制ホテルを60億円で売却	
	第1融資回収困難額約192億円				
	第2融資回収困難額約309億円				
	第3融資回収困難額約375億円				

3

児童生徒のいじめ自殺訴訟の現状
因果関係を中心に

横田昌紀

第1 はじめに

1 いじめの定義

いじめとは，一般的には，自分より弱い立場にある者を肉体的，精神的に苦しめることと定義されているが[1]，現在の文部科学省の定義では，「自分より弱い者に対して，一方的に，身体的・心理的な攻撃を継続的に加え，相手が深刻な苦痛を感じているもの」であり，個々の行為がいじめに当たるか否かの判断は，表面的・形式的に行うことなく，いじめられた児童生徒[2]の立場に立って行うことに留意する必要があるとされている[3]。

ところが，近時は，携帯電話が子どもたちの間にも急速に普及し，子どもたちの携帯電話のメールやインターネットの利用が増加し，それに伴い，インターネット上の学校非公式サイト（学校裏サイト）や掲示板を利用して，特定の児童生徒に対する誹謗・中傷が行われるなど，「ネット上のいじめ」という新しい形のいじめの問題が生じ[4]，これが平成20年度のいじめの認知件数のうち5.3％を占めるに至っている[5]。このため，文部科学省においても，

---

[1] 『大辞林〔第3版〕』（三省堂，2006）131頁，『広辞苑〔第6版〕』（岩波書店，2008）148頁。
[2] 学校教育法では，児童とは小学校，生徒とは中等学校（中学校・高等学校）で教育を受ける者と区分されているので，この区分に従う。
[3] 文部科学省初等中等教育長の平成18年10月19日付け「いじめの問題への取組の徹底について（通知）」（平18文科初第711号）に添付の「いじめの問題への取組についてのチェックポイント」(http://www.mext.go.jp/a_menu/shotou/seitoshidou/06102402/001.htm)。
[4] ネット上のいじめの実情等については，「ネット上のいじめ」に関する対応マニュアル・事例集（学校・教員向け）(http://www.mext.go.jp/b_menu/houdou/20/11/08111701.htm)。

上記のいじめの定義に，インターネットや携帯電話での誹謗中傷等を加えることが検討されている[6]。

もっとも，いじめ自殺に係る別紙「裁判例一覧表」では，ネット上のいじめによる事例はないことから，本稿における「いじめ」は，上記の文部科学省の定義に従うこととする。

2　いじめやいじめ自殺訴訟の現状等について

いじめ自殺には，2つのピークがあるとされる。全国紙で毎月のようにいじめ自殺報道がなされ，社説でいじめ自殺を思い止まるように呼びかけがなされた昭和58年ころから昭和61年ころが第一次ピーク期，その10年後である平成6年ころ以降が第二次ピーク期であるとされている[7]。いじめの認知（発生）件数については，前掲注5）「児童生徒の問題行動等生徒指導上の諸問題に関する調査」23頁のとおりであり，各種指導等にもかかわらず，平成20年度において約8万5000件に達しており，いじめが原因の自殺も散見される[8]。

別紙「裁判例一覧表」[9][10]のとおり，いじめが原因とされる自殺をめぐり多数の訴訟が提起されており，筆者自身もこれに関与したことがある。訴

---

5) 文部科学省の平成20年度「児童生徒の問題行動等生徒指導上の諸問題に関する調査」27頁（http://www.mext.go.jp/b_menu/houdou/21/11/1287227.htm）。

6) 「生徒指導上の諸問題に関する調査」の見直しの考え方（http://www.mext.go.jp/b_menu/shingi/chousa/shotou/040/shiryo/07032004/004.htm）。

7) 市川須美子『学校教育裁判と教育法』（三省堂，2007）16頁。

8) 平成17年から平成23年までの「児童生徒の問題行動等生徒指導上の諸問題に関する調査」によると，近時のいじめが原因の自殺は，平成23年4件，平成22年4件，平成21年2件，平成20年3件，平成19年5件，平成18年6件，平成17年2件とされている（http://www.e-stat.go.jp/SG1/estat/NewList.do?tid=000001016708）。

9) 裁判例一覧表では，学校側の責任が問われているものを取り上げた。なお，静岡地沼津支判平13.4.18判時1770号118頁は，被害生徒の両親が加害生徒及びその監督義務者に対して損害賠償を求めた事案で，加害生徒につき自殺について相当因果関係を肯定し，過失相殺を否定し，監督義務者の監督義務違反と自殺について相当因果関係を否定したものであるが，学校設置者が被告とされておらず，裁判例一覧表では取り上げなかった。また，脱稿後に岐阜地判平23.11.30（LLI/DB ID番号06650661）に接した。事案は中学2年生の娘が自殺したのはいじめによるものであるとして，その両親が加害したとされる生徒及びその両親に対して損害賠償を求めたもので，いじめ行為を認めることはできないとして，請求を棄却した。

10) 脱稿後に名古屋地判平23.5.20判時2132号62頁に接した。その概要は，被害生徒がいじめにより解離性同一障害を発症・罹患し，いじめから約4年後に自殺した事案について，学校（私立）側の責任を認め，7割の過失相殺をしたものである。

訟においては，いじめの有無，学校側の過失，これが肯定された場合の自殺との因果関係が問題となることが多いが，訴訟において中心的な争点となり判断が難しいのが，上記の因果関係であると思われる。その原因としては，事実認定もさることながら，背景には因果関係論の混迷があるものと考えられる。

児童生徒のいじめ自殺訴訟の裁判例では公立学校の責任が問われていることから，以下では公立学校を念頭に置き，裁判例に現れた法的な問題点を踏まえながら，因果関係を中心に考察する（以下では，裁判例一覧表記載の番号で裁判例を引用する。）[11]。

第2　いじめによる自殺についての責任原因について

> 【設　例】
> Z市が設置する公立中学校に通うAは，自殺した。Aの父X₁と母X₂は，Aの自殺は，同級生Y₁による継続的ないじめが原因であるとして，Y₁に対して民法709条に基づき，Y₁の父Y₂・母Y₃に対して同条（監督義務違反）に基づき，Zに対し，担任教諭BがAからY₁によるいじめの申告がなされたにもかかわらず，適切に対応せずに安全保護義務に違反したとして，国家賠償法1条1項に基づき，それぞれ損害賠償請求訴訟を提起した。

1　加害児童生徒の責任について

加害児童生徒が，故意又は過失により[12]，被害児童生徒に対していじめをし，被害児童生徒の生命・身体が害されたり，受忍し難い精神的苦痛を生じた場合，加害児童生徒に責任能力（自己の行為の責任を弁識するに足りる能力）があれば，民法709条に基づき不法行為責任を負う（複数人が共同してなした場合には同法719条により，共同不法行為となる。）が[13]，加害児童生徒に責任能力がなければ，不法行為責任を負わないこととなる（同法712条）。

未成年者の責任能力は，各自の知能・環境等，加害行為の種類，故意又は

---

11) いじめをめぐる裁判例を分析したものとして，蛭田振一郎＝中村心「いじめをめぐる裁判例と問題点」判タ1324号68頁以下。
12) 加害生徒によるいじめについては，通常，故意が認められるであろう。

過失の区別によって異なりうるので事案ごとに判断するほかないが[14]，12歳くらいになれば責任能力があると考えられており[15]，実務上，小学生については責任能力を否定する傾向にあることが指摘されている[16]。

2　加害児童生徒の監督義務者の責任

　加害児童生徒に責任能力が認められなければ，その加害児童生徒の監督義務者（通常は，加害児童生徒の親権者〔民法820条〕）は，同法714条に基づき，監督義務を怠らなかった場合を除き責任を負うこととなる。もっとも，加害児童生徒に責任能力がある場合でも，通常は若年で賠償能力がないことから，損害賠償請求の実効性を欠くことが多いし，また，責任能力の有無は事案ごとに個別に判断されるから，未成年者又はその監督義務者のいずれを被告として訴訟提起すべきかの選択は困難である。

　そこで，加害児童生徒の親権者である父母（又はいずれか）に対し，監督義務違反があったとして，同法709条に基づき，損害賠償請求をなし得ないかかが問題となる。

　この点について，最二小判昭49.3.22民集28巻2号347頁，判タ308号194

---

13)　櫻井登美雄「学校におけるいじめと不法行為責任」山口和男編『現代民事裁判の課題(7)損害賠償』（新日本法規出版，1989）386頁以下，田中敦「いじめ負傷事故」塩崎勤編『現代裁判法大系(9)学校事故』（新日本法規出版，1999）287頁以下。櫻井・前掲389頁，田中・前掲292頁は，有形力を伴わない場合でも，いじめが特定の児童生徒に対して向けられ，原則として多数の児童生徒により，長期にわたり執拗に繰り返され，心身に耐え難い精神的苦痛を与えるものであれば違法であるとするが，多数の児童生徒によらず，また，必ずしも反復継続されなくても，著しく人格を傷つける言動が一定程度なされ，受忍し難い精神的苦痛を与えた場合には違法とみる余地はあろう。

14)　四宮和夫『不法行為』（青林書院，1987）380頁。

15)　加藤一郎『不法行為〔増補版〕』（有斐閣，1974）143頁，幾代通〔徳本伸一補訂〕『不法行為法』（有斐閣，1993）51頁。

16)　櫻井・前掲注13) 385頁。なお，①大判大4.5.12民録21輯692頁は，11歳11月の少年店員が商品配達中に自転車で歩行者に衝突し負傷させ，歩行者から使用者に対して民法715条に基づき損害賠償請求がなされた事案につき，責任能力を肯定し，②大判大10.2.3民録27輯193頁は，12歳7月の少年が友人の顔に空気銃を発射して左目を失明させ，被害者から少年の親権者に対して，同法714条に基づき損害賠償請求がなされた事案につき，責任能力を否定している。その結論の差異について，①判例は，責任能力について，是非善悪を識別することができる程度に発達していればよいと判示するのに対して，②判例は，責任能力について，法律上の責任を弁識するに足るべき知能が必要であるとしていること，①判例では，加害者は未成年者であるが，既に就労していること，①判例の事案は使用者責任に基づくものであり，その成立には少年店員に不法行為が成立することが必要であるのに対して，②判例の事案は，同法714条に基づくものであることが指摘されている（加藤一郎編『注釈民法(19)債権(10)』〔有斐閣，1965〕245頁）。

頁は，中学3年生（15歳）が小遣銭欲しさから，遊び友達が集金した新聞代金を強取するために同人を殺害し，その所持金を強奪した事案について，「未成年者が責任能力を有する場合であっても監督義務者の義務違反と当該未成年者の不法行為によって生じた結果との間に相当因果関係を認めうるときは，監督義務者につき民法709条に基づく不法行為が成立するものと解するのが相当である。」と判示して，未成年者に責任能力があっても，その監督義務者の責任を問う途を開いた[17]。

裁判例3，4は，加害生徒の両親は，教員からその問題行動等につき連絡を受け，また，被害生徒の親から抗議を受けていたことから，加害生徒の動静，行状等を観察，把握すべきであったとして，その監督義務違反を肯定した（ただし，加害生徒の両親には被害生徒の自殺の予見可能性はなかったとして，監督義務違反と自殺との間の相当因果関係を否定した。）。

3 学校設置者の責任

(1) 根拠法令

国公立学校の学校設置者の責任は，国家賠償法（以下「国賠法」という。）1条1項又は民法715条によることが考えられるが，ここでは教育的活動が国賠法1条1項の「公権力の行使」に当たるかが問題となる[18]。

公権力の行使の意義については，①最広義説（国，公共団体のすべての活動），②広義説（おおむね国の私経済作用及び国賠法2条の対象となるものを除くすべての活動で，学校の教育活動，行政指導等も含まれる。），③狭義説（国家統治権の優越的な意思の発動たる作用）があるとされるが[19]，最二小判昭62.2.6裁判集民150号75頁，判タ638号137頁は，公立中学校における体育の授業の際，プールで飛び込みの練習中，生徒がプールの底に頭部を激突させて四肢麻痺等の後遺症が残る重傷を負い，生徒と両親が学校の設置者である地方公共団体に対して国賠法1条1項に基づき損害賠償を求めた事案について，「国賠法1条1項にいう『公権力の行使』には，公立学校における教師の教育活動も含まれるものと解するのが相当である。」と判示して，上記の②広義説を採ることを明らかにした。

---

17) 未成年者の監督者の責任について，太田剛彦「未成年者の監督者の責任」山口編・前掲注13) 498頁，櫻井・前掲注13) 392頁以下。
18) 私立学校については，民法の規定（709条，715条）が適用される（森脇勝「学校事故による損害賠償請求訴訟」鈴木忠一＝三ヶ月章監『新・実務民事訴訟講座(6)不法行為訴訟(3)』〔日本評論社，1983〕99頁以下）。
19) 塩野宏『行政法Ⅱ〔第4版〕』（有斐閣，2005）275頁以下。

(2) **教員（学校教育法上の校長，教頭，教諭を含む。）の注意義務**

　一般的に，教員は，教育基本法，学校教育法等の法令の趣旨，職務の内容性質等にかんがみ，教育活動により生じる危険から児童生徒を保護すべき義務があると解されている[20]。前掲最二小昭62.2.6は，「学校の教師は，学校における教育活動によって生ずるおそれのある危険から生徒を保護すべき義務を負っている」と判示し，最二小判昭62.2.13民集41巻1号95頁は，小学生が体育の授業のサッカーの試合中にボールで眼部を直撃され，その後失明したが，教員が被害生徒の保護者に対して事故の内容を報告すべき義務を怠ったとして国賠法1条1項の責任が問われた事案について，「教師は，学校における教育活動によって生ずるおそれのある危険から児童・生徒を保護すべき義務を負っている。」と判示し，教員は一般的に上記の義務を負うことを明らかにしている。もっとも，教員の注意義務の内容については，個々のケースにおいて，加害児童生徒の年齢，就学状況，性格，性癖等，これからする自律判断能力の発育状態，学校教育活動の具体的状況（授業中，休憩時間中，放課後，クラブ活動中，学校行事中等），過去における同種事故の発生の有無等により，注意義務が定まることとなる[21]。

　これをいじめに即して考えると，学校教育活動ないしこれに密接関連する生活関係において，いじめその他の加害行為を防止し，これから児童生徒の安全を保護すべき義務と解することができる[22]。

(3) **学校設置者の義務**[23]

　学校設置者と児童生徒との間には，一定の在学法律関係が存し，この在学法律関係に基づき，学校設置者は，児童生徒に対し，学校教育活動ないしこれに密接関連する生活関係において，いじめその他の加害行為を防止し，これから児童生徒の生命・身体の安全を保護すべき安全配慮義務を負うと解す

---

20) 櫻井・前掲注13) 396頁，高野芳久「校内暴力・いじめ」村重慶一編『裁判実務大系⑱国家賠償訴訟法』（青林書院，1987) 496頁，齋藤隆「学校事故に関する国家賠償」村重慶一編『現代民事裁判の課題⑩国家賠償』（新日本法規出版，1991) 263頁。
21) 櫻井・前掲注13) 399頁，齋藤・前掲注20) 263頁以下。
22) 櫻井・前掲注13) 399頁，高野・前掲注20) 494頁，田中・前掲注13) 294頁。
23) 裁判例8，9，10，12，13，15では，学校設置者が被害生徒の保護者に対して自殺の原因等について調査報告義務を負うかが問題になっており，一般論として，裁判例8，10，12，13，15は調査報告義務を，裁判例9は報告義務を肯定しつつ，結論として各義務違反を否定した。上記の調査報告義務の発生根拠，誰に対する義務であるのかなどについて理論的な検討が必要であるが，本稿のテーマからはずれるので，立ち入らない。この点を検討したものとして，采女博文「いじめ裁判と安全配慮義務・報告義務」鹿児島大学論集39巻1号106頁以下及びこれに所収の文献参照。

ることができる[24]。

(4) 教員の過失[25]

過失とは，結果の発生を予見し，結果を回避すべき義務違反と解され，その義務違反の有無については，当該行為者の知識・経験・技能等を考慮することを要し，また，これらを当然に要求される職業に従事している場合には，その職業を考慮することとなると解されている[26]。

判例は，大判大5.12.22民録22輯2474頁は，いわゆる大阪アルカリ事件について，「化學工業ニ従事スル会社其他ノ者カ其目的タル事業ニ因リテ生ズルコトアルヘキ損害ヲ予防スルカ為メ右事業ノ性質ニ従ヒ相当ナル設備ヲ施シタル以上ハ偶々他人ニ損害ヲ被レシメタルモ之ヲ以テ不法行為者トシテ其損害賠償ノ責任ニ任セシムルコトヲ得セルモノトス何トナレハ斯ル場合ニ在リテハ右工業ニ従事スル者ニ民法709条ニ所謂故意過失アリト云フコト得ザレバナリ」と判示して，結果回避義務を尽くした場合には過失がないと判示し，最二小判昭58.2.18民集37巻1号101頁，判タ492号175頁は，公立中学校の課外のバレーボールクラブの活動中の生徒が，トランポリン遊びをしていた生徒に対して，練習の妨げになるので中止するよう求めたところ，その生徒が反発したので，その生徒の顔面を殴り，失明させて，バレーボール部

---

24) 櫻井・前掲注13) 401頁。なお，国公立学校の在学関係は，公法上の関係であり，教育目的に必要な限度で学生・生徒らを包括的に支配し得る特別権力関係契約関係ではないとする見解（森脇・前掲注18) 99頁以下）と，在学契約関係とするもの（伊藤進『学校事故の法律問題』〔三省堂，1983〕57頁以下）があるが，森脇・前掲注18) 108頁が指摘するように，学校教育法17条1項，2項は，保護者に対して一定の年齢に達した子を小学校等又は中学校等に就学させる義務を定めていることに照らすと，これを契約関係とみるのは相当ではなく，特別権力関係という概念を用いるかは別として，公法上の法律関係とみるのが相当であろう。この場合，国公立学校にも最三小判昭50.2.25民集29巻2号143頁で示された安全配慮義務を認め得るかが問題になるが，東京地判昭55.3.25判タ414号83頁，判時958号41頁は，国公立学校においても，国又は地方公共団体は，児童生徒に対して安全配慮義務を負うとしており，いずれの説を採っても結論に差はないであろう。もっとも，櫻井・前掲注13) 403頁は，学校設置者の安全配慮義務は，学校事故の発生を防止し，児童生徒に対し，いじめその他の加害行為からその生命，身体等の安全を保護すべく，物的・人的諸条件を整える義務と観念されるべきであり，学校長，ましてや個々の教員の監督義務違反を通して学校設置者の責任を問うものと観念されるべきものではないと指摘する。

25) 蛭田＝中村・前掲注11) 70頁以下は，いじめ自殺訴訟における過失について詳細に検討している。

26) 過失についての文献は枚挙に暇がなく，考え方も多岐にわたるが，本稿では中心的テーマではないことから，平井宜雄『債権各論Ⅱ』（弘文堂，1992) 25頁以下，56頁以下，内田貴『債権各論〔第3版〕』（東京大学出版会，2011) 339頁以下，窪田充見『不法行為法』（有斐閣，2007) 43頁以下によった。

の顧問教諭の監督上の過失の有無が問題となった事案について,「課外のクラブ活動が本来生徒の自主性を尊重すべきものであることに鑑みれば,何らかの事故の発生する危険性を具体的に予見することが可能であるような特段の事情のある場合は格別,そうでない限り,顧問の教諭としては,個々の活動に常時立会い,監督指導すべき義務まで負うものではないと解するのが相当である。」と判示して,結果回避義務の前提として予見可能性が必要であることを明らかにしている。

このように,判例も,過失について,結果の発生を予見し,結果を回避すべき義務違反ととらえているものと考えられる。

いじめについては,教員や学校関係者に被害者から救済を求められた場合やいじめが公然化して教員・学校関係者がこれを認識できる場合に至った場合はもちろん,何らかの徴表があってこれを予見し得る場合は,教員・学校関係者に被害を回避すべき具体的義務が生じることとなり,その段階に至らず,事故発生が予見不可能ないわば突発的,偶発的な事故といえるものについては,教員・学校側の責任は否定されることになるが,その予見可能性についての判断は,平均的な教育専門家を基準にして,具体的に,過去に当該学校においていじめの発生や紛争が生じたことがあったか,従来からの当該学校ないし教員の間での,いじめ問題についての取組み,指導,内容等を総合的に判断し,これを踏まえて,いじめの態様,程度,当該児童生徒の能力,心身の発達状況,年齢,性別,性格等の個別事情によって具体的な結果回避義務が措定されることになろう[27]。

裁判例2,3,4,8,10,11,12,13,14,15,16は,当該学校の教諭は,いじめないしその兆候を把握しながら,これを個別的,偶発的なものとして被害生徒や同級生等の関係生徒から事情聴取等をしないままその実態を把握せずに,いじめ防止等の対策を講じなかったとして,学校側(教諭)の注意義務違反を肯定している。

これに対して,裁判例7は,いじめが学校活動外でなされたことや学校側(教諭)に被害生徒に対する暴行の予見可能性がなかったとして注意義務違反を否定し,裁判例5,9は,学校側(教諭)は適切に対応していたとして,注意義務違反を否定した。裁判例1は,被害生徒の自殺をうかがわせる被害生徒の言動が外部的に現れておらず,学校の教諭は,被害生徒の自殺を予見して

---

[27] 高野・前掲注20) 496頁以下,櫻井・前掲注13) 399頁以下,同「いじめと不法行為責任」山口和男編『裁判実務大系(16)不法行為訴訟法』(青林書院,1987) 228頁以下,田中・前掲注13) 295頁以下。

自殺防止措置を講じ得なかったとして，注意義務違反を否定したが，これは，教諭に自殺の予見可能性が必要であることを前提にしているものと考えられる。ここで教員の安全保護義務を上記(2)のように考えるのであれば，過失成立の要件として，自殺の予見可能性までは要しないと解する余地もあろう[28]。

(5) **違法性**

最一小判昭60.11.21民集39巻7号1521頁，判タ578号51頁は，「国家賠償法1条1項は，国又は公共団体の公権力の行使に当たる公務員が個別の国民に対して負担する職務上の法的義務に違背して当該国民に損害を加えたときに，国又は公共団体がこれを賠償する責に任ずることを規定するものである。」と判示し，国賠法1条1項の違法性は，権利又は法益侵害があることを前提に，公務員の職務上の法的義務違反（職務行為基準説）であることを明らかにし，最一小判平5.3.11民集47巻4号2863頁，判タ833号113頁も同趣旨の判示をし，国賠法1条1項の違法性について職務行為基準説に拠ることを明らかにした[29]。

そうすると，学校事故の場合，教員による懲戒・体罰の場合（権力的な作用）を除いて，過失における注意義務違反と違法性（職務行為基準説によると，職務上の法的義務違背）とはリンクすることになり，一元的な判断になるものと考えられる[30]。

---

28) 奥野久雄「学校事故に関する考察——いじめに伴う自殺と学校側の責任」『谷口知平先生追悼論文集(3)』（信山社出版，1993）398頁参照。なお，後藤巻則・判評581号8頁は，学校側の責任を不作為不法行為という側面からとらえると，責任成立要件として自殺についての予見可能性が必要であるとするが，教員の安全保護義務違反をすべて不作為ととらえることができるかについて検討を要しよう。

29) 国賠法1条1項の違法性について議論を整理したものとして，宇賀克也『国家補償法』（有斐閣，1997）42頁以下が詳しい。

30) 塩野・前掲注19) 283頁以下，宇賀・前掲注29) 70頁以下。なお，瀬戸正義・昭62最判解説(民)61頁は，民法上の不法行為について，不作為の場合には違法性と過失の注意義務の内容を峻別することはできない旨を指摘し，橋本佳幸『責任法の多元的構造』（有斐閣，2006）24頁も，不作為不法行為の作為義務要件は違法性を基礎づけるものであるが，過失要件に解消されるべきとする。

第3 いじめ・学校側の義務違反（過失）と被害生徒の自殺との因果関係

1 問題の所在

民法709条は，「故意又は過失によって他人の権利又は法律上保護される利益を侵害した者は，これによって生じた損害を賠償する責任を負う。」と規定している。従前，不法行為によって生じた損害をどの範囲で賠償すべきかについて，民法上明文の規定がないことから，因果関係をめぐり，主に不法行為の損害賠償の範囲について議論がなされ，下記のとおり学説が対立している。

この点，通説とされていた相当因果関係説においては，不法行為の成立要件としての因果関係（同条の「故意又は過失に『よって』」）と損害賠償の範囲（同条のこれに「よって」生じた損害）としての因果関係があり，主に後者について加害行為と相当因果関係のある損害であるとされているが，不法行為の成立要件の因果関係についても，相当因果関係の語が用いられている[31]。

もっとも，平井宜雄『損害賠償法の理論』（東京大学出版会，1971。以下「平井・理論」という。）135頁，429頁以下で，因果関係の問題は，①事実的因果関係，②保護範囲（損害賠償の範囲），③損害の金銭評価に分けて検討すべきであるとの指摘がなされてから，これらの区分が意識されるようになり，判例もこの点を意識した判断をしているものと考えられる。

そこで，本稿では，因果関係の問題を，①事実的因果関係 ②損害賠償の範囲に区分した上で，②にウエートを置き，②については，因果関係についての判例，学説，自殺事案についての判例，学説，いじめによる自殺に関する裁判例，学説の順に検討する。

2 因果関係についての判例，学説について

(1) 事実的因果関係に関する判例

最二小判昭50.10.24民集29巻9号1417頁，判タ328号132頁は，ルンバール・ショック事件について，「訴訟上の因果関係の立証は，一点の疑義も許され

---

31) 我妻榮『事務管理・不当利得・不法行為』（日本評論社，1937）153頁以下，200頁以下，加藤・前掲注15）152頁，296頁。

ない自然科学的証明ではなく，経験則に照らして全証拠を総合検討し，特定の事実が特定の結果発生を招来した関係を是認しうる高度の蓋然性を証明することであり，その判定は，通常人が疑いを差し挟まない程度に真実性の確信を持ちうるものであることを必要とし，それで足りるものである。」と判断して，事実的因果関係についての判断手法を明らかにした。そして，最一小判平 11.2.25 民集 53 巻 2 号 235 頁，判タ 997 号 159 頁は，医師が肝硬変の患者につき肝細胞がんの早期発見のための検査をせず，その後，進行した肝細胞がんが発見されたが手の施しようがなく，その後，患者が肝細胞がん・肝不全により死亡したとして，患者の遺族から不法行為又は債務不履行に基づき損害賠償を求めた事案について，前掲最二小判昭 50.10.24 を引用して，「医師が注意義務に従って行うべき診療行為を行わなかった不作為と患者の死亡との間の因果関係の存否の判断においても異なるところはなく，経験則に照らして統計資料その他の医学的知見に関するものを含む全証拠を総合的に検討し，医師の右不作為が患者の当該時点における死亡を招来したこと，換言すると，医師が注意義務を尽くして診療行為を行っていたならば患者がその死亡の時点においてなお生存していたであろうことを是認し得る高度の蓋然性が証明されれば，医師の右不作為と患者の死亡との間の因果関係は肯定されるものと解すべきである。」と判示して，医師の不作為による注意義務違反と患者の死亡との間に因果関係を肯定した。

もっとも，事実的因果関係といえども，単に「あれなくばこれなし」という図式で把握することはできず，他に損害発生の原因となる事象又は行為が考えられる場合には，前掲最二小判昭 50.10.24 が示す判断枠組みでは，当該加害行為と損害発生との間の事実的因果関係の有無を検討するに際しても，法的評価が入らざるを得ないであろう[32]。

(2) 損害賠償の範囲に関する判例

判例は，当初，不法行為に民法 416 条の適用又は類推適用がされない立場に立っていた。すなわち，大判大 4.2.8 民録 21 輯 81 頁は，「不法行為ノ場合ニ於テハ不履行ノ場合ニ於ケル民法第 416 条ノ如キ規定ナキヲ以テ通常生スヘキ損害ト特別ノ事情トニ因リ生シタル損害トヲ問フノ要ナク従テ不法行為

---

[32] 八木一洋・平 11 最判解説(民)(上) 140 頁。なお，米村滋人「法的評価としての因果関係と不法行為法の目的(1)(2)」法協 122 巻 4 号 534 頁，5 号 821 頁は主に事実的因果関係について検討したものであるが，同 5 号 837 頁以下では，事実的因果関係の判断について，一般的に評価的判断を含むものとして把握すべきことを述べるが，上記の判例で示された見解と相いれないものではないと考えられる。

ニ因リテ損害ヲ生シタル本件ノ場合ニ於テハ其損害ノ予見シタルモノ又ハ予見シ得ヘキモノナリヤ否ヤヲ審究スルノ用ナシ」と判示して，不法行為について民法416条を適用又は類推適用しない旨を明らかにし，大判大6.6.4民録23輯1026頁，大判大9.4.12民録26輯527頁及び大判大9.10.18民録26輯1555頁も，不法行為に民法416条が適用又は類推適用されないこととしていた。

　ところが，大判大15.5.22民集5巻386頁〔富喜丸事件判決〕は，「民法第416条ノ規定ハ共同生活ノ関係ニ於テ人ノ行為ト其ノ結果トノ間ニ存スル相当因果関係ノ範囲ヲ明ニシタルモノニ過キスシテ独リ債務不履行ノ場合ニノミ限定セラレヘキモノニ非サルヲ以テ不法行為ニ基ク損害賠償ノ範囲ヲ定ムルニ付テモ同条ノ規定ヲ類推シテ其ノ因果律ヲ定メヘキモノトス」と判示して，不法行為についても民法416条を類推適用すべきことを明らかにした。そして，最一小判昭48.6.7民集27巻6号681頁[33]は，カステラ製造販売業者が，その所有の不動産を担保に融資を受けて，新たに土地建物を購入して開業することを計画したところ，その所有不動産に処分禁止の仮処分がなされ，その結果，予定した融資が得られず，新たな土地建物の購入が遅れ，開業が半年遅延したとして，仮処分をした者に対し，新たな土地の売買について追加して支払った代金と半年間の営業による逸失利益及び慰謝料について損害賠償を求めた事案について，「不法行為による損害賠償についても，民法416条が類推適用され，特別の事情によって生じた損害については，加害者において，右事情を予見しまたは予見することを得べかりしときにかぎり，これを賠償する責を負うものと解すべきであることは判例の趣旨とするところであり，いまだただちにこれを変更する要をみない。」と判示して，上記損害は特別損害で予見可能性がないとした原審を維持し，不法行為についても民法416条が類推適用される旨を改めて確認した（ただし，大隅健一郎裁判官は，多くの場合，全く無関係な者の間で突発する不法行為にあっては，故意による場合はとにかく，過失による場合には，予見可能性ということは問題になり得ない，民法416条を不法行為による損害賠償の場合に類推適用するときは，立証の困難のため，被害者が特別の事情によって生じた損害の賠償を求めることは至難にならざるを得ないとして，反対意見を述べている。）。

　これらの判例は，特別事情についての予見可能性の主体を加害者，予見可

---

[33] 最一小判昭32.1.31民集11巻1号170頁，判タ68号83頁，最一小判昭33.7.17民集12巻12号1751頁，最三小判昭39.6.23民集18巻5号842頁，判タ165号66頁，最一小判昭44.2.27民集23巻2号441頁，判タ232号276頁も，不法行為に民法416条が類推適用されることを前提にしている。

能な時期を不法行為時ととらえているものと理解できる。

(3) 因果関係についての学説[34]

因果関係についての学説は百家争鳴の感があるが，微妙なニュアンスを捨象して大別すると，**ア**伝統的な通説である相当因果関係説，**イ**保護範囲説（義務射程説），**ウ**危険性関連説に分類できる。

ア　相当因果関係説——民法416条類推適用[35][36]

民法416条について，元来，自然界の因果関係は無限に進展し得るものであるから，1つの債務不履行を原因として生じる損害は意外な方向に進展することが少なくないから，債務不履行によって現実に生じた損害のうち，当該の場合の特有の事情に基づくものを除いてこれを類型化し，債務不履行があれば一般に生ずると認められる損害だけを相当因果関係に基づく損害として賠償させることとし，ただ，特有の事情によって生じた損害であっても，右事情を債務者が知り，又は知り得べかりしものであるときは，公平上，これを賠償させるべきであり，同条1項は債務不履行によって通常生ずべき損害（通常損害）を規定し，同条2項は債務不履行の場合に特別な事情によって生じた損害（特別損害）については，当事者が右事情を予見しあるいは予見し得べきものであったときにその賠償をすべき旨を規定したものであり，特別損害について，予見し，又は予見し得たかは，債務者を基準に判定し，そ

---

34) 立法者は，不法行為の損害賠償の範囲の基準について特に触れていない（例えば，梅謙次郎『民法要義巻之三債権編』〔有斐閣，1984〕882頁以下。なお，民法709条の沿革について，平井・理論145頁以下，前田陽一「損害賠償の範囲」淡路剛久編『新・現代損害賠償法講座(6)損害と保険』〔日本評論社，1998〕62頁以下）。

35) 我妻・前掲注31）153頁，200頁以下，加藤・前掲注15）152頁以下，296頁。この見解の他に，相当因果関係説を支持又はこれに親和的な見解として，鷺岡康雄「不法行為による損害賠償と民法416条」鈴木忠一＝三ヶ月章監『新・実務民事訴訟講座(4)不法行為訴訟(1)』（日本評論社，1982）305頁以下，清水兼男「不法行為と民法416条類推適用の成否」加藤一郎＝米倉明編『民法の争点Ⅱ』（有斐閣，1985）164頁，船越隆司「民事責任の実体的構造と客観的義務違反の証明問題(19)」判評329号16頁，森島昭夫『不法行為法講義』（有斐閣，1987）305頁以下，川井健『民法概論(4)』（有斐閣，2006）492頁，加藤雅信『事務管理・不当利得・不法行為〔第2版〕』（有斐閣，2005）240頁，円谷峻『不法行為法・事務管理・不当利得〔第2版〕』（成文堂，2010）157頁。なお，澤井裕「不法行為における因果関係」星野英一ほか編『民法講座(6)』（有斐閣，1985）283頁以下は，民法416条類推を肯定するが，同『テキストブック事務管理・不当利得・不法行為』（有斐閣，1993）208頁以下は，損害項目につき，あり得ないような異常な出来事を排除し，危険性関連による相当性による検証をなし，賠償額につき相当性による検証を行うべきであり，相当因果関係説ではなく，相当性説とされている。

36) 刑法の視点から不法行為の相当因果関係説を支持するものとして，曽根威彦「不法行為法における相当因果関係論の帰趨——刑法学の立場から」早法84巻3号111頁。

の基準時は債務不履行時とするものであるとの解釈を前提に[37]，不法行為について，不法行為の成立要件として違法行為と損害との間に因果関係が存することが必要であり，損害賠償の範囲は，不法行為と損害賠償で差をもうける必要はないとして，不法行為にも民法416条を適用して，特別事情による損害については予見可能性のあるものだけを賠償させることとする[38][39]。

この説に対しては，前掲最一小判昭48.6.7の大隅健一郎裁判官の反対意見のほか，もともと民法416条はイギリスの判例法理に由来しており，相当因果関係概念は，事実的因果関係のある損害をすべて賠償させる完全賠償の原則を採用したドイツにおいて，不当な結果を除去するために定立されたものであり，完全賠償主義を採用しない日本にそのような概念を持ち込む必要はないとの批判がある[40]。

イ　保護範囲説——義務射程説[41]

相当因果関係は，完全賠償の原則（責任原因がいったん充足された以上，発生したすべての損害が賠償されなければならないとの原則）を採るドイツにおいて，因果関係を法的観点から限界づける概念（損害賠償の範囲を制限づける概念ではない。）であるから，これをそのまま日本法に持ち込むのは相当ではなく，従来，相当因果関係とされてきたものを，①事実的因果関係，②保護範囲，③損害の金銭評価に分析し，①については，債務不履行又は不法行為という事実と損害と評価される事実との間に存する「被告の行為がなかったならば賠償を求められている当該損害は生じなかったであろう」の関係で判断し，②につき，事実的因果関係に立つ損害のうち，賠償さるべき範囲がどこまでかを決定する裁判官の政策的価値判断ないし考慮で，債務不履行に基づく損害賠償については民法416条によるが，不法行為に基づく損害賠償については，故

---

[37] 我妻榮『新訂債権総論』（岩波書店，1964）118頁以下。なお，我妻・前掲120頁は，民法416条1項は相当因果関係の原則を立言し，同条2項はその基礎とすべき特別の事情の範囲を示すものであるとするが，加藤・前掲注15）155頁は，特に基礎として区別する必要はなく，同条2項は予見可能性のある限度で同条1項の原則を拡げたものとみてよいとする。民法416条の損害賠償の範囲をめぐる学説について，錦織成史「損害賠償の範囲の決定基準」加藤＝米倉編・前掲注35）34頁参照。

[38] 我妻榮『事務管理・不当利得・不法行為』（日本評論社，1937）153頁，200頁以下，加藤・前掲注15）152頁以下，296頁。

[39] 加藤・前掲注15）156頁は，予見可能性の判定について，債務不履行の場合には，主観的事情が重視されるのに対して，不法行為の場合には，普通人として予見すべかりしときというように，事実上それが客観的に判定されることになる旨を指摘する。

[40] 平井・理論76頁以下，145頁以下参照。

[41] 平井・理論135頁，429頁以下，同『債権各論』（弘文堂，1992）79頁以下，109頁以下。

意の場合には加害の意思に基づいて意図された結果のみならず，それを超えて行為と事実的因果関係があればそれだけで一応保護範囲に含められるが，過失の場合には義務射程によって定まり，事実的因果関係に立つ損害に対し，被告がその発生を防止すべき義務（損害回避義務）を負っているかを問い，その義務の範囲内（義務射程）に入っていれば，賠償義務を負う[42]，③については，保護範囲内に存すると判断された損害をどのように金銭に評価するかの問題であるとする[43]。

ウ　危険性関連説[44]

第一次損害が生じた後に後続損害が生じた場合，損害賠償の範囲は，第一次損害の有する危険性との関係でどのような後続損害が損害賠償の範囲にはいるのか（どのような後続損害との関係で第一次損害は危険性を有するのか）を検討し，両者の結びつきが偶然的な場合や両者の間に被害者自身の危険な行動が介在している場合を除き，第一次損害と後続損害との間の危険性関連を肯定するとする。

3　自殺事案についての判例，学説について[45]

(1)　自殺事案についての判例

ア　体罰事案[46]

最三小判昭52.10.25判タ355号260頁

原　審：福岡高判昭50.5.12判タ328号267頁

---

[42] 幾代・前掲注15）127頁以下は保護範囲説に立つが，故意と過失で賠償範囲に差異を設けることに疑問を呈する。

[43] 義務射程説を支持するものとして，平野裕之『民法総合(6)〔第2版〕』（信山社出版，2009）343頁以下。内田・前掲注26）404頁はこれに親和的か。

[44] 石田穣『損害賠償法の再構成』（東京大学出版会，1977）48頁以下，前田達明『民法Ⅳ₂不法行為法』（青林書院，1980）299頁以下，四宮・前掲注14）448頁以下，吉村良一『不法行為法〔第4版〕』（有斐閣，2010）148頁，窪田・前掲注26）328頁，潮見佳男『不法行為法Ⅰ〔第2版〕』（信山社出版，2009）392頁以下。ただし，石田・前掲53頁以下は，民法416条を不法行為に準用することを認め，通常損害とは，ある事情に関する行為者の認識可能性を問題とすることなく第一次損害と後続損害の間に危険性関連が認められる場合の後続損害であり，特別損害とは，ある事情に関する行為者の認識可能性を問題としてはじめて第一次損害と後続損害の間に危険性関連が認められる場合の後続損害であるとする。

[45] 自殺事案全般を詳細に検討したものとして，石橋秀紀「被害者の自殺事例と不法行為帰責論の今日の展開」三重大学法経論叢21巻2号1頁。

[46] 体罰による自殺の裁判例として，岐阜地判平5.9.6判時1487号83頁，神戸地姫路支判平12.1.31判タ1024号140頁，福岡地小倉支判平21.10.1判タ1321号119頁，判時2067号81頁参照。

原原審：福岡地飯塚支判昭45.8.12判タ252号114頁

担任以外の教員が、当該生徒（高校生）が授業中に私語を続け、机上に他科目の参考書を置いていたので、当該生徒を教壇の横に立たせ、授業終了後職員室に呼んで訓戒し、当該生徒が納得したので教室に戻らせようとしたところ、担任教員が当該生徒を呼び出し詰問した。担任教諭は、それまでしばしば生徒らに体罰を加えており、当該生徒が反抗的態度をとり続け、昼食時間になっても当該生徒を教室に帰さず、その後も当該生徒を応接室に留めおき反省を命じ、居合わせた教員が喫煙やカンニング等を指摘し反省を促したところ、当該生徒がこれを認めたので、平手で当該生徒の頭部を数回殴打し、翌日父親を学校に出頭させるよう生徒に申し向け、ようやく当該生徒を教室に返したところ、当該生徒は、帰宅後、級友あてに担任教員を恨む、担任教員の仕打ちは死んでも忘れない旨の手紙6通を書き、翌日早朝に自宅の倉庫で首つり自殺した。原原審と原審は、担任教員の行為は、懲戒権の行使として許容される限界を著しく逸脱した違法なものであるが、担任教員が上記懲戒権の行使により被害生徒が自殺することを予見し得ず、上記懲戒権の行使と自殺との間に相当因果関係がない旨判断したところ、上記判例は、「以上の事実を前提にすると、担任教員の懲戒行為と該生徒の自殺との間に相当因果関係はないとした原審の判断はこれを正当として是認できる」と判示した。

イ　交通事故事案[47]

① 最二小判昭50.10.3裁判集民116号243頁、交民8巻5号1221頁
　　原　　審：札幌高判昭50.2.13交民8巻5号1237頁
　　原原審：札幌地判昭48.8.25交民8巻5号1226頁

交通事故により脳挫傷、外傷性視神経障害、大腿骨骨折の傷害を負った被害者が、入通院したが、怒りやすく落ち着きがなくなり、単純思考、無抑制、理解力の欠如、反抗的な状態を呈し、記銘力減退、知的水準低下、精神作業減退、軽躁状態等の頭部外傷後精神障害の後遺障害が残存し、事故から約1年経過後に自殺した事案について、原原審は、上記のような後遺障害が残存していたものの、徐々に軽易な労働に従事し得る程度まで回復し、被害者自身も職場復帰を決意し、自殺までの2日間会社に泊まり込んでいたことからすると、肉体的に自殺をしなければならないほど切迫した状況にはなく、ま

---

47) 交通事故の被害者が自殺した近時の裁判例を分析したものとして、齋藤大巳「交通事故の後の被害者の自殺について」判タ880号37頁、影浦直人「交通事故の被害者の自殺と因果関係の判断」塩崎勤＝園部秀穂編『新・裁判実務大系(5)交通損害訴訟法』（青林書院、2003）141頁参照。

た，交通事故後の性格変化と自殺との関係は明らかではなく，仮に上記の性格変化が自殺に影響を及ぼしたとしても，これが通常生じるものとはいえず，加害者が被害者の自殺を予見し得る状況にあったとはいえないから，交通事故と自殺の間に相当因果関係はないと判示し，原審もこれを是認し，上記判例は，「本件事故と被害者の自殺との間に相当因果関係はない旨の原審判断は，右事実関係のもとにおいて正当として首肯することができる。」と判示した。

② 最一小判平5.9.9判タ832号276頁
　　　原　審：東京高判平4.12.21交民26巻5号1138頁
　　　原原審：東京地判平4.2.27判タ788号245頁

家族を乗せて運転中，反対車線から中央線を超えて正面衝突されて，頭部打撲，頸椎捻挫等の傷害を負った被害者が，その後入通院し，身体の運動機能は順調に回復したが，頭痛，頭重，項部痛，めまい等の後遺症が残り，事故から約2年2か月後に症状固定とされ，後遺障害14級10号に認定されたが，事故による精神的衝撃が長引いたこと，示談交渉が納得のいく進展をみなかったことや勤務先を退職した後の再就職が思うに任せなかったことなどから災害神経症がこうじてうつ病になり，事故後約3年7か月後に自殺した事案について，上記判例は，「本件事故により被害者が被った損害は，身体に重大な器質的障害を伴う後遺症を残すようなものではなかったというものの，①本件事故の態様が被害者に精神的衝撃を与えて，しかもその衝撃が長い年月にわたって残るようなものであったこと，②その後の補償交渉が円滑に進行しなかったことなどが原因となって，被害者が災害神経症に陥り，更にその状態から抜け出せないままうつ病になり，その改善をみないまま自殺に至ったこと，③自らに責任のない事故で傷害を受けた場合には災害神経症状を経てうつ病に発展しやすく，うつ病にり患した者の自殺率は全人口の自殺率と比較してはるかに高いなどの原審の適法に確定した事実関係を総合すると，本件事故と被害者の自殺との間に相当因果関係があるとした上，自殺には被害者の心因的要因も寄与しているとして相当な減額をして死亡による損害額を定めた原審の判断は正当として是認できる。」として，8割の過失相殺をした原審を維持した。

ウ　過労自殺事案[48]

最二小判平12.3.24民集54巻3号1155頁，判タ1028号80頁
　　原　審：東京高判平9.9.26判タ990号86頁
　　原原審：東京地判平8.3.28判タ906号163頁
大手広告代理店に勤める労働者が長時間にわたり残業を行う状態が1年余

継続した後にうつ病にり患して自殺したところ,その労働者の両親が,上記代理店に対し,労働者の上司には,長時間労働及び健康状態の悪化を認識しながら,その負担を軽減させるための措置を採らなかったとして,使用者責任に基づき損害賠償を求めた事案について,原原審は,労働者が長時間労働によりうつ病に罹患し,自殺直前の異常な言動等に加えて,うつ病患者が自殺を図ることが多いことをも考慮すると,労働者が常軌を逸した長時間労働により心身共に疲弊してうつ病に陥り自殺を図ったことは,被告はもちろん通常人にも予見することが可能であったから,労働者の長時間労働と自殺との間には相当因果関係がある旨判示し,原審もこれを基本的に是認したところ,上記判例は,うつ病の発症に関する知見を考慮して,労働者の業務の遂行とうつ病の罹患による自殺との間に相当因果関係があるとして,使用者責任を肯定した原審の判断を正当なものとして是認した[49]。

(2) 主に交通事故による自殺についての学説[50]

相当因果関係説に立った上で,①自殺は原則として保護されず,例外的に自殺しても無理からぬ事情あるいは蓋然性がある場合には決定された状態にあったものとして,自殺による損害も保護される,②被害者の受けた精神的又は肉体的な苦痛・衝撃並びに後遺障害が極めて重大で,通常人のほとんどが生きる希望や意欲を失い,自殺を選ぶほかなく,通常人のほとんどがこれを首肯せざるを得ないような状況があれば,相当因果関係がある,③被害者にとって自殺以外に選択の道がなかったと考えられる場合に,法的因果関係を認めることができ,具体的には,受傷により精神に異常を来し,自己を喪失した状態で自殺した場合や肉体的精神的の苦痛及び生活上の苦痛その他を苦にしての自殺であって,一般通常人が被害者の立場に置かれたならばそうしたであろうと認められる場合には,法的因果関係を肯定できる,④事故によ

---

48) 過労自殺について,岩出誠「過労死・過労自殺をめぐる近年の判例動向」季刊労働法209号71頁,瀬川信久「過労自殺についての使用者の不法行為責任」判タ1046号74頁以下,このほか職場でのいじめによる自殺について,横浜地川崎支判平14.6.27判タ1114号158頁,判時1805号105頁,その控訴審である東京高判平15.3.25労判849号87頁,さいたま地判平16.9.24労判883号38頁,上司によるパワハラによる自殺について,松山地判平20.7.1判時2027号113頁ほか同コメント引用の裁判例参照。

49) 八木一洋・平12最判解説民(上)381頁は,当該判例は,当該事案における自殺を通常損害に当たると解したものとする。

50) 福岡右武「被害者の事故後の自殺」吉田秀文=塩崎勤編『裁判実務大系(8)民事交通・労働災害訴訟法』(青林書院,1985)148頁以下が整理されており,これによった。このほか,前掲最一小判平5.9.9の評釈として,徳本伸一・リマークス1995(上)52頁,加藤美枝子・判タ882号94頁,樫見由美子『民法判例百選Ⅱ〔第5版〕』166頁。

る受傷，後遺症が，被害者に対し，死以外を選択する余地を与えないほど決定的原因を与えた場合，相当因果関係を認めることができるが，事故の寄与度による責任を認める余地がある，⑤交通事故が，被害者の自殺に対して決定的・不可避的に寄与している場合には，死亡による全損害又は全損害に近い賠償を認めてよいとの見解がある。

これに対して，保護範囲説の立場から，交通事故によって容易に治癒し難い傷害を被った被害者が，その苦痛から逃れるために自殺に及ぶという事態が，経験則上一定の蓋然性をもって生じ得るという状況の下では，当該事故と被害者の自殺との間に事実的因果関係が認められるときには，死亡という結果も法的保護の対象になり得るとし[51]，危険性関連説の立場から，交通事故の結果ひどい後遺症の苦しみによって自殺傾向が生まれ，それに自殺動機が加わって自殺に及んだ場合には，不法行為ないしその結果の設定する危険の実現として，不法行為者に帰責させるべきであるとする見解がある[52]。

4 いじめによる自殺に関する裁判例，学説について

(1) 裁判例の分析

裁判例は，学校設置者を被告とする事案では，①いじめと自殺との間の事実的因果関係を検討し，②次に，教員の過失（安全保護義務違反）と自殺との間の事実的因果関係をそれぞれ検討し，加害生徒を被告とする事案では①を，加害生徒の監督義務者を被告とする事案では，①に加えて，監督義務違反と自殺との間の事実的因果関係を検討し，その上で自殺による損害が損害賠償の範囲に含まれるかを検討するアプローチをとっている。

ア 学校側の過失（安全保護義務違反），加害生徒によるいじめ及び監督義務者の監督義務違反と自殺との間の事実的因果関係について

(ｱ) 学校側について

裁判例のうち，いじめと自殺との間の事実的因果関係を否定したものは，裁判例6である。これは，高校入学の経緯（被害生徒本人の希望ではなく，家族の希望で中学卒業直前に進路変更し高校に入学した。），今後の学校生活についても家族と意見の対立があり，被害生徒に対する嫌がらせがあったものの，高校入学後になされた嫌がらせは1か月間にすぎず，長期にわたらず執拗なものではなく，その内容や程度は深刻なものとはいえず，自殺の主たる原因が嫌が

---

51) 徳本・前掲注50) 52頁。
52) 四宮・前掲注14) 455頁。

らせによるものと推認できないとして，いじめと自殺との間の事実的因果関係を否定したものである。

これに対して，学校側（教諭）の過失（安全保護義務違反）を肯定した裁判例2，3，4，8，10，11，12，13，14，15，16は，いじめの態様や遺書から，いじめと自殺との間の事実的因果関係を肯定し，その上で学校側の過失と自殺との間の事実的因果関係を肯定している。

(イ)　加害生徒及びその監督義務者について

加害生徒の責任を肯定した裁判例8，11，12，15，加害生徒の監督義務者の監督義務違反を肯定した裁判例3，4は，いじめと自殺との間の事実的因果関係を肯定し，その上で監督義務者の監督義務違反と自殺との間の事実的因果関係を肯定している。

イ　損害賠償の範囲

裁判例は，いずれも相当因果関係説に立ち，学校設置者を被告とした裁判例のうち，自殺との相当因果関係を肯定したものは裁判例2，8，12，否定したものは裁判例3，4，10，11，13，14，15，16である。

加害生徒を被告とした裁判例のうち，いじめと自殺との間の相当因果関係を肯定したものは裁判例8，11，12，否定したものは裁判例15である。

加害生徒の監督義務者を被告としたものは裁判例3，4しかなく，監督義務違反と自殺との相当因果関係を否定した。

(ア)　いじめによる自殺は通常損害か特別損害か

相当因果関係について判断した裁判例は，自殺による損害が通常損害か特別損害かを明示していないが，判断において，自殺についての予見可能性を問題にしていることから，自殺が特別損害であることを前提にしているものと考えられる。

(イ)　予見可能性の対象

裁判例2は，悪質かつ重大ないじめは，それ自体で必然的に被害生徒の心身に重大な被害をもたらし続けるものであるから，学校側（教諭）において，当該いじめが被害生徒の心身に重大な危害を及ぼすような悪質重大ないじめであることを認識可能であれば足り，必ずしも被害生徒が自殺することの予見可能性まで要しないとして，当該事案では学校側には，被害生徒に対する悪質重大ないじめがなされていたことの認識があるとして，学校側（教諭）の安全保護義務違反と被害生徒の自殺との間の相当因果関係を肯定し，予見可能性の対象は，自殺ではなく悪質重大ないじめで足りるとする。

これに対して，相当因果関係について判断した裁判例のうち，裁判例2以

外は，予見可能性の対象は被害生徒の自殺であることを前提にしているものと考えられる。
　(ウ)　予見すべき者，予見すべき時期
　学校設置者を被告とした裁判例2，3，4，8，10，11，12，13，14，15，16は当該学校の教諭が予見可能であったかを問題にしている。
　加害生徒を被告とした裁判例8，11，12，15は当該加害生徒が，加害生徒の監督義務者を被告とした裁判例3，4は当該加害生徒の監督義務者がそれぞれ予見可能であったかどうかを問題にしている。
　また，裁判例は，予見すべき時期について明示していないが，学校側については安全保護義務違反時（義務違反が継続している場合には，自殺直前の義務違反時）を，加害生徒については不法行為時（裁判例においては，いじめ行為は反復継続してなされているから，自殺直前の最終不法行為時）を，加害生徒の監督義務者については監督義務違反時をそれぞれ基準としているものと考えられる。
　(エ)　相当因果関係を肯定した裁判例と否定した裁判例の違い
　a　学校設置者を被告とするもの
　肯定した裁判例2は，被害生徒に対するいじめが悪質で執拗であり，教諭がこれを把握していたケースである。すなわち，被害生徒が1年以上にわたり暴行や金銭要求をなされ，自殺前には薬液を背中に流し込まれ，背中全体に大やけどを負い，自殺直前まで暴行や金銭要求がされていた事案であり，学校側（教諭）がそのいじめを把握していた事案である。裁判例2は，悪質重大ないじめについて予見可能性があればよいとするが，仮にこれを多くの裁判例のように自殺を予見可能性の対象としても，相当因果関係を肯定する余地があったのではないかと考えられる。また，裁判例8，12は，いじめの開始から自殺までの期間は約3か月であるが，いじめの内容は，継続的な暴行，いすに画鋲を置くなどの身体に対するいじめに加えて，「死ね」などの落書き，教科書を隠す，投げる，机や教科書にマーガリンを塗るなど，通常の学校生活に支障を生じさせ，精神的に重大な苦痛を与えるような内容であり，教諭も相当程度その内容を把握し，指導していた事案であり，当時の報道等でいじめが契機として自殺に結びつくことが相当周知されていたことから，学校側（教諭）に自殺の予見可能性があるとしたものとみることができる。
　これに対して，否定した裁判例3は被害生徒が自殺念慮を表白していないとして，裁判例4は自殺直前の被害生徒の言動から自殺の予見可能性がないとして，裁判例10，11，13は，いじめの内容は悪質かつ執拗なものであったが，自殺をうかがわせるような事情はないとして，裁判例14はいじめの

内容が深刻なものではないとして，裁判例15は自殺の要因として様々なものがあるとして，裁判例16は，いじめが原因でうつ病に罹患したが，学校側（教諭）は，いじめを原因としてうつ病に罹患することについて予見可能性がなかったとして，いずれも学校側（教諭）の自殺の予見可能性を否定したものである。

これらの肯定例と否定例を検討すると，肯定例は，いじめの内容が悪質かつ執拗な場合で，学校側（教諭）がいじめの内容を相当程度把握していた事案であるといえる。

　b　加害生徒を被告とするもの

加害生徒を被告とした裁判例のうち，いじめと自殺との間の相当因果関係を肯定した裁判例8，11と，否定した裁判例15を比べると，裁判例8，11はいずれもいじめの内容が悪質かつ執拗なものであるとして自殺の予見可能性があるとされたのに対して，裁判例15は，いじめの内容がそこまでには至らなかったものと評価できよう。なお，裁判例12は，裁判例8の控訴審で，加害生徒らが被害生徒が自殺することを予見できなかったとして，いじめと自殺との相当因果関係を否定したものであるが，いじめの内容や当該学校でいじめ教育がなされていなかったことの評価の違いにより，裁判例8と結論を異にしたものと考えられる。

(2)　**学　説**[53]

ア　相当因果関係説を前提とした立場

(ア)　いじめによる自殺の損害が通常損害か特別損害か

①　一定の場合に通常損害に当たるとの見解

いじめによる自殺の損害と悪質重大ないじめや社会通念上許容できないような肉体的，精神的苦痛を招来するようないじめは，自殺はいじめの被害の一内容と見ることができるから，通常損害に当たり，軽微ないじめが自殺の一因をなしている場合には，事実的因果関係は存在するものの，その自殺は意外な損害（特別損害）であり，予見可能性の判断により決することになる。

仮に，自殺を特別損害とみた場合，学校側の予見可能性が問題になるが，この場合の予見可能性は，自殺についての予見可能性であり，それは学校側

---

53) いじめ自殺の一連の裁判例を詳細に検討したものとして，采女博文「いじめと学校側の法的責任」鹿児島大学法学論集32巻1・2合併号125頁，同「いじめ裁判の現状と展望」同35巻1号1頁，同「いじめをめぐる法的諸課題──学校の教育責任と被害生徒の親責任」同37巻1・2合併号37頁，同「いじめ裁判と安全配慮義務・報告義務」同39巻1号59頁，同「いじめによる女子高校生の自殺について教諭に自殺についての予見可能性がないとして，精神的苦痛の範囲で損害賠償が認容された事例」同41巻2号39頁参照。

の主観的具体的観点から判断されることになるが、いじめによる自殺の問題は社会問題化し、教育界でも常識化していたことからすると、いじめによる自殺は定型性が認められ、学校側の具体的予見可能性は不可能といえない[54]。

② 特別損害説

いじめによる自殺は特別損害であり、自殺が予見可能性の対象となり、いじめがされるに至った経緯、その態様、これに対する被害生徒の対応、もしくは反応等から自殺の予見可能性を判断すべきであり、予見可能性は、加害生徒又は当該教諭を基準に考える[55]。

イ 保護範囲説、危険性関連説の立場

保護範囲説の論者は、自殺が保護範囲に含まれるかが問題となるところ、被害者が自殺した場合一般について、加害行為の態様にもよるが、特別な事情がなければ、そこまで保護範囲は及ばないとされることが多く、被害者を加害者が集団でいじめ続け、自殺に追い込んだような場合には、死亡について保護範囲が及ぶと説く[56][57]。

また、危険性関連説では、自殺が当該不法行為の危険の実現かが問題になる。自殺について、被害者の目的行為が介在していることによる責任免除とするものもあるが[58]、いじめによって自殺傾向や自殺動機が加わって自殺に至った場合には、不法行為の危険の実現として不法行為者に帰責させるこ

54) 伊藤進「学校における『いじめ』被害と不法行為責任論――最近の『いじめ』判決を素材として」加藤一郎先生古稀記念『現代社会と民法学の動向(上)不法行為』（有斐閣、1992）275頁、同「いじめ自殺事故」塩崎勤編『現代裁判法大系(9)学校事故』（新日本法規出版、1999）309頁、同旨のものとして、潮海一雄「学校における『いじめ』と学校側の責任――とくに、いじめによる自殺を中心として」加藤一郎先生古稀記念『現代社会と民法学の動向(上)不法行為』146頁、新美育文「いじめと自殺」法教193号45頁、織田博子『教育判例百選〔第3版〕』168頁、速水幹由「実務の視点における不法行為論」判タ791号25頁以下。なお、伊藤・前掲「学校における『いじめ』被害と不法行為責任論」276頁は、教員の予見可能性の判断は、客観的になされるべきであるとする。

55) 櫻井・前掲注27）「いじめと不法行為責任」228頁、同・前掲注13）390頁、高野・前掲注20）498頁、齋藤隆「学校事故に関する国家賠償」村重慶一編『現代裁判法大系(27)国家賠償』（新日本法規出版、1998）127頁、奥野・前掲注28）391頁参照。ただし、釆女・前掲53）「いじめをめぐる法的諸課題」56頁は、自殺を特別損害であるとみても、組織体としての学校の予見可能性を問うべきことを示唆するが、基準とすべき者をどのように設定するのかが問題になろう。

56) 内田・前掲注26）408頁。

57) 水野謙『因果関係概念の意義と限界』（有斐閣、2000）282頁、283頁、344頁は、加害者が何らかの社会的な接触関係のある第三者に対して具体的な義務違反を行った結果、被害者に損害が及んだケースでは、義務射程説（保護範囲説）が有効であるとするが、予見可能性を責任の要件とすることは不当ではないとする。

58) 前田・前掲44）133頁。

とができると考える余地もあろう[59]。

ウ　寄与度論の立場

自殺と教員の過失との間に寄与があれば，その寄与度に応じた責任を認めるべきとする[60][61]。

5　検　討

(1)　因果関係についての考え方

因果関係については，平井・理論の指摘のとおり，事実的因果関係と損害賠償の範囲に区分して考えるのが合理的であり，この点は実務上も異論はないものと思われる。

次に，損害賠償の範囲について，前述のように判例は相当因果関係説に立ち，交通事故後の自殺に関する前掲最一小判平5.9.9及び過労自殺に関する前掲最二小判平12.3.24もその枠組み自体は維持しているものと考えられる。

相当因果関係説に対しては批判が強いところであるが，不法行為にも様々な類型があり，交通事故のように突然発生する場合と被害者と加害者との間に法的な関係がある場合（例えば，契約締結上の過失のように当事者間で契約締結に向けた交渉等がなされていたり，いじめによる自殺の場合には被害生徒と学校との間に在学関係がある。）があり，後者の場合には，予見可能性という概念を持ち込んでも，不都合ではないであろう。また，交通事故後の自殺や過労自殺の場合でも，医学的知見を踏まえて，自殺について損害賠償の範囲を合理的に画することができる（通常損害に含ましめることができる場合があろう。）と思われる。また，相当因果関係説と保護範囲説及び危険性関連性説では，交通事故後の自殺や過労自殺の事案ではそれほど結論を異にすることはないように思われる。

もっとも，保護範囲説では，過失の場合，どこまで義務射程が及ぶのかを検討しなければならず，その義務の設定いかんによって損害賠償の範囲が変わり得ることになる。また，危険性関連説によっても，どの範囲で不法行為と危険性関連性があるのかについて一定の価値判断が入らざるを得ず，明確な裁判規範となり得るのか検討の余地があろうし，寄与度説は，寄与度論に

---

[59] 四宮・前掲注14) 455頁の考え方を発展させると，このように考えることができるのではないか。
[60] 小野賀晶一「学校事故——自殺事例に関する因果関係論からの考察」平沼高明先生古稀記念『損害賠償法と責任保険の理論と実務』（信山社出版，2005) 138頁以下，ただし，同論文150頁は，寄与度部分について予見可能性が必要であるとする。
[61] 石橋・前掲注45) 42頁以下は，自殺防止の可能性が全くないといえる場合にのみ因果関係を否定し，被害者の保護者の対応を含めて割合的解決を志向する。

対する問題点があるが，結論において，相当因果関係を肯定しながら過失相殺をする裁判例2，8，12，又は学校側の安全保護義務違反と自殺との間に相当因果関係がないとしながらも，比較的高額な慰謝料を認める裁判例4，10，11，16と同様の方向を志向しているものと思われる。

以下では，学説からの批判を考慮しながらも，従前の実務の積み重ねにより形成された相当因果関係説により検討することとする。

(2) いじめと自殺との間の事実的因果関係

自殺の原因には，環境（ストレス），独特の性格傾向（問題解決能力），他者の死から受ける影響，生物学的要因，精神疾患等が複雑にからみあっており，青少年の自殺の背景には様々な要因が関与していると考えられており[62]，児童生徒の場合には，ひどい孤立感，無価値感，強い怒り，苦しみが永遠に続くという思いこみ，心理的視野狭窄から危険な心理状態に陥り，自殺に至ると考えられている[63]。

児童生徒の具体的な自殺の原因としては，いじめの他に，家庭不和，父母等の叱責，学業不振，進路問題，教職員との関係での悩み，友人関係での悩み，病弱等による悲観，厭世，異性問題，精神障害が考えられるから[64]，いじめが自殺の原因であったかを認定することが必要となる。

上記4(1)アでみた裁判例のように，被害生徒の遺書等によりいじめと自殺の関連性を認めることができれば，いじめが自殺の原因であると認定することは困難ではないと考えられるが，遺書等がなくても，いじめの態様（内容，期間，反復継続性等）や他に自殺の原因となるような事情（例えば，学業不振，健康上の問題，家庭内の問題等）がうかがえないかを検討し，いじめの内容が暴行や恐喝を伴う苛烈なもので，執拗かつ反復継続して繰り返されており，他に自殺の原因がうかがえない場合には，いじめが自殺の原因又は主要因と推認することができるであろう。

そして，そのようないじめがなされている場合には，一般的に自殺に至ることもあり得ることは過去の事例が示しているとおりであり，学校側の過失（安全保護義務違反）が認定できるのであれば，特別の事情がない限り，これと

---

[62] 例えば，高橋祥友編『新訂増補青少年のための自殺予防マニュアル』（金剛出版，2008）56頁以下。

[63] 「『教師が知っておきたい子どもの自殺予防』のマニュアル及びリーフレット」5頁（http://www.mext.go.jp/b_menu/shingi/chousa/shotou/046/gaiyou/1259186.htm）参照。

[64] 前掲注5）「児童生徒の問題行動等生徒指導上の諸問題に関する調査」48頁では，これらの項目が自殺の原因として挙げられている。

自殺との間の事実的因果関係を肯定することができるものと考える。

(3) いじめと自殺との間の相当因果関係

ア いじめによる自殺により発生する損害が通常損害か特別損害か

民法416条1項の通常損害とは、その種の不履行があれば社会一般の通念に従って通常発生するものと考えられる範囲の損害であり、同条2項の特別損害とは通常損害の枠をはみ出るような損害であり、その区別は、契約類型ごとに、当事者、目的物、契約の態様等に応じて類型的に考察すべきとされている[65]。

判例のように、同条を不法行為に類推適用するのであれば、上記の見解を不法行為に読み替えることは可能である。いじめに即して考えると、加害児童生徒やその監督義務者の責任が問われる場合には一般人からみて、学校設置者の責任を問う場合には学校関係者からみて、いじめにより通常児童生徒が自殺に至るといえるかの問題であるが、軽微ないじめにより児童生徒が自殺に至るとは考え難く、過去のいじめ自殺事例を見ると、いじめが苛烈で執拗なもの（例えば、多人数が殴る蹴るの暴行を執拗に加えて被害生徒を負傷させたり、恐喝により多額の金員を喝取するようなもの）で、これが長期間にわたり反復継続し、肉体的・精神的に重大な苦痛を与える場合には自殺に至ることが多いと考えられるから、この場合には通常損害に当たるということができ、その場合には自殺の予見可能性は不要となる。これは、交通事故後の自殺に関する前掲最一小判平5.9.9及び過労自殺に関する前掲最二小判平12.3.24が、一定の場合には自殺の定型性を認めて、自殺による損害が通常損害となる余地を認めていることからしても、肯定できるのではないか[66]。

これに対して、いじめの内容がそこまでには至らない場合には、自殺は特別損害とみるのが相当と考える。

イ 自殺が特別損害の場合

この場合の予見可能性の対象は自殺というべきであろう。重大ないじめであることを認識し得れば足りるとの見解もあるが、重大ないじめがあれば、児童生徒が自殺に至る蓋然性が高いといえるのかが問題であるし、自殺＝死亡による損害賠償を求めるのである以上、その基礎事情は自殺と解するのが理論的であり、従前の判例の理解に整合している。

そして、相当因果関係説の立場では、予見可能性の主体は、学校側を被告

---

65) 奥田昌道『債権総論〔増補版〕』（悠々社、1992）178頁以下。
66) 蛭田＝中村・前掲注11）76頁も同旨。

とする事案では関係教諭を基準とすることになろう。この点で，客観的注意義務が措定される過失（一般的な教諭を基準とすることになる。）の場合と異なることとなる。

予見可能性の有無の判断の考慮要素としては，当該教諭に義務違反があった時点における，① 当該教諭が把握したいじめの程度，内容，被害児童生徒の肉体的及び精神的な状態や言動，② 当該教諭の経験（いじめ事案を担当したことやいじめ防止への取組み等の有無）や知識，知見等が挙げられよう。もっとも，当該教諭の予見可能性の有無を判断するに当たっては，その当時の一般的な教諭の知識，知見を前提に判断することは許容されよう[67]。

第4　過失相殺

自殺についての加害生徒や学校設置者の責任を肯定した裁判例2，8，11，12のうち，裁判例2は，被害生徒の保護者がある程度いじめを知りながら，十分な対応をとることができなかったことと被害生徒が自殺を選択したことを理由に7割の，裁判例8は，いじめ行為は，被害生徒の言動に触発された部分があることや被害生徒の保護者が被害生徒がトラブルの渦中にあったことを看過したことを理由に4割の，裁判例11は被害生徒の保護者がいじめの発覚後に被害生徒と加害生徒を形ばかりの仲直りをさせたことや被害生徒が自殺直前に自殺の意思を表白したのに，冗談と思い取り合わなかったことを理由に4割の，裁判例12は被害生徒の心因的要因が寄与しており，周囲にいじめを打ち明けずに打開策の機会を自ら閉ざしたことや被害生徒の保護者が被害生徒に対する注意監督を怠ったことを理由に7割の過失相殺をしている。

これに対して，前掲注9）の静岡地沼津支判平13.4.18は，加害生徒の行為が悪質かつ巧妙であったとして，公平の見地から過失相殺を否定した。

交通事故事案についての前掲最一小判平5.9.9は，自殺には被害者の心因

---

[67] 例えば，短期間ではあるが，苛烈で執拗ないじめがなされ，被害児童生徒が肉体的，精神的に疲弊していたところ，教諭がこれらを認識したにもかかわらず，いじめはたいしたことはなく，およそ被害児童生徒が自殺することはないと軽信して何らいじめ防止の措置を講じなかったところ，その後も上記のいじめが反復継続し，被害児童生徒が自殺した場合，自殺の予見可能性について，当該教諭の主観的認識にのみ依拠すると，当該教諭には自殺の予見可能性はなかったとして，相当因果関係が否定されることになるが，これでは凡庸な教諭ほど責任を免れることになり，不当な結果となろう。予見可能性は法的判断であるから，いじめにより精神的かつ肉体的に疲弊した生徒が更なるいじめの継続により自殺する蓋然性が高いという知見があれば，当該教諭が認識していた事情を基礎として，上記知見を踏まえて自殺について予見可能であったと判断することは可能と思われる。

的要因も寄与しているとして過失相殺した原審を是認し，他方，過労自殺事案の前掲最二小判平12.3.24は，ある業務に従事する特定の労働者の性格が同種の業務に従事する労働者の個性の多様さとして通常想定される範囲を外れるものでない場合には，その性格及び業務遂行の態様等を心因的要因としてしんしゃくすることはできないとして，3割の過失相殺をした原判決部分を破棄した。

　過失相殺は，被害者と加害者との間の公平をはかるものであるから，その心因的素因がある場合には，これを類推して斟酌することができる（最一小判昭63.4.21民集42巻4号243頁，判タ667号99頁）が，いじめ自殺の場合でも，いじめが苛烈で執拗なもので，これが長期間にわたり反復継続し，肉体的・精神的に重大な苦痛を与えるような場合には，本人の意思的行為が介在していることをもって過失相殺をするのは相当ではないケースがあり得よう。

　この場合には，被害児童生徒の保護者（親権者等）は子の監護養育義務を負っているから，その保護者がいじめを看過したような場合には，被害者側の過失（最二小判昭44.2.28民集23巻2号525頁，判タ232号108頁）として考慮することはできるであろう[68]。もっとも，前掲注9）の静岡地沼津支判平13.4.18のように，直接の被害者との間では過失相殺することが公平に反する場合には，これを認めないことも考えられよう。

　本稿は，平成22年3月13日開催の大阪民事実務研究会における報告に，同研究会での議論やその後に発表された論文等を踏まえて加筆したものです。同研究会の席上，諸先輩方から大変貴重なご意見，ご教示をいただき，この場を借りて改めてお礼申し上げます。

[68) 伊藤・前掲注54）「学校における『いじめ』被害と不法行為責任論」280頁は，いじめ自殺の場合には，被害生徒の全生活関係にかかわって生じるものであるから，家族の対応も相当程度問題になる旨指摘する。同旨のものとして，潮海・前掲注54）146頁，石橋・前掲注45）46頁。

別紙　裁判例一覧表

	裁判例	事案の概要 (附帯請求は除く)	結論 (附帯請求は除く)	いじめの態様，自殺の原因
1審		原告：□父，□母 被告：□学校の設置者である市町村（国賠法1 I） □加害生徒（民709） □加害生徒の監督義務者（民714）	□学校設置者に対する請求 □認容　（認容額：） □棄却 □加害生徒，監督義務者に対する請求 □認容　（認容額：） □棄却	□いじめの態様 □自殺の原因
控訴審			□原判決維持 □原判決変更	
1	新潟地判 昭56.10.27 判タ456号74頁 判時1031号158頁 (確定)	被害生徒：死亡時19歳（定時制高4) 原告：■父，■母 被告：■学校設置者の県（国賠法1 I，民715)	□学校設置者に対する請求 ■棄却	□いじめの態様 加害生徒は，被害生徒に対し，修学旅行先で暴行を加え，その約4か月後から継続的に恐喝し，これらが学校側に発覚後も脅迫し，同級生の定期券を自殺した生徒の鞄に入れて，窃盗の犯人に仕立て上げようとした。 □自殺の原因 被害生徒は，原告父を通じて被害を学校側に通報したことの正しさが同級生にわかってもらえないことのもどかしさないし無念さと窃盗の罪まで着せられそうになったことの衝撃から絶望感に陥り自殺した。
2	福島地いわき支判 平2.12.26 判タ746号116頁 判時1372号27頁 (確定)	被害生徒：死亡時14歳（中3) 原告：■父，■母 ■祖母，兄，姉 被告：■学校設置者の市（国賠法1 I，民715)	□学校設置者に対する請求 ■一部認容（認容額：両親につき各504万7817円，祖母につき100万円）	□いじめの態様 加害生徒は，被害生徒に対し，中2時から時折暴行や金銭の支払強要をなし，中3ころから，反復継続的に金銭の支払強要，暴行，脅迫等を加え，被害生徒が教諭に被害申告をすると，苛烈な暴行を加え，自殺の約2か月前に理科室で薬液を背中に流し込み背中全体に火傷を生じさせ，また，被害生徒と仲の良い生徒にも暴行を加え，自殺直前にも被害生徒に対して金銭の支払強要をなし，暴行を加えた。 □自殺の原因 苛烈で執拗ないじめにより自殺した。
3	東京地判 平3.3.27 判タ757号98頁 判時1378号26頁 (控訴)	被害生徒：死亡時13歳（中2) 原告：■父，■母 被告：■学校設置者の特別区（民415，国賠法1 I） ■上記特別区の教職員の給与等を負担している都（国賠法3） ■加害生徒の監督義務者（両親）（民709, 719)	□学校設置者，給与負担者に対する請求 ■一部認容（認容額：連帯して各200万円） □加害生徒の監督義務者に対する請求 ■一部認容（認容額：連帯して各200万円）	□いじめの態様 加害生徒らは，被害生徒を中2の1学期から使い走りとして使役し，2学期に被害生徒が使い走りの事実を教諭に告げたことを理由に暴行を加え，使い走りとして使役し，11月ころ，欠席，遅刻の多い被害生徒が死亡したとして葬式ごっこをし，学年担当の教諭及びクラスの生徒は全員等が色紙に寄せ書きし，被害生徒の学校の机上に写真，花，線香等とともに供え，その後，被害生徒の顔にフェルトペンで口髭・顎髭の模様を描き込んだり，授業中に教室内で暴行を加えたり，下級生とのけんかを強要し，12月ころ被害生徒が原告父に暴行の事実を告げたことを理由に暴行を加え，3学期の始業式当日，被害生徒に執拗な暴行を加えて左耳後頭部から出血させた。 □自殺の原因 被害生徒は，加害生徒から離反しようとしたが，孤立感を強め，3学期の始業式当日以降の

108

3 児童生徒のいじめ自殺訴訟の現状

過失（注意義務違反）	過失と自殺の相当因果関係	過失相殺
□学校側　□肯定　□否定 □加害生徒の監督義務者　□肯定　□否定	□学校側　□肯定　□否定 □加害生徒，監督義務者　□肯定　□否定	□肯定（割合）
□学校側■否定 被害生徒の自殺を裏付けるような言動が他人に認識できるような形で現れているとはいえず，担任教諭が被害生徒が自殺した時点で，被害生徒の自殺を予見し，これを防止する措置がとれたと認めることは困難であり，被害生徒の自殺を防止できなかったことについて過失はない。		
□学校側■肯定 学校側は，加害生徒が中2ころからいじめを把握していたが，いじめの実体の把握をなさず，表面化した加害生徒の問題行動について形式的かつその場限りの一時的な注意指導を繰り返し，加害生徒に対する十分な指導を行わなかった。特に自殺直前に被害生徒の学校荒らしが現認され，その原因として加害生徒による金銭の支払強要があることを述べており，学校側がその時点で対応していれば自殺を阻止することが可能であり，安全保持義務違反があった。	□学校側■肯定 悪質かつ重大ないじめは，それ自体で必然的に被害生徒の心身に重大な危害をもたらし続けるものであるから，学校側（教諭）において，当該いじめが被害生徒の心身に重大な危害を及ぼすような悪質重大ないじめであることを認識可能であれば足り，必ずしも被害生徒が自殺することの予見可能性まで要せず，本件では，学校側には，上記の認識があり，相当因果関係がある。	■肯定（7割） 被害生徒は気の弱い性格であったにもかかわらず，原告父は，被害生徒に問題が起こるたびに，被害生徒を注意指導し，叱咤し，被害生徒に対するいじめがあることをある程度知っていたが，重大かつ悪質ないじめを受けて苦しんでいることを認識することができず，被害生徒を窮状から救い出すための措置をとることができず，また，被害生徒は自ら自殺を選択した。
□学校側■肯定 12月ころ以降，加害生徒と被害生徒の関係が変化し，担任教諭らは，よりきめ細かく生徒らの生活実態を観察し，生徒らの動向や問題の所在の早期発見に努めるという姿勢で対処していれば，両者の関係が変化し，そこに深刻な事態が進展していることを疑い，これを契機に関係生徒から事情を聴取し，被害生徒に対する重大な暴行事案等が発生するのではないかとの懸念を持ち得，関係生徒に対する個別的な指導・説諭による介入・調整・保護者との連携による対応等の措置を講じるべきで，それにより1月8日以降の被害生徒に対する暴行を阻止し得たところ，教員らは，被害生徒に対する身体への重要な危険又は社会通念上許容できないような深刻な精神的・肉体的苦痛を阻止するための方策をとらず，安全保持義務に違反した。 □加害生徒の監督義務者■肯定	□学校側■否定 自殺に至る心理学的・精神医学的な機序は外部的にはおよそ不可視であって，明白に自殺念慮を表白していたなど特段の事情がない限り相当因果関係はないとして，学校側には自殺を予見できず，自殺について相当因果関係はない。 □加害生徒の監督義務者■否定 加害生徒の監督義務者には，被害生徒の自殺についての予見可能性はなかった。	

109

				出来事で苦悩を深め、転校問題が具体的な話題となり、このような事態が一挙に表面化し、このような事態に対応する余裕がないまま逃げ場のない状況に陥り、1月31日家出し、翌2月1日自殺した。
4 (3の控訴審)	東京高判 平6.5.20 判タ847号69頁 判時1495号42頁 (確定)		■原判決変更（認容額を増額） 認容額：（連帯して各575万円）	□いじめの態様 原審の認定を是認 □自殺の原因 被害生徒は、加害生徒から離反しようとしたが、これを理由に加害生徒らから暴行を受け、教諭らに助けを求めても効果がないばかりか、かえってこれを理由に暴行を受けるという悪循環になり、3学期が開始した後は更に状況が悪化し、暴行やいじめが反復し、教諭からも実効のある助けが得られないという状況下で絶望感を抱いて家出をし、その閉塞状況から逃避するために自殺をした。
5	岡山地判 平6.11.29 判時1529号125頁 (確定)	被害生徒：死亡時15歳（中3） 原告：■父、■母 被告：■学校設置者の町（民415、国賠法1Ⅰ）	□学校設置者に対する請求 ■棄却	□いじめの態様 加害生徒は、被害生徒に対し、自殺の約1週間前にみかんの皮やパン等を投げ、暴行を加え、その際、負傷したとして金銭要求し、翌日、被害生徒がその支払を拒絶すると暴行を加え、土下座を強要し暴行を加えた。被害生徒は、同日、担任教諭に上記暴行等を訴え、担任教諭は、その翌日、被害生徒に暴力を振わないよう説諭したが、加害生徒は被害生徒に対してその報復を示唆して、暴行を加えた。被害生徒は、担任教諭を訪ねて加害生徒からの暴行を訴え、担任教諭は加害生徒を再度説諭したが、被害生徒は、その後、登校せずに行方不明となり、発見された後、担任教諭から、学校は加害生徒の暴力から被害生徒を守るので登校するよう励まされたが、登校後自殺した。 □自殺の原因 被害生徒は、過去の暴行被害や種々の悩み等による心理的負担があったところ、自殺直前の加害行為による苦悩が最後の重圧となって発作的に精神の均衡を失い、自殺した。
6	秋田地判 平8.11.22 判タ941号147頁 判時1628号95頁 (控訴後和解)	被害生徒：死亡時15歳（高1） 原告：■父、■母 被告：■学校設置者の特別地方公共団体（国賠法1Ⅰ）	□学校設置者に対する請求 ■棄却	□いじめの態様 被害生徒は、遠隔地出身者のための寄宿舎に入り、高校入学後1か月くらいで、周囲から不良と目されていた3年生から、学校の食堂でたくさんの唐辛子を入れられたカレーうどんを食べるよう強要されたり、同学年の生徒から、噛んでいたガムを手に吐き出されたり、その生徒らから、休み時間に学校近くの店にパンやジュースを買うように使い走りを強要され、体育の授業中に頭を叩かれたり、物まねや歌を歌うことを求められたり、分厚い眼鏡をからかわれたりした。 □自殺の原因 被害生徒は、5月の連休に自宅に帰省し、連休明けの5月6日に自宅玄関で自殺したところ、嫌がらせがあり、内向的で気の弱い性格から、学校生活になじめず、また、当初から学校生

3 児童生徒のいじめ自殺訴訟の現状

加害生徒の監督義務者は、教諭からその問題行動等につき連絡を受け、また、原告父から抗議を受けていたから、加害生徒の動静を継続的に観察していれば、被害生徒を深刻な苦悩に陥れることを予見でき、これを阻止し得たから、監督義務に違反した。		
□学校側■肯定 被害生徒の置かれていた状況からは、学校側は早期にいじめの実態を認識し得たものであり、10月以降悪質化しており、当時の状況は被害生徒の心身に対し大きな悪影響の生ずるおそれが存在し、教諭らが適切な対応をしていればそのような実態を認識し得たはずであるにもかかわらず、教諭らは、適切な措置を講じることなく、かえって葬式ごっこにおいては、加害生徒に加担していると受けとられるような行為に加わり、適切な対応をなさず、被害生徒に対する肉体的、精神的苦痛を被らせることを防止できなかった過失がある。 □加害生徒の監督義務者■肯定 原審と同様の判断	□学校側■否定 教諭らが被害生徒がいじめにより自殺するに至ることについて、その当時、予見し、又は予見することを得べかりし状況があることを要し、教諭らは、被害生徒の自殺について予見可能性はなかった。 □加害生徒の監督義務者■否定 原審と同様の判断	
□学校側■否定 担任教諭は、事態の進行に応じて指導説諭して、教育的配慮をしており、これには合理性があり、格別遺漏はなく、安全保持義務違反や教育的配慮義務違反はない。	□学校側■否定 加害行為の期間内容程度からみると、これだけを原因として直ちに被害生徒が自殺するとは考え難く、加害生徒の報復後の担任教諭及び学校側の対応は相当に懇切なものであり、加害生徒にも反省の態度が見え始めており、その指導説諭の効果が試される段階で被害生徒が自殺したものであり、中学校側にとり、事態の進行は急であり、このような状況に加えて、被害生徒の自殺する兆候が顕在化していなかったことから、学校側が被害生徒の自殺について予見可能であったとはいえない。	

111

				活に充足感を抱けず、高校へ進学したこと自体不本意のまま今後の学校生活に関し不安を持ち、家族と意見の対立ないし葛藤があり、看過できない精神的な負担があったが、高校入学後わずか1か月で、被害生徒に対するいやがらせは、長期間かつ執拗なものではなく、その内容や程度は深刻なものとはいえず、自殺の主たる動機がいやがらせによるものとは推認できない。
7	旭川地判 平12.1.25 判自213号72頁 (控訴)	被害生徒：死亡時高1 原告：■父、■母 被告：■学校設置者の道（国賠法1Ⅰ）	□学校設置者に対する請求 ■棄却	□いじめの態様 被害生徒は、中学時代にいじめの加害生徒宅に放火したり、下級生に対する恐喝等の問題行動を起こし、両親の意向に沿って高校に入学したが、高校入学当初から学習意欲は低かった。被害生徒は、5月下旬に家出をし、停学措置を受けたが、再び家出をした。被害生徒は、その後、同級生から、他の同級生に対する暴行を否認し、自分の親の不満ばかり述べていたことを理由に暴行を受けて負傷し、7月中旬にも同級生と殴り合い、他の生徒からも盗み等を理由に暴行を受けた。被害生徒は、7月中旬から終業式まで欠席し、夏期休暇中には体育の補習に出席したが、8月22日の始業式以降欠席したまま、同月28日に自殺したところ、被害生徒に対する6月の暴行は相応の動機によるもので、反復継続性を有するものではないし、7月中旬の暴行はけんかというべきものであり、いじめがあったとは認められない。 □自殺の原因 特に言及なし。
8	横浜地判 平13.1.15 判タ1084号252頁 判時1772号63頁 (控訴)	被害生徒：死亡時14歳（中2） 原告：■父、■母 被告：■学校設置者の町（国賠法1Ⅰ、民415） ■教職員の給与等を負担している県（国賠法3） ■加害生徒（民709、719）	□学校設置者，給与負担者に対する請求 ■一部認容（認容額：各2073万4496円） □加害生徒らに対する請求 ■一部認容（各100万円の内金請求の限度で認容）	□いじめの態様 被害生徒は、中2の4月の転校当初から、足掛け、偽のラブレターで揶揄されたり、机を廊下に持ち出され、机の中の教科書を窓の外に投げ出され、複数回にわたってノートに「死ね」「おまえはのろわれている」「さよなら」「みんながきらってるぞー」「うざってーきえるんだ」等の落書きをされ、机に「ばか」「死ね」との落書きをされ、教科書を教室のロッカーに隠されるなどし、鞄、机や椅子にチョークの粉をつけられたり、椅子の上に画びょうを置かれたり、足を蹴られたり、ジャンケンゲームの際に頬を力一杯つねられたり、ベランダ遊びの際に叩かれたり、蹴られた。自殺の1週間前には、教室に掲示された学年キャンプの際の加害生徒の写真に画びょうが刺さり、被害生徒が犯人であるとして、被害生徒の写真に画びょうが刺された。自殺の2日前には、加害生徒らはテストの点数を見せ合い、被害生徒がこれを見たが、自分の点数を見せるのを拒絶したことから、被害生徒の教科書をごみ箱に捨て、自殺前日には鞄を取り、机に「ばか」「あほ」と落書きをして、黒板消しでたたき、マーガリンを塗り、椅子に画びょうを置き、机の中の教科書にもマーガリンを塗った。被害生徒は自殺当日に登校して上記状況を見て、帰宅後に自殺した。 □自殺の原因 加害生徒のいじめが原因となって自殺した。

□学校側■否定 6月の暴行は，高校における教育活動及びこれに密接に関連する生活関係の範囲内において生じたものではないから，安全配慮義務の範囲外である。また，7月中旬の暴行について，被害生徒側は6月の暴行を学校に報告等しておらず，担任教諭には7月の暴行の予見可能性がなかったとして，いじめや暴行を防止すべき安全配慮義務違反の過失はない。また，担任教諭には，被害生徒の自殺についての具体的な予見可能性はないから，被害生徒の自殺防止義務違反の過失もない。		
□学校側■肯定 担任教諭は，被害生徒に対するいじめについて，学校全体に対して組織的対応を求めることを含めた指導教育監督義務があったところ，担任教諭は被害生徒に対するいじめを個別的，偶発的なものととらえて，強力な指導監督措置を講じることを怠った義務違反がある。	□学校側■肯定 担任教諭は，被害生徒の関与したトラブルが継続し，把握，指導したものだけでも，10回を超えており，平成6年当時，いじめに関する報道等によって，いたずら，悪ふざけによって小中学生が自殺する事件が相当程度周知されており，中学生がいじめを契機に自殺などの衝動的な行動を起こすおそれが高く，このまま被害生徒に関するトラブルが継続した場合には，被害生徒の精神的，肉体的負担が増加し，被害生徒に対する傷害，不登校ひいては自殺のような重大な結果を招くおそれについて予見可能であった（ただし，判決文では，過失判断で自殺の予見可能性について述べているが，相当因果関係についても予見可能性ありとして肯定する趣旨であろう。）。 □加害生徒■肯定	■肯定（4割） 加害生徒の行為は，被害生徒の言動に触発され，誘発されたものがあり，被害生徒がその原因に関与している場合があったこと，被害生徒の両親である原告らが教育について第一次的責任を負い，被害生徒がトラブルの渦中にあったことを看過し，被害生徒に対する注意監督を怠った。

9	富山地判 平13.9.5 判タ1115号196頁 判時1776号82頁 (控訴)	被害生徒：死亡時中1 原告：■父，■母 被告：■学校設置者の市（国賠法1Ⅰ）	□学校設置者に対する請求 ■棄却	□いじめの態様 被害生徒は，中学入学後の6月ころ，男子生徒に足をかけられて廊下で転倒し，両手首を捻挫し，同月下旬には後ろから走ってきた生徒に突き当たられ，右鎖骨を骨折したが，いずれも加害生徒は判明しなかった。被害生徒は，9月下旬，同じクラスの6名程度のグループから，無視されたり悪口を言われ，また，9月末又は10月初めころ，教室のゴミ箱から，被害生徒が死ぬことに賛成，殺すことに賛成と書かれたメモを発見し，10月中旬ころ，給食の牛乳パックにサインペンで「大凶」「ハズレ」と落書きされたり，10月下旬ころ，「ゲロ」「でぶ」とメモ書きされ，11月8日ころ，仲の良かった生徒と仲違いをし，クラス内で孤立し，仲違いした生徒は，12月中旬ころ，汚いと言って，被害生徒に触れないようにスカートをつかんで被害生徒の横を通り過ぎた。被害生徒は，12月21日，自宅のベランダから飛び降り自殺をした。 □自殺の原因 主要な原因はいじめである。
10	福岡地判 平13.12.18 判タ1136号126頁 判時1800号88頁 (控訴)	被害生徒：男子・死亡時15歳（中3） 原告：■父，■母 被告：■学校設置者の町（国賠法1Ⅰ） ■教職員の給与等を負担している県（国賠法3）	□学校設置者，給与負担者に対する請求 ■一部認容（認容額：各500万円）	□いじめの態様 被害生徒は，1年時，入学式当日から同じクラスの生徒から暴行を受けて泣かされ，その後も同じクラスの生徒から継続的に暴行を受け，2年時には，所属したサッカー部の練習中にサッカーボールを投げつけられたり，殴る蹴るの暴行を受け，また，サッカー部以外でも同学年の男子生徒の大半から侮蔑的なあだ名で呼ばれたり，殴る蹴るの暴行を受け，教室の椅子に画鋲を置かれたこともあり，3年時にはサッカー部の練習には殆ど参加せず，練習に参加したときには暴行を受けたり，下級生からも侮られ，他にもしばしば殴る蹴るの暴行を受け，椅子に画鋲を置かれるなどし，2学期から，不良グループのリーダーから，その配下の生徒を通じて，ファミコンを取り上げられたり，11回にわたり約30万円を喝取され，更に金銭要求されたが，金員を用意できずに自殺した。 □自殺の原因 いじめにより自殺した。
11	鹿児島地判 平14.1.28 判タ1139号227頁 判時1800号108頁 (確定)	被害生徒：死亡時14歳（中3） 原告：■父，■母 被告：■学校設置者の町（国賠法1Ⅰ） ■加害生徒（民709，719）	□学校設置者に対する請求 ■一部認容（認容額：各660万6千円） □加害生徒らに対する請求 ■一部認容（認容額：各2241万5451円）	□いじめの態様 被害生徒は，2年生に進級してから6月下旬ころまで，上級生の問題グループから暴行を受けたり，万引き，物品・金銭の要求や使い走りをさせられ，2学期及び3学期になっても暴行は継続した。被害生徒は，12月ころから，加害生徒である同級生から休み時間に教室内で殴る蹴るの暴行を受け，使い走りをさせられ，3学期にも同様の状態が続き，3年生に進級した4月下旬ころ，11人から校外で執拗に多数回にわたり集団的に暴行を受け，5月ころから，加害生徒から，朝の自習時間や休み時間にも暴行を受け，校外に呼び出されて暴行を受けることもあり，7月には自転車を壊された。被害生徒は，2学期になっても，部室や教室で前同様に暴行を受け，無断で学校を欠席したことが発覚した後，原告らに加害生徒の名前を告げた。加害生徒とその保護者は，原

3 児童生徒のいじめ自殺訴訟の現状

□学校側■否定 担任教諭は、被害生徒に対するいじめを認識後、加害生徒やクラス全員に対して反省させたり、加害生徒や被害生徒には個別指導を行うなど、被害生徒と仲違いした生徒には仲良くするよう働きかけをしたり、いじめを解消して被害生徒がクラスに溶けこめるように積極的な働きかけをしており、これによりいじめが沈静化した時期もあった。また、担任教諭は、加害生徒の保護者にも働きかけをし、職員会議で上記いじめの件を報告し、協議のための準備を進めていた。これらによると、担任教諭は適切な対応をとっており、安全保持義務に違反したものとはいえない。		
□学校側■肯定 担任教諭は、1年時の5月ころ、被害生徒から特定の生徒から嫌がらせを受けている旨の相談を受け、家庭訪問時にも同様の相談を受け、9月ころにも同様の相談を受けたが、それぞれ被害生徒と加害生徒を呼んで、お互いの言い分を聞き、単発的、偶発的な喧嘩のようなものであるととらえ、仲直りするよう諭すにとどまり、2年時、クラブの顧問教諭は、被害生徒が他の生徒から蹴られて泣いているのを見たことがあり、被害生徒がいじめられているのではないかと感じ、保健教諭も20回位保健室を訪ねてきており、被害生徒の態度に不自然さを感じていた。被害生徒の2年時、当該中学校には、「いじめ加配教諭」が置かれ、いじめ対策委員会が設置されていたが、被害生徒の友人や保護者等からの事情聴取等の実情把握がなされず、十分な対策を講じず、安全配慮義務に違反した。	□学校側■否定 自殺は、自殺者の意思決定に依拠する部分が大きく、被害生徒に対するいじめの態様を前提としても、いじめを受けた者がそのために自殺をすることが通常であるということがうかがえず、当該中学校のみならず、被害生徒の家庭においても、被害生徒が自殺をするとうかがわせるような事情は認められないから、当該中学校の教諭らにおいて、被害生徒の自殺について予見可能性があったとはいえない。	
□学校側■肯定 中学校の教員らは、被害生徒が3年生1学期の6月ころには加害生徒らから暴行等を受けていた兆候があり、被害生徒が暴行等を受けていたことを予見し得たにもかかわらず、その兆候を看過し、被害生徒の自殺までの間、速やかに調査を行い、事実関係の把握に努め、加害生徒に対する指導を怠ったから、被害生徒の生命、身体等の安全を確保すべき義務を怠った過失がある。	□学校側■否定 教員らが暴行の事実を把握したのは、被害生徒の自殺の前日の原告らからの連絡によるもので、その時点で被害生徒の生命、身体の安全に差し迫った危険があったことをうかがわせる事情は伝えられておらず、自殺当日、被害生徒が無断欠席したとしても、上記教員らが被害生徒の自殺を予見し、またその予見可能性があったということは困難である。 □加害生徒■肯定 加害生徒らは、被害生徒の生命及び身体の安全に重大な危険を及ぼす暴行を反復継続して加えており、当時、地元でもそのような暴行が原因の自殺が報道されていたこと等から、加害生徒らには被害生徒の自殺を予見可能であった。	■加害生徒に対する請求について肯定（4割） 原告らは、被害生徒が暴行を打ち明けた後、加害生徒の1人と形ばかりの仲直りをさせ、これで問題が解決したと考えて、被害生徒に登校を勧め、原告母が被害生徒が自殺直前に自殺の意思を表白したのを冗談と取り合わず、これらが自殺の一因になっていたことは否定できない。

115

				告らからの連絡により，被害生徒宅を訪れて謝罪したが，被害生徒は，その翌日に自殺した。 □自殺の原因 自殺は専ら加害生徒らの反復継続的で執拗な暴行等によるものである。
12 (8の控訴審)	東京高判 平14.1.31 判タ1084号103頁 判時1773号3頁		■原判決変更（認容額を減額） 認容額（学校設置者，給与負担者に対し各1077万7457円，加害生徒らに対し各60万円の内金請求の限度で認容）	□いじめの態様，自殺の原因 おおむね原審の認定を是認
13 (10の控訴審)	福岡高判 平14.8.30 LLI/DB ID番号 05720747		■控訴棄却	□いじめの態様，自殺の原因 おおむね原審の認定を是認
14	新潟地判 平15.12.18 判自254号57頁	被害生徒：男子・死亡時中2 原告：■父，■母 被告：■学校設置者の村（国賠法1I）	□学校設置者に対する請求 ■一部認容（認容額：各115万円）	□いじめの態様 被害生徒は，同じクラスの生徒から，1年時に校内のトイレに呼び出されて，腹を殴られる暴行を受け，2年時の4月から6月にかけて週2，3回，1回5ないし10回殴る蹴るの暴行を受け，他の同級生から，殴られたり，通りがかりに足を出されたり，肩をわざとぶつかる嫌がらせをされたが，その生徒らに対する中学校の指導もあって，上記の行為はなくなった。ところが，被害生徒は，所属するサッカー部の部員から，1年時の3月から，財布を取られたり，そのお金が返還されなかったところ，その部員は，他の部員に被害生徒を無視するよう指示し，お金を返さなかった。被害生徒は，5月ごろ，他の部員から1回蹴られたことがあったが，7月ごろ，同じクラスの暴行を加えられていた生徒から，アダルトビデオを買うように強要され，8月上旬に自殺した。 □自殺の原因 特に言及なし。

3 児童生徒のいじめ自殺訴訟の現状

□学校側■肯定 担任教諭は，いじめを認識しながら，何らの継続的指導監督措置を講じないまま，被害生徒は自殺に至ったものであり，安全配慮義務違反がある。	□学校側■肯定 平成6年当時，いじめに関する報道，通達によりいたずらや悪ふざけと称して行われている学校内における生徒同士のやりとりを原因として小中学生が自殺に至った事件が続発していることが相当程度周知されていたから，少なからざるトラブルを把握していた担任教諭は，中学生が時としていじめ等を契機として自殺等の衝動的な行動を起こすおそれがあり，被害生徒に関するトラブル，いじめが継続した場合には，精神的，肉体的疲労が蓄積し，自殺のような重大な結果を招くおそれがあったことについて予見可能であった。 □加害生徒■否定 いじめは同一人が行ったものではなく，いじめが嫌がらせを主とするもので，暴行の程度もそれ自体は肉体的苦痛を伴うものとはいえず，当該中学校ではいじめについての指導教育が十分になされていなかったことから，加害生徒らには被害生徒の自殺について予見可能性があったとはいえない。	■肯定（7割） 自殺は被害者の意識的行為であり，その心因の要因が寄与しており，被害生徒は，いじめによる苦悩を担任教諭や両親にも打ち明けたことはなく，その打開策がとられる機会を自ら閉ざした面があり，原告らと被害生徒とのふれあいが十分ではなく，原告らは，被害生徒がトラブルの渦中にあったことを看過し，被害生徒に対する監護養育の注意監督を怠った。
□学校側■肯定 おおむね原審の認定を是認	□学校側■否定 喝取の際の暴行は，執拗で傷害を伴うようなものではなく苛酷なものではなく，それ以前の被害生徒に対する暴行は月に何度という頻繁なものではなく，その暴行の態様もけがをするほど激しいものは多くなく，被害生徒は自殺直前まで高校進学に向かって受験勉強に取り組み，学校を欠席したり，登校を嫌がる，遅刻するということもなく，学校のみならず，家庭においても元気がないとかふさぎ込んだ様子はうかがえず，その父母や兄弟においても異変の兆しを感じることはできなかったから，当該中学校の教諭に被害生徒の自殺について予見可能性があったとは認め難い。	
□学校側■肯定 6月時点で，サッカー部員によるお金の問題が残っていたにもかかわらず，被害生徒に対する肉体的，精神的苦痛を回避する措置を怠り，安全配慮義務に違反した。	□学校側■否定 被害生徒がアダルトビデオの代金の支払を強要されていたとしても，自殺に至るおそれがあるとの深刻なものとはいえず，これを理由に被害生徒が自殺することは予測困難である。	

117

15	横浜地判 平18.3.28 判タ1235号243頁 判時1938号107頁	被害生徒：死亡時15歳（高1） 原告：■父，■母 被告：■学校設置者の県（国賠法11，民415） ■加害生徒（民709，719）	□学校設置者に対する請求 □一部認容（認容額165万円） □加害生徒らに対する請求 □一部認容（認容額：各28万円）	□いじめの態様 被害生徒は，高校入学後吹奏楽部に入部し，同部でクラス内の同じグループの生徒から，「アトピーが汚い」「部活に邪魔」などと言われ，6月，保健室で休んでいた後に教室に戻ると，「さぼっている」「具合が良くなったか」などと嫌みを言われ，医師から，心因反応（うつ状態）と診断された。部活動を休みがちになると，上記生徒から「部活に邪魔」「みんなの足を引っ張っている」「無責任」「怠け者」などと言われた。また，同部で同じトロンボーンパートの生徒2名は，もともと経験者で仲が良く，被害生徒に対してきつい物言いをしたり，被害生徒に疎外感を抱かせ，仲間に入れようとせず，被害生徒を呼び出して注意をするなどした。被害生徒は，7月下旬の同部の地区大会に参加し，高校は1位で予選を通過したが，その翌日夕方，同じトロンボーンパートの生徒から，電話で被害生徒の鞄の小物について苦情を言われ，その翌日，登校途上で登校不能となり，自宅に戻った後，トイレで首つり自殺をした。 □自殺の原因 被害生徒は，吹奏楽部に多大な期待を抱いて高校に入学したが，お互いに悪口を言い合うなど，期待を裏切られ，しかも，他のトロンボーンパートの生徒とは実力差があり，重圧を感じ，きつい言い方をされ，疎外感を感じ，また，アトピー性皮膚炎についていわれなき中傷を受け，部活動や授業に参加が困難になり，母から，登校や吹奏楽コンクールへの参加を勧められ，心の重荷になり，母にカッターナイフを振り回すに至り，自殺を示唆する言動をとり，情緒不安定な状況は地区大会終了後も続き，自分を取り巻く周囲の状況に嫌気がさして耐えられなくなり，衝動的に逃避するつもりで自殺した。
16	東京高判 平19.3.28 判タ1237号195頁 判時1963号44頁	被害生徒：死亡時15歳（中3） 原告：■父，■母 被告：■学校設置者の市（国賠法11） ■教職員の給与等を負担している県（国賠法3） ※加害生徒ら及びその監督義務者も被告とされていたが，一部は原審で確定し，一部は控訴審で和解	■原判決変更 一部認容（認容額：各430万円）	□いじめの態様 被害生徒は，中2の3学期から自転車の荷台や前かごを曲げられ，パンクさせられたり，教科書等を隠されたり，前髪を不揃いに切られるなどし，中3時に上記を考慮してクラス替えがされたが，4月以降，頻繁にプロレスごっこや肩パンと称する遊びの相手をさせられ，1学期の間，上記の遊びに藉口して一方的に暴行を加えられたり，4月下旬，女子生徒を含む同級生の面前で加害生徒らにより，ズボンとパンツを引き下げられ，仰向けにされて性器を露出させられたり，5月中旬には両眼の瞼付近をサインペンで汚く塗られ，6月中旬には新しいスポーツシューズを取り上げられて，数日間履き続けられて泥まみれにされたり，担任教諭の面前で太股をけられるなどした。2学期になっても肩パン遊びの相手をさせられ，10月下旬の遠足の際，同級生にリュックサックを奪われ，これを取り返そうとして押し倒され，持参した弁当を食べないまま帰宅し，11月1日，登校拒否の強い意思を示し，以後，登校や受験勉強をしなくなり，同月6日以降，自室にこもりがちになり，2日に1回訪れる友人と雑談やゲームをして過ごしていたが，同月26日早朝，自宅で自殺した。 □自殺の原因 いじめによりうつ病に罹患し，自殺した。

3 児童生徒のいじめ自殺訴訟の現状

□学校側■肯定 担任教諭や保健教諭は，被害生徒の状態を認識し得たから，しかるべき担当者に被害生徒の問題を伝達したり，また，組織として，被害生徒の問題を取り上げ，被害生徒の話を受容的に聞いて助言したり，加害生徒らの話を聞いて助言する，生徒全体を相手に注意喚起するなどして，被害生徒の苦悩を軽減させるべき措置を講ずべきところ，被害生徒に対する積極的な働きかけをせず，高校として何ら組織的対応をせず，安全配慮義務に違反した。	□学校側■否定 被害生徒が自殺にまで至るには様々な要因があったとみざるを得ないし，高校の教員らに自殺の予見可能性があったとはいえない。 □加害生徒■否定 同じトローンボーンパートの生徒の行為は違法といえないが，被害生徒と同じグループの加害生徒の行為は，被害生徒を精神的に追い詰め，耐え難い精神的苦痛を与え，人格的利益を侵害したもので違法であるが，被害生徒の自殺について予見可能性があったとはいえない。	
□学校側■肯定 学校側は，被害生徒の3年生1学期には，担任教諭及び他の教諭は，加害生徒らによる被害生徒に対する暴行等を把握していたにもかかわらず，いじめによる被害を解消するための指導監督の措置を怠り，安全配慮義務に違反したが，2学期以降は被害生徒に対するいじめは減り，また，自殺前まで，担任教諭は頻繁に被害生徒宅を訪問し，被害生徒に対するいじめを調査し，同級生に被害生徒宅への訪問を勧め，被害生徒に登校を促すように依頼するなどしており，安全配慮義務に違反したとはいえない。	□学校側■否定 被害生徒が1学期中に受けたいじめを原因としてうつ病に罹患し，自殺に至るのが通常起こるべきことであるとはいい難く，いじめを苦にした自殺の報道やいじめが児童生徒の心身の健全な発達に重大な影響を及ぼし，自殺を招来するおそれがあることを指摘する文部省の通知がなされていたことを勘案しても，中学校の教員らは，1学期当時，被害生徒がいじめを誘引としてうつ病に罹患することを予見し得たとまでは認めることはできない。	

119

4
証券投資信託において受益者に破産手続ないし民事再生手続が開始された場合の債権回収を巡る諸問題
銀行取引約定,商事留置権及び相殺を中心に
坂本　寛

第1　証券投資信託の概要[1]

1　証券投資信託とは

　証券投資信託とは,投資信託のうち,信託財産を委託者の指図に基づいて,主として有価証券に対する投資として運用することを目的とする信託であって,その受益権を分割して複数の者に取得させることを目的とするものをいう（投資信託及投資法人に関する法律〔以下「投信法」という。〕2条4項）。小口資金での投資が可能であること,専門家によって管理・運用されること,分散投資が可能で,投資リスクが分散されること,運用実績に応じて収益又は損失が投資家に帰属することがその特徴としてあげられる。

2　証券投資信託の法的仕組み

　証券投資信託は,委託者が受託者との間で投資家を受益者とする信託契約を締結し,投資家から資金を募集し,その資金を受託者に信託し,信託財産の運用について特定指図をするものである。受託者は,信託契約に基づき,受託した信託財産を管理し,委託者の指図に従って運用・指図を行う。受益権は均等に分割され,分割された受益権は受益証券をもって表示される（投信法6条1項）。信託契約は,投資信託約款に基づいて締結される（同法4条1項）。
　投資家は受益証券を購入することで受益者となり,運用実績に応じて収益の分配を受ける。受益権の解約方法としては,①解約実行請求による方法,②第三者に譲渡する方法,③買取請求[2]による方法及び④クローズド期間

---

1) 加藤正男・曹時60巻5号1613頁以下参照。

が設けられた投資信託における受益者の特別解約の実行請求とがあるが[3]，いずれの方法によることができるかは信託契約の定めるところによる。実務上は，①の解約実行請求による方法が殆どである[4]。

3 証券投資信託における関係者間の法律関係

(1) 投信窓販開始後の証券投資信託の関係者は，一般に，委託者（投信会社），受託者（信託銀行），受益者（一般投資家）及び販売会社（銀行等金融機関）の4者であり，その契約関係は，委託者と受託者との間に締結される信託契約（信託契約は投資信託約款に基づいて締結される。投信法4条），委託者と販売会社との間に締結される「投資信託の募集・販売に関する契約」等の名称の委託契約，及び販売会社と受益者との間に締結される「投資信託総合取引規定」等の名称の契約（「取引規定」と呼ばれる。）の3つの契約によって規律されている。

(2) **受益者の地位**

投資家は，販売会社を通じて受益証券を購入することにより，受益者となる。なお，受益証券は委託会社が発行し（投信法2条7項），受益証券は金融商品取引法（以下「金商法」という。）に規定する有価証券である（金商法2条1項10号）。

受益者は，信託契約の当事者ではないが，受益権（①利益分配金請求権及び償還金請求権，②受益証券の一部解約請求権ないし買取請求権等）を有している（投信法6条3項）。

(3) **販売会社の地位**

販売会社は，信託契約の当事者の立場に立つものではなく，委託契約に基づいて委託者の業務を代行するものであるが，受益者に対しては，受益権の募集，買付け並びに解約の取扱い，買取り，振替決済口座による管理，累積投資及びこれらに付随する取引について，取引規定に基づく義務を負う。

(4) **受益者から販売会社に対し解約実行請求がされた場合の法律関係**

（別紙「関係図」参照）

ア 販売会社は，取引規定に基づく義務として，受益者からの解約実行請求を受け付けてこれを委託者に通知する義務，一部解約が実行されて一部解約金（委託者・受託者間の信託契約の一部〔解約実行請求に係る受益証券に相当する部

---

2) 買取請求は，受益者が販売会社へ受益証券の買取を請求し，買い取った販売会社が受益者となり委託会社へ信託契約の解約を請求する方法である（田村威ほか『5訂プロフェッショナル投資信託実務』〔経済法令研究会，2008〕328頁）。
3) 新家寛ほか「投資信託換金受付時における銀行の窓口対応の留意点」銀法703号4頁。
4) 名古屋高判平21.10.2金法1883号39頁。

分〕の解約〔一部解約〕が実行されたことにより，発生する解約金であることから，一部解約金といわれる。）の交付を受けた場合にはこれを受益者に支払う義務を負っている。

イ　信託契約の一部解約の権限を有するのは委託者であって，信託契約の当事者ではない販売会社が有するものではない。したがって，受益者から販売会社に対して解約実行請求がされ，販売会社から委託者に対してその旨通知がされたとしても，委託者が受託者に対して信託契約の一部解約を実行しなければ，一部解約の効果が生ずることはない。

4　投信窓販

我が国の投資信託の販売は，長い間，証券会社のみが取り扱ったが，平成10年12月から，証券業務について内閣総理大臣の登録を受けた銀行，信託会社その他政令で定める金融機関は，販売会社として，契約型，会社型の投資信託の売買，売買取引の委任の媒介，取次又は代理，募集の取扱いを行うことが認められることになった（いわゆる「投信窓販」。金商法33条の2第4号，2条8項7号イ，投信法2条1項）。

そして，投信窓販は，平成11年春以降は飛躍的に販売額が増加し，平成20年6月末現在の公募投資信託の窓販残高は31兆4775億円で公募投資信託全体の純資産残高78.5兆円の43.1％を占めている。なお，窓販残高の98％が株式投資信託，1.7％がMMF，0.3％が公社債投資信託となっており，株式投資信託が販売の殆どを占めている[5]。

5　投資信託振替制度

(1)　投資信託振替制度の概要

平成19年1月4日から開始された投資信託振替制度においては，原則として投資信託受益証券は発行されず，受益権の帰属は振替機関等が管理する振替口座簿の記載により定められる（社債，株式等の振替に関する法律〔以下「社債株式等振替法」という。〕121条，66条）。

投資信託振替制度とは，受益証券をペーパーレス化して，受益権の発生，消滅，移転をコンピュータシステムで管理する制度である。これにより，ファンド（信託財産）の設定，解約，償還などが，証券振替機構や振替機関のコンピュータ上の帳簿（振替口座簿）への記載・記録によって行われるので，受益証

---

[5] 田村威『6訂投資信託——基礎と実務』（経済法令研究会，2008）197頁。

券は発行されないが,受益者には,①受益証券の盗難や紛失のリスクが削減される,②ファンドの設定・解約等における決済リスクが削減される,③振替口座に記録されるので受益権の所在が明確になる,といったメリットがある[6]。

(2) 投資信託振替制度移行後の受益者と販売会社の権利関係

投資信託振替制度移行後も,受益者と販売会社との間の契約である取引規定の内容は,受益証券を受益権と改訂した以外は,基本構成に大きな変更はない[7]。

第2 前提論点

証券投資信託において,受益者に破産手続ないし民事再生手続が開始された場合に,販売会社は,銀行取引約定4条4項[8]及び商事留置権に基づいて,委託者と受託者間の信託契約につき解約実行請求をした上,一部解約金を貸金の弁済に充当するなどして,貸金の回収を図ることができるか,という問題を検討するについては,①販売会社と受益者間の投資信託受益権に係る取引について,銀行取引約定が適用されるか,②銀行取引約定4条4項ないし商法521条の適用にあたり,振替受益権について販売会社に「占有」が認められるか,また振替受益権は「動産,手形その他の有価証券」ないし「物又は有価証券」に該当するか,といった前提論点がある。

1 受益者・販売会社間の投資信託受益権に係る取引への銀行取引約定の適用の可否

(1) この点,消極説は,銀行等の金融機関は,登録金融機関(金商法33条

---

6) 田村・前掲注5) 216頁。
7) 村岡佳紀「投資信託における契約関係」金法1796号19頁。なお,保護預り契約は,振替決済口座管理約款に置き換わった。
8) 以下,銀行取引約定4条3項として,「担保は,かならずしも法定の手続によらず一般に適当と認められる方法,時期,価格等により貴行において取立または処分のうえ,その取得金から諸費用を差し引いた残額を法定の順序にかかわらず債務の弁済に充当できるものとし,なお残債務がある場合には直ちに弁済します。」,同条4項として,「貴行に対する債務を履行しなかった場合には,貴行の占有している私の動産,手形その他の有価証券は,貴行において取立または処分することができるものとし,この場合もすべて前項に準じて取り扱うことに同意します。」旨の規定があるものとする。なお,銀行取引約定書ひな形は平成12年4月に廃止されたが,各銀行はほぼ4条3項,4条4項に相当する条項を設けている(畠山新「民事再生と手形の商事留置権」事業再生と債権管理124号101頁,片岡宏一郎「銀行取引約定書の今日的課題(上)」金法1845号44頁)。

の2第4号，2条8項7号イ，投信法2条1項）として，投資信託の窓口販売業務を行っているが，これは固有業務としての銀行業（銀行法2条2項。①預金又は定期積み金の受け入れと資金の貸付け又は手形の割引とを併せ行うこと，②為替取引を行うこと）ではなく，銀行業の付随業務（銀行法11条2号，金商法33条2項2号）に過ぎないことから，投資信託取引に銀行取引約定の条項が適用されるか疑問が残る旨主張する[9]。

(2) この問題については，信託取引について銀行取引約定が適用されるかどうかが問題となった兵銀リース事件が参考になる[10]。

ア　この事件で，第1審は，<u>「銀行取引約定にいう『銀行取引』とは，銀行が取扱いを許された業務，すなわち，銀行法10条1項及び2項所定の業務であると解されるところ，信託業務は，銀行法によって銀行が取扱いを許された業務ではなく，原告（信託銀行）は，銀行法による免許とは別に，普通銀行の信託業務の兼営に関する法律1条による免許（認可）を受けて初めて，信託業法によって信託会社が営む業務を行うことができるのである。したがって，信託業務は，銀行取引約定書記載の約定が適用される銀行取引に含まれるということはできず，銀行取引約定7条1項によって本件信託の解約が正当化される理由はない。」</u>旨判示し，信託取引に銀行取引約定が適用されることを否定した。

イ　これに対し，第2審は，次のとおり判示して，銀行取引約定の適用を肯定した。

①　信託銀行以外の銀行が顧客との間で締結する銀行取引約定書ひな形の7条2項では，「前項の相殺ができる場合には，貴行は事前の通知及び所定の手続を省略し，私にかわり諸預け金の払戻しを受け，債務の弁済に充当することもできます。」となっているのに対し，信託銀行である控訴人と被控訴人との間で取り交わされた本件銀行取引約定の7条1項には，「（前略）いつでも貴社は相殺し，または，私の預金，その他の債権につき，事前の通知および所定の手続を省略し，払戻し，<u>解除または処分</u>のうえ，<u>その取得金をもって</u>債務の弁済に充当することができます。」と定められている。すなわち，<u>本件銀行取引約定には，その他の銀行取引約定には見られない「解除または処分のうえ，その取得金をもって」の文言が加わっている</u>。これは，信託銀

[9) 古澤陽介「窓口販売投資信託に対する権利行使」事業再生と債権管理116号50頁，野村剛司ほか『破産管財実践マニュアル』（青林書院，2009）148頁。
10) 第1審：神戸地判平12.1.27金法1585号40頁，第2審：大阪高判平13.11.6判タ1089号279頁。

行では，貸付先から預金以外に金銭信託等を受託していることがあり，これらの信託金についても弁済充当の対象とすることで，貸付金の回収財源とすることを念頭に置いたものと考えられる。

　②　また，本件銀行取引約定（1条1項）には，「手形貸付……その他いっさいの取引に関して生じた債務の履行」についてこの約定に従う旨定められていて，その適用範囲に信託取引も含まれるような文言になっている一方，本件信託契約には，信託取引につき本件銀行取引約定の適用を排除するような趣旨の条項が特に見当たらないことは，契約当事者の意思解釈として，信託取引についても本件銀行取引約定が適用されることを前提としていると解し得る余地がある。

　③　以上の点に照らすと，控訴人と被控訴人は，本件銀行取引約定が銀行法10条1項及び2項所定の銀行取引のみならず信託取引にも適用されることを想定して本件銀行取引約定を取り交わしたものと推認するのが相当である。

　④　したがって，控訴人と被控訴人との間で合意された本件銀行取引約定は，信託法の強行規定ないしその趣旨に違反しない限度で，控訴人と被控訴人との間における信託取引を含む取引全般について適用されると解するのが相当である。

　ウ　この点，私人間の取引に用いられる銀行取引約定の適用範囲が銀行法という業法によって画されるとするべきではなく，当事者の意思解釈の問題と考えるのが相当であり[11]，第2審の判断枠組が相当である。

　よって，証券投資信託取引に銀行取引約定の条項が適用されるかどうかという問題は，受益者・販売会社間の合理的意思解釈の問題として考えるのが相当であり，銀行取引約定及び取引規定の条項から，受益者・販売会社間の合理的意思を推認していくことになる。

　この点，銀行取引約定7条（差引計算）において，「預金その他の債権につき，事前の通知及び所定の手続を省略し，払戻し，解約又は処分のうえ，その取得金をもって債務の弁済に充当することができる」旨規定されている場合には[12]，投資信託における取引について生じる解約金支払債務を含む債権債務についても弁済充当の対象とすることで，貸付金の回収財源とすることを念頭に置いたものと考えてよい。また，そのように規定されていない場合でも，同約定書1条では，その適用範囲について，「手形貸付，手形割引，証

11）道垣内弘人・金法1591号44頁，角紀代恵・金法1652号75頁。
12）この場合には，当該条項に基づき販売会社は解約実行請求をし，一部解約金を受領できると解する。

書貸付，当座貸越，支払承諾，外国為替その他いっさいの取引に関して共通に適用されるものとします。」旨定められ，投資信託受益権に係る取引も含まれる内容になっているのが通常であること，取引規定では，投資信託受益権に係る取引について銀行取引約定の適用を排除するような趣旨の条項は特に見当たらないことを考慮すると，投資信託受益権に係る受益者・販売会社間の取引について銀行取引約定の適用があるものと考えられる。

2 銀行取引約定4条4項適用の可否

(1) 投資信託受益権に係る取引について，銀行取引約定が適用されるとした場合，次の問題として，販売会社が銀行取引約定4条4項に基づいて振替受益権を取立又は処分するにあたり，①販売会社は振替受益権を「占有」しているといえるかどうか，②振替受益権が「動産，手形その他の有価証券」といえるかどうかが問題となる。

(2) まず，販売会社は振替受益権を占有しているといえるかどうかについて，消極説は，投資信託振替制度移行後は，受益証券がペーパーレス化されたことなどから，販売会社が受益証券を占有しているとはいえないとする[13]。

しかし，準占有が認められる場合には，占有権に関する規定が準用される（民法205条）。そこで受益権について販売会社に準占有が成立するかどうか，本件において販売会社が「自己のためにする意思をもって振替受益権の行使をする場合」に該当するかどうかが問題となる。この点，①販売会社は，委託者との委託契約に基づき，自己の名で受益権の募集の取扱い及び販売を行い，また，受益者からの解約実行請求を受け，委託者に解約実行請求の通知をし，さらに受益者に対し収益分配金，償還金及び一部解約金を支払うなどの業務を担っていること，②販売会社は，受益者のために口座管理機関として振替口座簿を作成し，振替受益権を管理すると共に，機構の振替口座簿に自己の口座を保持していること，③振替受益権の解約金は，販売会社名義の投資信託専用預金口座に振り込まれ管理されること，④販売会社の立場は，受益者と委託者とを取り次いで投資信託の販売を行うことで終了するものではなく，その後も，解約若しくは他の口座管理機関への振替がなされるまで，受益権をその管理支配下に置いているということができることなどを考慮すると，振替受益権につき，販売会社の事実的支配内に存すると認められる客観的事実が認められ，本件は，販売会社が「自己のためにする意思をもって

---

[13] 片岡・前掲注8) 50頁，古澤・前掲注9) 50頁，野村ほか・前掲注9) 148頁。

振替受益権の行使をする場合」に該当し，販売会社の振替受益権に対する準占有を肯定してよいと考える[14]。

また，投資信託振替制度に移行後も，取引規定の内容は，受益証券を受益権と改訂した以外は，基本構成に大きな変更はないところ，振替制度移行前には，受益者・販売会社間には，一般に保護預り契約（寄託契約）が締結され，販売会社が受益者から委託者が発行した受益証券を預り保管し，あるいは，自ら受益証券を保管せず，受託者に再寄託し，受託者が保管していることから，販売会社が当該証券を占有（再寄託の場合は間接占有）している点につき異論はなかった[15]。しかるに，振替制度に移行したのは，有価証券に表示されるべき権利の流通の円滑化を図るという法の目的によるところ[16]，これにより受益証券の盗難や紛失のリスクが削減されるなど，受益者にもメリットがあることなどを考慮すると，移行により，販売会社が受益権に対する占有を失い，銀行取引約定の条項の適用を受けなくなったり，商事留置権を主張することができなくなったりするという不利益を一方的に甘受するのは妥当ではないから，実質的にも振替受益権に対する販売会社の準占有を肯定するのが相当と考える。

(3) 次に，振替受益権が「動産，手形その他の有価証券」といえるかどうかであるが，振替受益権は投信法及び金商法において有価証券とみなされていること（投信法2条5項，金商法2条2項），前記のとおり，販売会社に認められていた銀行取引約定の適用や商事留置権が，振替制度に移行したために認められなくなるのは実質的にみて不合理であることを考慮すると，銀行取引約定の適用においても，振替受益権を有価証券とみなしてよいと解する。

3 振替受益権に対する商事留置権の成否

商法521条本文は，「商人間においてその双方のために商行為となる行為によって生じた債権が弁済期にあるときは，債権者は，その債権の弁済を受

---

14) 中野修「振替投資信託受益権の解約・処分による貸付金債権の回収」金法1837号53頁，田村ほか・前掲注2) 46頁。

15) 片岡・前掲注8) 50頁，村岡・前掲注7) 16頁，秦光昭「貸金庫内容物と留置権」銀法575号67頁。受益証券の保管は，受益者ごとではなく，複数の口数をまとめた「大券」により保管され，契約関係としては販売会社が受益者から預かる形式をとるが，実務上は，受益者に対して受益証券を交付したものとして，委託会社から交付された受益証券を販売会社がそのまま預かったり，又は委託会社から（販売会社に渡し，販売会社が預けたものとして）受託銀行に受益証券を直接交付し，受託銀行が保管することが行われている。

16) 末冨純子「社債株式等振替法の諸問題」今中利昭先生古稀記念『最新倒産法・会社法をめぐる実務上の諸問題』（民事法研究会，2005）973頁参照。

けるまで，その債務者との間における商行為によって自己の占有に属した債務者の所有する物又は有価証券を留置することができる」と規定する。

　前記のとおり，販売会社に振替受益権の準占有が認められ，また，振替受益権は「有価証券」とみなされ，これにより，客体の性質の許す限り占有権に関する規定が全面的に準用されることから，受益者及び販売会社が双方商人である場合，商法521条を類推適用して，販売会社に商事留置権が成立すると考える。

第3　受益者に破産手続開始決定があった場合

1　銀行取引約定が交わされ，かつ商事留置権が成立する場合の弁済充当の可否

(1)　商事留置権は，破産法上，特別の先取特権とみなされ，別除権の地位が与えられる（同法66条）。受益者が破産手続開始決定を受け，破産管財人が選任された場合，販売会社は，商事留置権及び銀行取引約定の条項に基づいて，解約実行請求をした上，一部解約金を貸金の弁済に充当することができるか。

(2)　この点については，本件が最三小判平10.7.14民集52巻5号1261頁，判タ991号129頁（以下「平成10年最判」という。）の射程の範囲内かどうかが問題となるところ，同判決は，「本件約定書4条4項は，銀行の占有する動産及び有価証券の処分等という観点から定められ，これらに商事留置権が成立すると否とを問わず適用される約定であると理解されてきたものである。しかし，右条項の定めは，抽象的，包括的であって，その文言に照らしても，取引先が破産宣告を受けて銀行の有する商事留置権が特別の先取特権とみなされた場合についてどのような効果をもたらす合意であるのか必ずしも明確ではない上，右特別の先取特権は，他の先取特権に劣後するものであることにかんがみれば，銀行が動産又は有価証券に対して，特別の先取特権を有する場合において，一律に右条項を根拠として右目的物を処分することができるということはできない。」としつつ，手形につき商事留置権を有する甲銀行が債務者乙に対する破産宣告の後に右手形を手形交換制度によって取り立てて被担保債権の弁済に充当する行為は，乙が債務を履行しないときは甲が占有している乙の手形等を取立て又は処分して債権の弁済に充当できる旨の銀行取引約定4条4項による合意が甲乙間に存在し，被担保債権の履行期が既に到来し，債権額も手形金額を超えており，右手形について甲に優先する他の特別の先取

特権が存在することを窺わせる事情もないなど判示の事実関係のもとにおいては，乙の破産管財人に対する不法行為となるものではない旨判示した。

本判決が結論を導く上での考慮要素を整理すると，①銀行取引約定4条4項による合意があったこと，②銀行が手形交換制度という取立てをする者の裁量等の介在する余地のない適正妥当な方法によって取り立てたこと，③銀行が本件手形につき適法な占有権原を有し，かつ特別の先取特権に基づく優先弁済権を有していたこと，④その被担保債権は，取立日までに履行期が到来し，その額は手形金額を超えていたこと，⑤本件手形につき銀行に優先する他の特別の先取特権者が存在することを窺わせる事情がないこと，が挙げられる[17]。

そこで，同判決が結論を導く上での前記の考慮要素①ないし⑤に基づき検討すると，まず，受益者・販売会社間に銀行取引約定4条4項による合意がある場合，①を満たす。また，振替受益権につき商事留置権が成立する場合，③を満たす。そして，自働債権である貸金債権は，受益者の破産手続開始決定により，開始時に弁済期が到来したものとされるから（破産法103条3項），その額が受益権の額を超えているならば，④を満たす。また，振替制度移行後は受益証券は発行されないから，特別の先取特権者が存在することを窺わせる事情はなく，⑤を満たす[18]。最後に，解約実行請求があった場合，それが当日の午後3時までに受付られたものであれば当日の申込みとして取り扱われ，解約の基準価額は委託会社が当日の取引所の終値で計算した基準価額が適用され，同日に解約実行請求がなされれば同じ基準価額で計算された解約金が返還される仕組みになっていること[19]からすれば，販売会社の裁量等の介在する余地のない適正妥当な方法によって一部解約金の額が決まると解されるから，②を満たす。

---

[17]「同最判は，銀行取引約定4条3項を根拠として，銀行が自ら本件手形を取り立て債務の弁済を充当することの可否については，明示的な判断はしていないが，控訴審判決がこの見解を否定する判断をしたのに対し，同最判は，その判断を是認できないとはしなかったところからすると，4条3項を根拠とする見解に対する否定的な考えが窺われ，また，同条項は約定担保を念頭に作成され，銀行実務においては，同条項が法定担保を含むとの趣旨で約定がされているものではなく，商事留置権が成立する場合は，4項の問題と考えているようである」（田中昌利・平10最判解説(民)(下)686頁）。

[18] 受益証券が発行されている場合でも，受益者は申込金を払い込んでいること，販売会社が保護預かりしていることからすれば，他の特別の先取特権者が存在することを窺わせる事情はないと解される。

[19] 田村・前掲注5）215頁，内海順太ほか「座談会・相続時における投資信託の取扱い(上)」銀法687号12頁。約款の定めがあればそれに従うことになろう。

以上によれば，本件は平成10年最判の射程の範囲内にあり，販売会社が商事留置権及び銀行取引約定4条4項に基づいて解約実行請求をした上で，一部解約金を貸金債権の弁済に充当することは，破産管財人に対する関係で不法行為とならず，許容されることになろう。

2　販売会社に商事留置権が成立しない場合の弁済充当及び相殺の可否

(1)　販売会社が信用金庫や信用協同組合等の場合あるいは受益者が商人ではない場合，販売会社に商事留置権は成立しない[20]。このように，販売会社に商事留置権が成立しない場合に，販売会社は銀行取引約定4条4項に基づいて解約実行請求をして，一部解約金を貸金の弁済に充当することができるかどうか，が問題となる。

　この点に関して，最三小判昭63.10.18民集42巻8号575頁，判タ685号154頁は，「銀行取引約定4条4項の趣旨について考えるに，同条1項ないし3項が『担保』との文言を用いて担保の設定，処分に関して定めているのに対し，同条4項が『担保』との文言を用いていないこと，及び同条項の内容等に徴すると，同条項は，信用金庫の取引先がその債務を履行しない場合に，信用金庫に対し，その占有する取引先の動産，手形その他の有価証券を取立又は処分する権限及び取立又は処分によって取得した金員を取引先の債務の弁済に充当する権限を授与したにとどまるものであって，右手形につき，取引先の債務不履行を停止条件とする譲渡担保権，質権等の担保権を設定する趣旨の定めではなく，取引先が破産した場合には，民法656条，653条の規定により右の権限は消滅すると解するのが相当である。」旨判示した[21]。

　よって，本件においても，販売会社が銀行取引約定4条4項に基づいて解約実行請求をする権限及び一部解約によって取得された一部解約金を受益者に対する債権の弁済に充当する権限は，受益者の破産手続開始決定により消滅し，販売会社の銀行取引約定4条4項に基づく弁済充当は否定されると解される。

(2)　それでは，破産手続開始決定後に，受益者の破産管財人が，受益権を換価するため，解約実行請求をした場合において，販売会社が貸金を自働債権とし，一部解約金支払債権を受働債権として相殺することが許されるか。

---

20) 投資信託販売会社である「指定登録金融機関」（金商法33条の2第4号）には，信用金庫や信用協同組合も含まれるが，信用金庫については，後掲最三小判昭63.10.18が，信用協同組合については，最二小判昭48.10.5判時726号92頁が，その商人性を否定している。
21) 昭和63年最判と平成10年最判の関係につき，山本和彦・金法1535号10頁参照。

この点に関し、債権者が、証券投資信託であるMMF（マネー・マネジメント・ファンド）の受益者が受益証券を販売した会社に対して有する一部解約金支払請求権を差押え、取立権の行使として同社に対し解約実行請求をして支払を求めた事案において、最一小判平18.12.14民集60巻10号3914頁、判タ1232号228頁は、「証券投資信託であるMMFであって、①投資信託約款において、受益証券の換金は受益者が委託者に対して信託契約の解約の実行を請求する方法によること、この解約実行請求は委託者又は受益証券を販売した会社に対して行うこと、委託者は受益者から解約実行請求があったときは信託契約の一部を解約し、一部解約金は上記会社の営業所等において受益者に支払うことが定められ、②上記会社が、委託者から、受益証券の販売のほか、解約実行請求の受付及び一部解約金の支払等の業務の委託を受け、受益証券が上記会社に保護預りされており、③上記会社と受益者との間の投資信託総合取引規定において、受益証券等の購入及び解約の申込みは上記会社の店舗等において受け付けること、解約金は取扱商品ごとに定められた日に受益者の預金口座に入金することなどが定められているものについては、<u>上記会社は、解約実行請求をした受益者に対し、委託者から一部解約金の交付を受けることを条件として一部解約金の支払義務を負い、受益者は、上記会社に対し、上記条件の付いた一部解約金支払請求権を有する。</u>」旨判示した。

(3) そこで、本件は、停止条件付債権を受働債権とする相殺の問題となる。

 この点、破産法67条2項後段は、「破産債権者の負担する債務が期限付若しくは条件付であるとき、又は将来の請求権に関するものであるときも、破産債権者は相殺することができる」旨規定する一方、同法71条1項1号は「破産債権者は、破産手続開始後に破産財団に対して債務を負担したときには、相殺をすることができない」旨規定するところ、この問題については、従来、消極説と積極説との対立があったが、最二小判平17.1.17民集59巻1号1頁、判タ1174号222頁（以下「平成17年最判」という。）は、損害保険会社乙との間で多数の積立普通傷害保険契約等を締結していた破産者の破産管財人甲が、乙に対し、破産宣告後に満期が到来した満期返戻金及び破産宣告後に解約により停止条件が成就した解約返戻金の支払を求めたのに対し、乙が、破産者の保険金詐取の不法行為に基づく損害賠償請求権（破産債権）を自働債権とする相殺の抗弁を主張して争った事案において、「旧破産法99条後段（破産法67条2項後段）は、破産債権者の債務が破産宣告の時において期限付又は停止条件付である場合、破産債権者が相殺することは妨げられないと規定している。その趣旨は、破産債権者が上記債務に対応する債権を受働債権とし、

破産債権を自働債権とする相殺の担保機能に対して有する期待を保護しようとする点にあるものと解され，相殺権の行使に何らの限定も加えられていない。そして，破産手続においては，破産債権者による相殺権の行使時期について制限が設けられていない。したがって，破産債権者は，その債務が破産宣告の時において期限付又は停止条件付である場合には，特段の事情のない限り，期限の利益又は停止条件不成就利益を放棄したときだけでなく，破産宣告後にその期限が到来し又は停止条件が成就したときにも，同条後段の規定により，その債務に対応する債権を受働債権とし，破産債権を自働債権として相殺することができる。」旨判示した。

(4) 本件を平成17年最判に基づいて考察すると，破産手続開始決定後に販売会社に一部解約金が支払われることにより，停止条件が成就するから，特段の事情がない限り，販売会社による相殺は肯定される。

そこで，本件において特段の事情の有無を検討することになるが，特段の事情がどのような場合に認められるのかについては，以下の諸説，すなわち，破産法67条2項後段は同項前段と異なり，金額不確定の債権を受働債権とする相殺を許容していないことから，「特段の事情」が認められるのは，受働債権が停止条件成就前に金額が未確定である場合が考えられる[22]とするもの（A説），「特段の事情」とは，相殺期待が合理的でないことであり，その主張立証責任を，相殺を否定する破産管財人に負わせたもの[23]と解するもの（B説），「特段の事情」が認められるのは，例えば，相殺権の行使が相殺権の濫用に当たる場合が考えられ，破産債権者の相殺の担保的機能に対する期待が合理的か否かは，相殺権の行使が相殺権の濫用に当たるか否かを判断する際の重要な考慮要素として位置づけられる[24]とするもの（C説）があるので，これらの説を参考に検討する。

ア　まず，受働債権が停止条件成就前に金額が未確定である場合に該当するかどうかであるが，一部解約金の額は，運用実績により日々変動するところ，破産法67条2項後段は，同項前段とは異なり，金額不確定の債権（同法103条2項1号）を受働債権とする相殺を許容していないことから，一部解約金

---

[22] 山本克己・金法1780号55頁。
[23] 野村秀敏・金判1225号7頁。
[24] 三木素子・平17最判解説(民)(上)22頁は，相殺権の行使が相殺権の濫用に当たり，本判決にいう「特段の事情」が認められる場合として，例えば，破産債権者が，危機時期において，それを知りながら，破産者との間で期限付債務又は停止条件付債務を負担する原因となる契約を締結し，破産手続開始後に期限が到来し又は停止条件が成就した場合のように破産法71条1項2号ないし4号を潜脱する場合を挙げる。

請求権が金額不確定の債権に該当し，これを受働債権とする相殺が許されないかどうかが問題となる。しかし，「金額が不確定な金銭債権」とは，破産手続開始時において客観的に金額を確定することができない金銭債権をいい，将来の一定時期における収益の分配請求権等がその典型例とされる[25]。そうすると，証券投資信託では常に自分の投資している資産の時的評価が行われるものであり，破産手続開始時においては一部解約金の額を客観的に確定することができるから，一部解約金請求権は，金額不確定の債権には当たらないと解される。

　イ　次に，相殺期待が合理的でないといえるかどうかであるが，この点について，投資信託振替受益権の一部解約金を貸付債権に充当した場合，投資信託関連取引の債務への充当のみを許容する取引規定に依拠した顧客の合理的な予測・期待の範囲を逸脱するおそれがある，との見解がある[26]。

　確かに，取引規定には，「投資信託受益権に係る取引に関する解約代金，買取代金，収益分配金および償還金等については，他に別段の定めがない限り，当該金額より所定の手数料および諸費用等を差し引いた上，指定預金口座に入金する」というような規定がある。しかし，これは，取引規定が，投資信託受益権に係る取引について，受益者と販売会社との権利義務関係を明確にすることを目的とすることから，投資信託受益権に係る取引において発生する手数料等を償還金等から差し引く旨明記しているに過ぎず，一部解約金については投資信託関連取引の債務への充当のみを許容しているとみるのは，無理があると思われる。

　また，販売会社と受益者との間には，預金契約（約款）が締結されており，販売会社が銀行の場合，委託会社から販売会社が受け取った分配金や解約金は，販売会社にある受益者名義の口座に入金する場合が殆どであるとされ，この場合，銀行の預金口座に入金されると，受益者と銀行との契約関係は預金契約に基づく債権債務関係となるから[27]，預金債権と貸金債権との相殺の問題となり，一部解約金を相殺の受働債権とすることに販売会社は合理的

---

25) 竹下守夫ほか『大コンメンタール破産法』（青林書院，2007）431頁〔堂薗幹一郎〕。
26) 古澤・前掲注9）50頁。
27) 村岡・前掲注7）16頁。なお，大阪地判平23.10.7金法1947号127頁以下（コメントを含む。）参照。また，伊藤尚・金法1936号62頁は，「今後の破産管財人の対処としては，破産者が借入れをしていない他の口座管理機関への振替請求をして，他の口座管理機関から解約金の支払を受ける方策を選択することになろう」と指摘するが，販売会社に商事留置権が成立する場合は，販売会社は商事留置権に基づき，破産管財人による他の口座管理機関への振替請求を拒むことができると解する。

な期待を有していると考えられる。

次に,取引規定では,受益者からの解約実行請求はいつでもできるとしながら,販売会社からのそれについてはやむを得ない事情による場合に限定しているものが多い。そこで,解約実行請求権の行使は,基本的に受益者に委ねられており,条件成就の蓋然性は高くないのではないかということが問題となる。しかし,換金の容易性が魅力で,一般の意識としても払戻しの場面では預金と変わらないとされる証券投資信託において,受益者が解約実行請求をしないという蓋然性はむしろ低く,解約実行請求がされれば販売会社に一部解約金が交付されることは,通常確実であるといえるから[28],一部解約支払請求権発生の蓋然性は高いと考えられる。

以上によれば,販売会社の相殺期待は合理的なものではないということを破産管財人が立証することは困難であり,また,本件は,相殺権の行使が相殺権の濫用に当たる場合ではないと解され,本件相殺は,肯定されると解する。

(5) なお,銀行取引約定が交わされていない場合も,相殺を否定する特段の事情があるとまでは認められず,前記(4)と同様の結論になると解する。

第4 受益者に民事再生手続開始決定があった場合

1 銀行取引約定が交わされ,かつ商事留置権が成立する場合の弁済充当の可否

(1) 民事再生法上の商事留置権の効力

民事再生法(以下「民再法」という。)においては,再生手続開始の時において再生債務者の財産につき商事留置権を有する者は,その目的財産につき別除権を有する(同法53条1項)とされ,別除権は,再生手続によらないで行使することができる(同条2項)が,破産法66条1項と異なり,「特別の先取特権とみなす」旨の規定はない[29]。

そこで,民事再生手続開始決定後に販売会社が商事留置権及び銀行取引約

---

[28] 加藤・前掲注1) 1618頁。
[29] その理由につき,花村良一『民事再生法要説』(商事法務,2000) 161頁。山本和彦「民事再生手続における手形商事留置権の扱い」金法1864号9頁は「破産法は迅速な処理のためにあえて商事留置権に優先権を付与したものであり(それにより担保権者の権利実行がされて,担保法律関係が早期に終了する)。民事再生では債務者はそのまま存続するので従来の法律関係を基本的に維持してよいとすれば,両者の区別には十分な合理性がある」とする。

定4条4項に基づき，受益権を処分換価するため解約実行請求をし，一部解約金を貸付金債権に充当することが，「再生債権については，再生手続開始後は，この法律に特別の定めがある場合を除き，再生計画の定めるところによらなければ，弁済をし，弁済を受け，その他これを消滅させる行為（免除を除く。）をすることができない」と規定する民再法85条1項に反して許されないのかどうかが問題となる[30]。

(2) この点，銀行取引約定が交わされ，また，債務者の取立委任手形について商事留置権を有する銀行が，債務者の民事再生手続開始決定後に，銀行取引約定に基づき，同手形を取り立て，債務者に対して有する債権に充当することが許されるかどうかが争われた事件が参考になる。

ア 東京地判平21.1.20[31]は，「破産手続においては，商事留置権は特別の先取特権とみなされ，商事留置権を実行したことによる回収金についての優先弁済が認められているが，民再法には同種の規定が設けられておらず，優先弁済権はないと解されていて，商事留置権本来の効力の範囲内で別除権者としての権利行使をし得るに止まる。また，金融機関が本件条項を設けることによって優先的に債権回収を図ることが可能になると解すると，再生手続における商事留置権者の地位を債権的合意により容易に変更できることになり，他の商事留置権者との関係においてかえって不合理・不公平と言える」旨判示して，銀行の弁済充当を否定した。

イ その控訴審である東京高判平21.9.9[32]は，「①民再法53条1項及び2項は，別除権とされた各担保権につき新たな効力を創設するものではなく，別除権者は，当該担保権本来の効力の範囲内で権利を行使し得るにとどまるというべきであり，別除権の行使によって優先的に弁済を受けられるためには，当該別除権者が他の債権者に対して優先して弁済を受けられる権利を有していることが必要である。②留置権は，留置的効力のみを有し，優先弁済的効力を有しないことから，目的物を占有し，これを物質的に支配して弁済を促す権利を有するに過ぎないのが本来的な性質であり，また，商法において商事留置権に優先弁済権を付与する旨の定めはなく，民再法においても商事留置権を特別の先取特権とみなす等の優先弁済権を付与する定めが見当たらない

---

30) 自働債権である販売会社の貸金については，破産手続と異なって，債権そのものについて現在化（破産法103条3項）や金銭化（同条2項）がなされないから，相殺実行時に金銭債権としての弁済期が到来している必要がある。
31) 金法1861号26頁。
32) 金判1325号28頁，金法1879号28頁。

ことからすれば，再生手続において，商事留置権に法律上優先弁済権が付与されていると解することはできない。③取立委任手形が金融取引の担保的な機能を有している実態が公知かつ周知されているとしても，その担保的機能が，優先弁済権を含む担保権であり，強行規定である同法85条1項の適用を排するものであるとは，到底いえない。④別除権の受戻しや担保権の消滅請求（同法41条1項9号，148条）は再生債務者等が目的物の価値や事業の継続のための必要性等を考慮して，厳格な要件の下に行われるものであり，結果として他の再生債権者の利益にも適うものであって，単なる別除権者に対する任意弁済とは，その利益状況が異なる。したがって，受戻しや担保権の消滅請求があり，各制度に従えば，商事留置権者が被担保債権について優先的に弁済を受ける結果になるからといって，これらの制度から離れて，私人間の再生手続開始前の合意によって，弁済禁止の原則に例外を設けることは許されない。⑤再生計画において本件取立金が直接考慮されていないことは，販売会社の取立金取得が同法85条1項に反しないことを根拠づけるものとはいえず，本件取立金は，受益者の事業資金となり，結果として収益を生み出す元手となるものであるから，事業の再生において重要な意義を有していることは明らかである」旨判示して，一審同様，販売会社による弁済充当を否定した。

(3) 前記(2)の裁判例についての学説状況

ア 弁済充当否定説

銀行取引約定につき，取立ての準委任の点は，破産手続と異なり，民事再生手続開始後も有効であり，取り立てることはできる。しかし取り立てた換価金については留置権能を有せず，弁済充当は民再法85条1項に違反し，例外的に有効になるのは別除権の受戻し（同法41条1項9号）として認められる場合であるが，裁判所の許可又は監督委員の同意を欠いており原則として無効である（同法41条2項，54条4項）し，優先弁済権のない債権者への弁済であり有害性は大きく，目的財産が約束手形であり事業にとっての必要性が大きくないことを考慮すると，受戻しを認められず，原則どおり同法85条1項に違反する。また，相殺は，同法93条1項1号に触れる[33]。

イ 弁済充当肯定説

(ア) 事前の弁済充当の合意として有効とみる説

a 目的物の価値の範囲では，別除権者に対する任意弁済は禁止されていない（民再法41条1項9号，153条）から，事前の弁済充当の合意も再生債権者

---

[33] 山本和彦・前掲注29) 6頁。

の利益を害するものとはいえず、その効力を認めてよい[34]）。

　b　販売会社が取立委任契約や銀行取引約定に基づき取り立てた留置目的物の取立金には商事留置権の効力が及ぶと解され、取立金は本来的に再生計画実行のための原資等になることは予定されておらず、販売会社が任意弁済を受けることは有害な行為ではなく、民再法41条、54条の規律に反しない。よって、銀行取引約定4条4項は有害性のない任意弁済の手順を定める事前合意として有効な別除権に付随する合意であり、本件弁済は民再法85条1項の「特別の定め」に該当し有効である[35]）。

　(イ)　別除権行使として弁済充当を肯定する説
　a　商事留置権者は、本来的に弁済充当権を有するところ、別除権としてその行使が自由とされる民事再生手続では、弁済充当権の行使として何らの制限はない[36]）。

　b　商事留置権者は、債務者に留置物と引き換えに優先弁済を求め、受領した優先弁済を適法に保持する権能を有しており、民事再生手続開始後に、商事留置権者がかかる権能を行使して優先弁済を受けることは別除権の行使として有効である[37]）。

(4)　本件の証券投資信託受益権については、弁済充当否定説が妥当と解する。以下理由を述べる。

　ア　前提として、受益者が民事再生手続開始決定を受けた場合は、銀行取引約定4条4項の効力は消滅せず、販売会社が解約実行請求をすること自体は許される。

　イ　そこで、民再法上、商事留置権の目的物を換価した場合換価金（本件では一部解約金）に留置的効力が及ぶかどうかが問題となる。

　(ア)　まず、販売会社が換価金を受領した時点で、換価金上に新たに商事留置権を取得したと解することは、民再法44条1項に反することから許されない[38]）。

　(イ)　次に、受益権上の商事留置権が換価金上に存続すると解しうるかが問

---

34) 伊藤眞『破産法・民事再生法〔第2版〕』（有斐閣、2009）700頁。
35) 村田渉「民事再生手続における取立委任手形の商事留置権の取扱い」金法1896号20頁。
36) 畠山・前掲注8）105頁。
37) 岡正晶「商事留置手形の取立て・充当契約と民事再生法53条の別除権の行使」金法1867号8頁。なお、伊藤眞ほか「座談会・商事留置手形の取立充当契約と民事再生法との関係」金法1884号15頁〔伊藤眞発言〕は、「一般論として、商事留置権の目的物換価金が常に価値変形物として留置的効力の対象となるかどうかについては疑問がある」とする。
38) 山本克己・金法1876号59頁。

題となるが，否定するのが相当である。なぜなら，そもそも留置権とは，債権の弁済を受けるまでその物を留置する権利であるに過ぎず[39]，その換価金に留置的効力が及ぶとするのは，その性格にそぐわないからである。また，商事留置権者は，民再法上，破産法と異なり「特別の先取特権者」とは扱われず，物上代位権（民法304条）がないから，換価金に留置権を及ぼすことは民法及び民再法の解釈としては無理があるからである。

(ウ) これに対し，換価金に留置的効力が及ぶとする見解[40]は，商事留置権に基づいて民執法195条により換価した場合の換価金について価値変形物として留置権の効力が及ぶと解されていることを根拠として挙げる。

しかし，この見解は，「留置権による競売は留置物を金銭に換価すること自体を目的として行われるのであって，留置権者は爾後換価金の上に留置権を行使しうるものと解すべきとして，配当要求及び配当等手続を否定する立場[41]」を前提とするものであり，現在の民事執行実務では採用されていない[42]。そして，法律上優先弁済権がない商事留置権[43]について競売権が行使された場合にも，事実上とはいえ優先弁済権を認めてしまうような解釈は，

---

[39] 実体法の解釈においても，「目的物の留置を本体とする留置権について競売権を認めることは，本来，過ぎたるものであるところ，留置権者が長く修繕代金等の弁済を受けない場合にも単に留置しうるに過ぎないとすることの不便などを考え競売権を認めるが，ただ，留置権者は優先弁済権のない結果として，他の債権者の配当加入があれば平等の割合で弁済を受けることができる（配当等手続によって弁済を受けることになる）」と解するのが相当である（我妻榮『新訂担保物権法』〔岩波書店，1968〕44頁，竹田稔『民事執行の実務Ⅰ』〔酒井書店，1980〕228頁）。

[40] 山本克巳・前掲注38）59頁，伊藤ほか・前掲注37）14頁〔村田渉発言〕。

[41] 鈴木忠一＝三ヶ月章編『注解民事執行法(5)』（第一法規出版，1985）385頁，359頁，384頁〔近藤崇晴〕。同387頁は，「留置権は，目的物を留置する権利に過ぎずその物の価値自体を弁済に充てる権利はないのであって，競売権を認めるのも留置を継続しなければならないという負担から留置権者を解放するためである。そうだとすれば，換価金を債権の弁済に充てる権利まで認めることは，留置権には過ぎたものといわざるを得まい。しかし，この競売は留置物を金銭に換価すること自体を目的として行われるのであって，留置権者は爾後換価金の上に留置権を行使しうるものと解すべきであろうし，換価金を供託するという根拠規定もないから，換価金を申立人に交付することまで否定することはできない。そして，留置権者は，自己の債権が弁済を受けるのと引き換えに，交付された換価金を留置物の所有者に交付すべき義務を負うが，自己の債権が金銭債権であり，かつ，その債務者が所有者である場合には，対当額について相殺することができると解されるから，結局，この場合には，実質上は優先弁済を受けられる」旨述べる。

しかし，これでは，配当等手続により弁済充当権を認める見解よりも留置権者に過ぎたものといわざるを得ない結果になると思われる。また，民執法195条が留置権による競売について「担保権の実行としての競売の例による」と概括的に規定していることを根拠に，同法188条，78条，192条，139条，142条，193条，156条等の例による以上，「換価金を供託するという根拠規定もない」旨の指摘は当たらないと解する。

138

「攻めるに弱く，守るに強い担保権」という性格にそぐわないし[44]，競売権を認めて留置の継続の負担から解放した上に，さらに換価金に留置的効力が及ぶと解することは，本来の留置権の効力を超えた過分な保護を留置権者に与えるものであり，妥当ではない。

(エ) 以上から，民再法上，換価金について価値変形物として留置権の効力が及ぶと解することはできないというべきである。

ウ そうすると，商事留置権者に弁済充当権を肯定したとしても，民再法上，商事留置権者は一般債権者と同様に，再生計画の定めるところにより弁済を受ける立場であるから，前記(3)(イ)a説は採用できない。また，販売会社は，

---

42) 民事執行実務上は消除説で運用され，配当要求及び配当等手続を認めている。その理由は，主として，不動産についての留置権による売却手続について，引受主義では，①留置権による競売と強制執行又は担保権の実行の手続とが競合した場合に，引受主義と消除主義の売却条件が混在するため一括して手続を進めることができないこと，②不動産上の複雑な権利関係が残り，再び担保権が実行されるなどの危険があるので買受希望が減り，換価が困難になるし，何度も競売が実行されるおそれがあり訴訟不経済であることなどが挙げられている。文献としては，園尾隆司「留置権による競売および形式的競売の売却手続」金法1221号6頁，15頁，本田晃「形式競売と交付要求・配当要求」山﨑恒＝山田俊雄編『民事執行法』（青林書院，2001）420頁，427頁，貝阿彌千絵子「留置権による競売についての配当要求」『民事執行・保全判例百選』219頁，畠山・前掲注8) 105頁，東京地方裁判所民事執行センター実務研究会『民事執行の実務・不動産執行編(上)〔第2版〕』（金融財政事情研究会，2007）353頁が挙げられる。また，孝橋宏「形式的競売における配当実施の可否」近藤崇晴＝大橋寛明編『民事執行の基礎と応用〔補訂版〕』（青林書院，1998）405頁は「引受説に対しては，留置権者の配当における優先的地位を定めた国税徴収法21条のような明文の規定がないのに，一般債権者の配当要求を排除して留置権者の優先的な弁済受領権を保護する必要はないとの批判がある」とする。さらに，香川保一監『注釈民事執行法(8)』（金融財政事情研究会，1995）302頁〔園尾隆司〕は，民法333条・352条を根拠に，「不動産についての留置権による競売において引受説を採る論者も，（実務例が最も多い）動産についての留置権による競売においては消除説を採らざるを得ないように思われる」旨指摘する。「その他財産権」（民執法167条）である振替受益権についても民法333条が類推適用されるから（鈴木＝三ヶ月編・前掲注41) 378頁〔近藤〕），当該指摘が妥当することになろう。

以上によれば，「留置権による競売手続をした場合，他の債権者の配当要求は認められない結果，留置権者が債務者への換価金返還債務と被担保債権とを相殺することで，事実上の優先弁済を受ける」旨の解釈，及び「留置権者に交付された換価金上に留置権が存続する」旨の解釈は，「配当要求及び配当等手続を認め，破産手続における商事留置権者を除く留置権者は，配当等手続において一般債権者と同順位で配当を受ける」とする民事執行実務を反映した解釈となっていないものと思われる。

43) 伊藤ほか・前掲注37) 30頁〔伊藤発言〕は，「破産の場合に商事留置権を特別の先取特権とみなすという規定は，財産全体を清算するのだから，そのことを前提として，留置権者の目的物も換価する以上，優先弁済権を付加した方が合理的だという判断があったと思うが，民事再生の場合に，留置権者に優先弁済権を付与すべき合理性があるかというと，少なくとも一般論としては言えない」旨指摘する。

換価金に対し，留置的効力を及ぼすことはできず，かつ優先弁済権もないから，前記(3)(イ)b説も採用できない。

したがって，「販売会社が解約実行請求をして，振替受益権の一部解約金を貸金と相殺することは，強行法規である同法85条1項に触れない」とすることはできないと解する。

エ 次に，受益権につき別除権の受け戻し（同法41条1項9号）があったものとみて弁済充当が許容されるかが問題となる。

この点，換価金には商事留置権の効力は及ばないと解する以上，「換価金は本来的に再生計画実行のための原資等になることは予定されていない」ということはできない。よって，「販売会社が任意弁済を受けることは有害な行為ではない」と無条件に解することはできず，前記(3)(ア)b説は採用できない。また，留置権の目的物の価値，担保取得の経緯・態様[45]，担保権者の優先弁済権の有無及び目的物の事業への必要性等について一律に不問に付し，裁判所の許可や監督委員の同意なしに処分をすることが，常に同法41条，54条あるいは148条の規律をクリアするというのは無理があると思われ，前記(3)(ア)a説は採用できない。

そして，本件では，優先弁済権のない債権者への弁済であり，かつ，受益権の解約基準価額を支払って受益権を取り戻すだけであるから有害性は大きく，目的財産が証券投資信託の受益権であり，事業にとっての必要性が大きくないことを考慮すると，受益権を等価で受戻すことは認められず，原則どおり同法85条1項に違反すると解するのが相当である。

また，販売会社としては，振替受益権に質権を設定することが可能である

---

[44] 道垣内弘人『担保物権法〔第3版〕』（有斐閣，2008）38頁，伊藤ほか・前掲注37）28頁〔山本和彦発言〕。竹田・前掲注39）228頁は，「本来留置権者は，物の留置的効力によって，いわば受け身で債権を担保しているのであって，積極的に実行しようとする場合には，これによって留置権は消滅し，優先弁済権がないため，他の担保物権に劣後し，配当要求をした有名義債権者等と平等の割合で弁済を受けることになることは，留置権の性質上やむを得ない」旨，「留置を続けることで弁済を待つか，競売により全額弁済を受けられない危険を甘受してこれを実行するかは，留置権者の選択の問題であり，そのために民事執行法は留置権者に競売権を認めたものと解すべきである」旨，及び「留置権の実行によって実質的に優先弁済を受けることを許容する見解は，留置権の本来の性質に反する」旨指摘する。

[45] 東京地判平11.2.25金法1574号48頁は，約束手形の割引依頼を受けた銀行が，その依頼者に対して有していた債権を保全するため，真実は手形決済の日まで割引を留保する意図であったのに，これを秘匿し，速やかに割引を実行するかのように装い，その旨誤信した依頼者の錯誤に乗じて約束手形を取得した場合に，正当な商行為によって手形を占有したものでないとして商事留置権を否定した。

から，そのような方策を講じなかった不利益は甘受せざるを得ないと考えられる[46]。

よって，本件では，販売会社の弁済充当を否定するのが相当と解する。

2 販売会社による受益者再生手続開始後の相殺の可否

(1) 次に，弁済充当否定説に立ったとしても，貸金債権を自働債権とし，停止条件付債権である一部解約金を受働債権とする相殺が，民再法92条1項に違反するかどうかが問題になる。

(2) 民再法92条1項は，「再生債権者が再生手続開始当時再生債務者に対して債務を負担する場合において，債権及び債務の双方が債権届出期間の満了前に相殺に適するようになったときは，再生債権者は，当該債権届出期間内に限り，再生計画の定めるところによらないで，相殺をすることができる。債務が期限付であるときも，同様とする。」旨規定する。同項により販売会社は相殺できるか。

(3) この点の学説状況は次のとおりである

ア 否定説[47]

否定説は，①条文上，破産法67条2項後段と異なり，条件付債権を挙げていないこと，②破産手続と異なり，再生手続においては，相殺による決済をゆるやかに認める理由に乏しいことを根拠とする。

イ 折衷説[48]

折衷説では，債権届出期間満了前に停止条件が成就した場合には，それが民再法93条1項1号にいう再生手続開始後の債務負担とみなされるかどうか，の問題になるとし，停止条件付債務であっても，合理的相殺期待が認められる場合には，相殺を許容する。

ウ 肯定説[49]

肯定説は，①条件に関する利益の放棄が民法上妨げられるものではないと解されること，②開始された手続が破産手続か再生手続かによって手続開始

---

46) 内田貴『民法Ⅲ〔第3版〕』（東京大学出版会，2005）489頁，493頁。振替口座簿の質権欄に当該質入れに係る数の増加の記載又は記録を受けることが効力要件である（社債株式等振替法127条の17）。

47) 山本克己『論点解説新破産法(上)』（金融財政事情研究会，2005）266頁，伊藤・前掲注34) 707頁。

48) 伊藤・前掲注34) 709頁。

49) 山本和彦ほか『倒産法概説〔第2版〕』（弘文堂，2010）264頁〔沖野眞已〕。

時における相殺の合理的期待の有無に変わりはなく、再生手続においては相殺適状及び相殺の意思表示の期間が制限され、相殺の認められる範囲が限定されていることからすると、債権届出期間満了までに停止条件が成就し相殺適状に達して相殺の意思表示をしたときは相殺が認められるべきとする。ただし、相殺の合理的期待が認められない場合には相殺は禁止される。

エ 私 見

否定説を相当と考える。理由として、①平成17年最判は、条文の文言に即した解釈をしているところ、民再法92条1項は、わざわざ「期限付」の債務は相殺を許容するとしながら、破産法67条2項後段と異なり、条件付債務を挙げていないこと、②破産財団に属するすべての財産を換価処分する必要がある破産手続とは異なり、債務者の事業又は経済的再生を図ることを目的とする再建型の手続である再生手続においては、再生債権者の相殺権が認められる範囲も破産手続とは異なり、より狭くして、清算の対象となる責任財産の範囲を制限してもよいと考えられること、が挙げられる。

(4) 本件では、前記のとおり、相殺に対する合理的期待が認められると解されるところ、債権届出期間の満了前に販売会社の管理する受益者名義の口座に一部解約金が支払われ、販売会社が相殺の意思表示をすれば、肯定説では、民再法92条1項により相殺をすることが認められる。また、折衷説によれば、同法92条1項に基づく相殺は許されないが、同法93条1項1号の相殺禁止規定には触れず、結局相殺は許されることになる。これに対し、否定説では、同法92条1項による相殺は認められないし、債権届出期間満了前に条件が成就しても同法93条1項1号に触れ相殺できない。

(5) 私見によれば、販売会社の相殺は否定される。そして、換価金に対し、前記のとおり、留置権を物上代位的に及ぼすことは民再法上はできないと解するので、販売会社は受益者に対し、取引規定に基づいて、一部解約金を支払うことになる。

3 販売会社が商事留置権の競売権に基づき振替受益権を換価した場合[50]

商事留置権は前記のとおり別除権とされているから、商事留置権者は、民事再生手続開始後も、競売申立て（民執法195条）により権利の実行をすることができ[51]、投資信託の振替受益権は、民事執行規則（以下「民執規」という。）150条の2にいう「振替社債等」であるから、販売会社による振替受益権に関する商事留置権の実行は、民執規180条の2第2項によることになる[52]。よって、取立権の行使あるいは譲渡命令により債権を回収することになろう。

4　受益者が再生手続開始後に解約実行請求をした場合の帰趨

(1)　受益者が解約実行請求をする場合，投資信託約款において，販売会社に対して振替口座簿に記載等された振替受益権をもって行う旨が定められている。したがって，販売会社に振替受益権について商事留置権が成立する場

---

50)　なお，手形の場合は，商事留置権者は執行官に対し，申立て（民執規 178 条 1 項）及び手形を提出することにより，商事留置権の実行としての競売が開始される（民執法 195 条，192 条，190 条 1 項 1 号，124 条。執行官は，差押えをしたときは，債務者に通知しなければならない〔民執規 178 条 3 項，103 条〕）。執行官は手形の支払期日に銀行を通じた手形交換によって取り立てる（民執法 136 条）ところ，消除説によれば，配当要求等が認められ，配当要求（先取特権者又は質権者に限る。民執法 133 条），交付要求及び事件併合の終期は，執行官が手形金の支払を受けるまでである（民執法 140 条）。債権者が競合し，配当協議が調わない場合等には，執行裁判所による配当手続になる（民執法 142 条）。

51)　園尾隆司＝小林秀之編『条解民事再生法〔第 2 版〕』（弘文堂，2007）236 頁，山本克己「民事再生手続開始の効力」ジュリ 1171 号 33 頁。

52)　榎本光宏ほか「社債等の振替に関する法律の施行に伴う民事執行規則および民事保全規則の一部改正の概要」金法 1667 号 51 頁，武智舞子ほか「株式等の取引に係る決済の合理化を図るための社債等の振替に関する法律等の一部を改正する法律の施行に伴う民事執行規則及び民事保全規則の一部改正の概要」金法 1853 号 10 頁。なお，手続の概要は，以下のとおりと思われる。すなわち，振替受益権を目的とする商事留置権の実行手続については，「商事留置権の存在を証する文書」が提出されたときに限り，開始される（民執規 180 条の 2 第 2 項，民執法 193 条 1 項前段）。振替受益権は，権利の移転に登記等（民執法 150 条）を要しないので，文書について法律上格別の制約はないから（民執法 193 条 1 項前段），販売会社は，例えば，受益者・販売会社間の消費貸借契約書，投資信託取引申込書，募集・買付申込書（注文伝票），注文入力確認票，取引規定，投資信託受益権振替決済口座管理規定，振替口座簿の記載，報告書等の文書を提出すればよいと考える。申立書には，第三債務者の氏名，住所等を記載しなければならない（民執規 179 条 1 項）が，この第三債務者とは，「振替機関等」（販売会社）と読み替えられる（民執規 180 条の 2 第 2 項）。担保権実行の目的財産である振替受益権の表示は，銘柄及び額又は口数（社債株式等振替法 121 条）によって特定する（民執規 150 条の 8，133 条 2 項）。

また，換価方法としては，投資信託の受益権は，振替債である（民執規 150 条の 3 第 5 項，社債株式等振替法 278 条 1 項，2 条 1 項 8 号）ことから，販売会社は，取立権に基づき（民執規 150 条の 5 第 1 項），取立のために必要なこととして（同条の 5 第 2 項），解約実行請求を委託者に通知する。そして，委託者は受託者に対して信託契約の一部解約を指図し，受託者は委託者からの連絡に基づき一部解約金を販売会社の口座に振り込む。これにより，販売会社は被担保債権である貸金の弁済を受ける（同条の 5 第 4 項，民執法 155 条 2 項）。これが原則的換価方法と解される。発行者である委託者（投信法 2 条 7 項）が権利供託又は義務供託をしたことを執行裁判所に届け出た場合には，執行裁判所は配当等手続を実施する（民執規 150 条の 8，民執法 166 条 1 項 1 号，民執規 150 条の 6）。

次に，元本の償還期限前であれば，販売会社には譲渡命令（民執規 150 条の 7 第 1 項 1 号）の申立ても認められる。この場合，譲渡価額は，譲渡命令日直前の解約基準価額になろう。評価資料としては，新聞の証券欄や投資信託協会ホームページ「基準価額検索」サイト等の検索結果が考えられる。

合には，販売会社は商事留置権に基づき，解約実行請求の受付あるいはその通知を委託者にすることを拒むことができると解する。

(2) この点に関し，販売会社は受益者から解約実行請求を受けた場合には，取引規定に基づく義務としてこれを委託者に通知する義務を負っていることから，これを怠ることは民法298条1項に反し，同条3項の留置権消滅請求を受益者から受けるのではないかが問題となる。

しかし，同条1項が留置物の占有につき留置権者に善管注意義務を課しているのは，留置権者が留置物の引渡義務を負っていることから，その義務の履行のために目的物をきちんと管理しておく必要があるとする趣旨である[53]。したがって，善管注意義務の対象は目的物の管理・保存に向けられたものであり，解約実行請求を委託者に通知する義務は，留置権者としての善管注意義務の内容には含まれないと解する。よって，同条3項の留置権消滅請求は否定される。

本件取引規定及び投資信託受益権振替決済口座管理規定においては，「販売会社の振替口座簿で管理されている受益権は，受益者からの申し出により他の口座管理機関に振替ができる」旨が定められているが，販売会社に商事留置権が成立する場合には，振替をすると自らの商事留置権を失うから，同様に，販売会社はこれを拒めると解する。

次に，受益者は担保権消滅請求（民再法148条）をすることも考えられるが，事業不可欠性の要件を欠き，かつ，受益権の解約基準価額を支払って受益権を取り戻すだけであるから無意味である。

したがって，以後，受益者と販売会社との和解交渉に委ねられることになる[54]。販売会社は，商事留置権の行使によって弁済を受けることができない貸金債権の部分が確定しなければ，再生計画による権利行使ができない立場にある（同法182条）。

(3) これに対し，販売会社に商事留置権が成立しない場合には，販売会社は解約実行請求の通知を委託者にせざるを得ず，一部解約金支払債務と貸金との相殺が許されるかどうかの問題となり，相殺否定説によれば，販売会社は受益者に対し，一部解約金を支払うことになる。また，販売会社が銀行取引約定4条4項に基づいて弁済充当をすることも民再法85条1項に違反し許されないと解する。

---

53) 道垣内・前掲注44) 32頁。
54) 山本和彦・前掲注29) 13頁，14頁。

第5　終わりに

　以上，証券投資信託において，受益者に破産手続ないし民事再生手続が開始された場合に，販売会社が，一部解約金を貸金の弁済に充当して，債権の回収を図る場合の問題点を検討したが，私見によれば，破産手続が開始された場合には，販売会社は，弁済充当あるいは相殺により，一部解約金を債権の回収に充てることが肯定されるのに対し，民事再生手続が開始された場合は，販売会社による弁済充当及び相殺はいずれも否定される。この違いは，清算型の倒産手続である破産手続と再建型のそれである再生手続における相殺及び商事留置権の扱いをどう解するかに関わるものであるが，商事留置手形の問題と振替受益権の問題とを同様に扱うのかを含めて，今後の動向が注目される。

【追　記】

　1　本論稿は，平成22年11月20日開催の大阪民事実務研究会における報告を基にして，研究会における議論等を踏まえてまとめたものである。

　本論稿後，同種のテーマを扱った論文としては，中西正「証券投資信託における受益者の破産・民事再生と相殺」銀法743号22頁，安東克正「8つの裁判例からみた投資信託からの回収」金法1944号13頁，堂園昇平・金法1953号26頁などがある。

　2　また，本論稿**第4**の**1(2)**で触れた東京高判平21.9.9について，その上告審である最高裁判決（最一小判平23.12.15判タ1364号78頁）が出たので紹介する。
　(1)　同判は，「①留置権は，他人の物の占有者が被担保債権の弁済を受けるまで目的物を留置することを本質的な効力とするものであり（民法295条1項），留置権による競売（民事執行法195条）は，被担保債権の弁済を受けないままに目的物の留置をいつまでも継続しなければならない負担から留置権者を解放するために認められた手続であって，上記の留置権の本質的な効力を否定する趣旨に出たものでないことは明らかであるから，留置権者は，留置権による競売が行われた場合には，その換価金を留置することができるものと解される……②そうすると，会社から取立委任を受けた約束手形につき商事留置権を有する銀行は，同会社の再生手続開始後に，これを取り立てた場合であっても，民事再生法53条2項の定める別除権の行使として，その取

立金を留置することができることになるから、これについては、その額が被担保債権の額を上回るものでない限り、通常、再生計画の弁済原資や再生債務者の事業原資に充てることを予定し得ないところであるといわなければならない。このことに加え、民事再生法88条が、別除権者は当該別除権に係る担保権の被担保債権については、その別除権の行使によって弁済を受けることができない債権の部分についてのみ再生債権者としてその権利を行うことができる旨を規定し、同法94条2項が、別除権者は別除権の行使によって弁済を受けることができないと見込まれる債権の額を届け出なければならない旨を規定していることも考慮すると、上記取立金を法定の手続によらず債務の弁済に充当できる旨定める銀行取引約定は、別除権の行使に付随する合意として、民事再生法上も有効であると解するのが相当である。」とした上で、会社から取立委任を受けた約束手形につき商事留置権を有する銀行は、同会社の再生手続開始後の取立てに係る取立金を、法定の手続によらず同会社の債務の弁済に充当し得る旨を定める銀行取引約定に基づき、同会社の債務の弁済に充当することができる旨判示した。

(2) 本論稿は、前記最判と以下の点で異なる。

まず、前記最判の①については、本論稿では、第4の1(4)イ(イ)及び(ウ)のとおり考えており、前記最判とは異なったものとなっている。

次に、前記最判の②については、本論稿では、民事再生法上、商事留置権は別除権ではあるものの、優先弁済権はない以上、取立金を法定の手続によらず債務の弁済に充当することはできず、銀行が留置手形から手形金を回収したい場合は、商事留置権の実行を申し立てる方法（民執法195条、192条、190条1項1号）によることになり、債権者が競合し、配当協議が整わない場合には、一般債権者と同順位で配当等を受けることになる（同法139条、142条）と考えており、この点についても、前記最判とは異なったものとなっている。

したがって、これらの点については留意して読んでいただく必要がある。

(3) なお、前記最判に対しては、その結論は妥当であるとして賛成する立場（田路至弘＝青木晋治「民事再生手続における取立委任手形に係る商事留置権の効力」NBL969号4頁、岡正晶「商事留置手形の取立充当約定に対する最高裁の新判断」金法1957号9頁）と、民事再生法上優先弁済権のない商事留置権者になぜ弁済充当（優先弁済権の行使）が認められるのか理論的な説明がないとして批判する立場（東畠敏明「銀行の保持する留置物としての手形取立金の優先回収と倒産法理についての実体的法律関係――銀行取引約定書の解釈からのアプローチ(上)」銀法740号18頁。なお、山本和彦・金法1929号13頁参照）とがある。

4 証券投資信託において受益者に破産手続ないし民事再生手続が開始された場合の債権回収を巡る諸問題

別紙　関係図

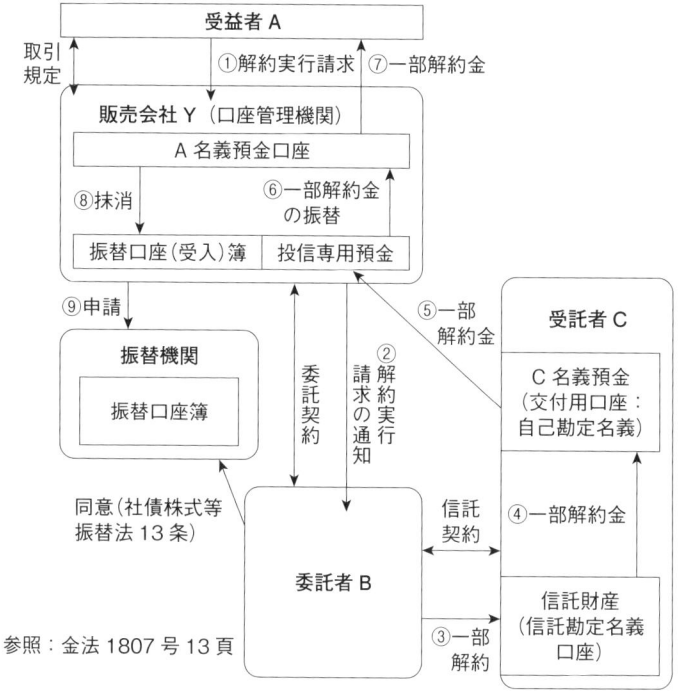

```
                    受益者 A
        取引     ①解約実行請求  ⑦一部解約金
        規定
                  販売会社 Y（口座管理機関）
                  A 名義預金口座
               ⑧抹消        ⑥一部解約金
                             の振替
              振替口座(受入)簿  投信専用預金
        ⑨申請                          ⑤一部
                      委         解約金      受託者 C
                      託    ②
        振替機関      契    解                C 名義預金
                      約    約              （交付用口座：
        振替口座簿          実                自己勘定名義）
                            行
                            請            ④一部解約金
                            求
                            の
                            通       信託
                            知       契約
         同意（社債株式等                      信託財産
         振替法 13 条）      委託者 B          （信託勘定名義
                                              口座）
       参照：金法 1807 号 13 頁   ③一部
                                解約
```

147

5
退職金請求事件における主張立証責任の考察
精神的疾患のある労働者に対する懲戒解雇の
効力が争われた事例を中心として
徳増誠一

第1 はじめに

　労働事件は比較的当事者間の対立が激しい事件類型であることに加え，昨今の厳しい経済情勢を反映してか，複雑困難な事案が少なくない[1]。本稿では，精神的疾患のある労働者が受けた懲戒解雇処分が無効である旨主張して退職金を請求したという比較的珍しい事例（大阪地堺支判平21.12.22判タ1352号176頁。以下「本件事例」という。）を参考にしながら，本件事例において問題となり得る3つの論点について検討を加え，退職金請求事件における主張立証責任について若干の考察をしたい。

　その論点とは，次の①から③のとおりである。

　①　退職金請求事件における請求原因事実は何か──退職か，懲戒解雇か（論点①）

　②　精神的疾患のある労働者の行為を理由とする懲戒解雇処分の効力を判断する際の事情──いかなる事情を検討すべきであり，その主張立証責任をいずれの当事者に負わせるべきか（論点②）

　③　懲戒解雇が有効であっても労働者の勤続の功労を抹消するような背信的事情がなければ退職金不支給は許されないか──そのような見解に基づく当事者の主張の訴訟上の意義と実質的意義（論点③）

---

[1] 大阪地方裁判所堺支部では，同支部管内の労働事件を担当しているほか，同地方裁判所岸和田支部管内の労働事件のうち合議相当事件を担当しており，相当数の労働事件を取り扱っているところ，堺支部においても複雑困難な事案が少なくない。

第2　論点①（退職金請求事件における請求原因事実は何か）について

1　本件事例は，食肉の加工製造販売業を営む株式会社Y（被告・被控訴人）に勤めていた労働者X（原告・控訴人）が，平成14年6月24日付けで，商品の原材料が入った箱を破損させ，商品を持ち出したなどの理由で懲戒解雇されたことについて，懲戒解雇は無効であり，Xの行為は勤続の功を抹消するほど著しく信義に反するものではない旨主張して，Yに対し，退職金の支払を請求した事案である。原審はXの請求を棄却し，Xが控訴したところ，控訴審は控訴を棄却した（大阪高判平22.6.29判タ1352号173頁）。

ところで，懲戒解雇処分を受けた労働者が，その懲戒解雇処分を不服として民事訴訟を提起する場合，その懲戒解雇処分の無効を理由として労働者としての地位の確認等を求める方法が考えられるが，本件事例のように，懲戒解雇処分の無効を主張しながらも退職金を請求する方法を選択する事案も実務上は多数見受けられる。しかし，仮に懲戒解雇処分が無効とされるのであれば，当該労働者は労働者としての地位を維持していることになり，退職金を請求できないのではないかという問題をはらんでいる。

そこで，懲戒解雇処分を受けた労働者が，その懲戒解雇処分の無効を主張して退職金を請求する事案を前提として，退職金請求事件における請求原因事実について，以下，検討を加えたい。

2　一般に，退職金請求事件における請求原因事実は，次の①から④のとおりであると考えられる[2)][3)]。
① 原告と被告との雇用契約の成立
② 退職金を支給する旨の労働契約，労働協約又は就業規則の定め
③ ②の発生要件
④ ②の退職金額の算定根拠となる事実（就労年数や基本給の額など）

---

2) 山口幸雄ほか編『労働事件審理ノート〔第3版〕』（判例タイムズ社，2011）135頁以下参照。

3) 退職金を支給する旨の労働契約，労働協約又は就業規則の定めがなく，退職金を恩恵的に支給しているにすぎない場合，上記請求原因事実の②に代えて，事後的に退職金を支給する旨の当事者間の合意又は被告の業務執行者による決定，を主張することになろうが，合意があるのに訴訟となることは少ないと思われ，あまり一般的でないと思われるので，本稿では取り上げない。

そして，上記②について，本件事例では，前提となる事実において，社員就業規則には，社員が退職したときに退職金を支給するとの定めがあるが，懲戒解雇された者に対しては退職金を支払わない旨が規定されていた旨の事実が示されているところ，就業規則では，本件事例と同様に，「社員が退職したときに退職金を支給する。ただし，懲戒解雇された者に対しては退職金を支払わない。」とか，あるいは，「社員が退職したときに退職金を支給する。ただし，懲戒解雇事由がある場合には退職金を支払わない。」などと規定されている例が多いものと思われる。
　そのような就業規則の規定を前提とした場合，上記③については，その規定の文言のとおり「退職」の事実とする説（以下「退職説」という。）と，「懲戒解雇」などの具体的な退職原因事実とする説（以下「原因事実説」という。）が考えられる[4]。この点について，明確に論じた文献は見当たらなかったが，私見としては，請求原因事実は，具体的な退職原因事実と離れた抽象的な「退職」の事実で足りるとする退職説に賛同したい。

　3　上記のとおり，退職説と原因事実説の当否について明確に論じた文献は見当たらなかったが，判例においてはどうであろうか。
　例えば，参考事例1（福岡地久留米支判昭56.2.23労判369号74頁）は，請求原因事実として，「原告Kは，昭和53年8月19日，被告から懲戒解雇及び退職金の支給をしない旨の通知を受けた。しかし，その懲戒解雇は後記のとおり無効であるが，原告Kとしてはこれ以上被告に勤め続ける気持ちはないので，解雇の効力自体は争わない。」旨を記載している。この記載によれば，少なくとも参考事例1の原告は，退職金請求事件における請求原因事実として，「懲戒解雇」という具体的な退職原因事実を想定していると理解することもできる。
　また，参考事例2（名古屋地判昭60.9.11判タ611号38頁，労判468号73頁）は，請求原因事実として，「被告は，原告に対し，昭和57年9月10日内容証明郵便で，次の理由により同年10月15日付をもって懲戒解雇する旨の意思表示をし，その頃その郵便は原告に送達された。しかし，懲戒解雇は全く理由がなく，無効というべきであるが，予告解雇の限度では有効であるから原告はその限度でこれを認め昭和57年10月15日をもって被告を退職することとなった。」旨を記載している上，判決理由として，「本件懲戒解雇は，その事由なくし

　4）退職金請求訴訟の訴訟物は，雇用契約に基づく退職金請求権と理解されるところ，退職説と原因事実説のいずれによっても，訴訟物は上記理解のとおりであって変わるところはないものと思われる。

てなされた無効な解雇といわねばならないが，原告はこれを被告の予告解雇の意思表示としての限度で認め，被告もまた，このことについては特に争わないところである。ところで，一般的には懲戒解雇が，懲戒事由を欠き無効である場合に，これを予告解雇の意思表示に転換を認めることは，被解雇者の地位を著しく不安定にするもので信義則上許されないと考えられるのであるが，本件においては，被解雇者である原告自身が予告解雇としての効力を争わない以上，原告は被告の都合により予告解雇されたものと認めるのが相当である。」旨を記載している。これらの記載によれば，参考事例2においては，原告のみならず，裁判所も，退職金請求事件における請求原因事実として，「予告解雇」という具体的な退職原因事実を想定していると理解するのが自然であろう。

4 以上のとおり，退職金請求事件における請求原因事実を「懲戒解雇」などの具体的な退職原因事実とする原因事実説に立つとすれば，その論拠としては，民事訴訟における主張命題は立証命題と切り離すことができず，当事者は主張責任を負う事実を相手方に争われた場合，当該事実を証拠によって証明しなければ敗訴の危険があり，したがって，退職金請求権の発生根拠として「退職」を主張するとしても，これを証明しようとすれば，懲戒解雇通知を書証として提出するなどの方法で，懲戒解雇処分を受けたなどの具体的な退職原因事実を立証することにならざるを得ないこと，また，社会的事実として「懲戒解雇」以外に具体的な退職原因事実が存在しないときに，その「懲戒解雇」を離れて事実主張をすることは当事者の認識と乖離しており，常識的でないこと，という点を考えることができる。

もっとも，退職金請求権の発生根拠として「退職」を主張するとしても，これを証明しようとすれば，懲戒解雇通知を書証として提出するなどの方法で，懲戒解雇処分を受けたなどの具体的な退職原因事実を立証することにならざるを得ないというのは，証拠に基づく事実認定が自由な心証によってされることの帰結にすぎないといえる。そして，懲戒解雇処分を受けた労働者が，退職金請求事件における請求原因として抽象的な「退職」の事実を主張したところ，被告が，退職金不支給事由としての「懲戒解雇」の事実を主張せずに，抽象的な「退職」の事実を争わなければ，原告において，これを証明する必要はない。そうすると，上記のような論拠は絶対的なものとはいい難いように思われる。

5 ところで，法律効果の要件に該当する主要事実としての要件事実の分配は，法律要件分類説に従うものと考えられている。すなわち，当事者は，自己に有利な法律効果を定めている実体法規の要件に該当する事実について主張立証責任を負うべきものであり，権利の発生を主張する当事者は，その権利根拠規定に該当する事実の主張立証責任を負い，その権利の発生を争う当事者が，権利障害規定，権利消滅規定又は権利阻止規定に該当する事実の主張立証責任を負うものと解される[5]。

そして，労働者の退職金請求権の権利根拠規定は，法規そのものではなく，労働契約，労働協約又は就業規則の定めであるところ（賃金の支払の確保等に関する法律6条，労働基準法89条3号の2），一般に就業規則においては，「社員が退職したときに退職金を支給する。ただし，懲戒解雇された者に対しては退職金を支払わない。」とか，あるいは，「社員が退職したときに退職金を支給する。ただし，懲戒解雇事由がある場合には退職金を支払わない。」などと規定されている場合が多いものと思われる。そのような一般的な就業規則を前提として，その文言に法律要件分類説を当てはめれば，退職金請求事件における請求原因事実は，

① 原告と被告との雇用契約の成立
② 「社員が退職したときに退職金を支給する。」旨の就業規則の定め
③ ②の発生要件としての「退職」の事実
④ ②の退職金額の算定根拠となる事実（就労年数や基本給の額など）

ということになり，その抗弁事実は

① 「懲戒解雇された者に対しては退職金を支払わない。」（あるいは，「懲戒解雇事由がある場合には退職金を支払わない。」）旨の就業規則の定め
② 就業規則における懲戒解雇事由
③ ②に該当する具体的事実
④ 懲戒解雇の意思表示

ということになろう。

以上のように，法律要件分類説を前提とすれば，退職金請求事件における請求原因事実を「退職」の事実と捉える退職説が権利根拠規定の文言に整合するというべきである。

なお，退職金を支給する旨の労働契約，労働協約又は就業規則の定めがある場合，日本では終身雇用制度と退職金を支給する慣行が長期間継続してき

---

[5] 司法研修所編『〔増補〕民事訴訟における要件事実(1)』（法曹会，1986）10頁等参照。

たという背景を考慮すれば，その退職金請求権には，賃金の後払的性格としての部分が含まれていると解される。加えて，労働契約関係においては，労働者と雇用者が対等の立場で合意することができるようにするため労働法規により契約自由の原則が大幅に修正されている。そうすると，上記のように退職金を支給する旨の労働契約，労働協約又は就業規則の定めがある場合，特殊な事情がない限り，退職金請求権が発生するのが原則と解するのが相当であり，例えば「社員が懲戒解雇以外の事由で退職したときに限り退職金を支給する。」旨の就業規則が定められていたとしても，「退職」の事実が退職金請求権の権利根拠規定に該当する事実であり，「懲戒解雇」の事実が権利障害規定に該当する事実であると解釈すべきである。

6　これに対し，請求原因事実を「懲戒解雇」などの具体的な退職原因事実とする原因事実説は，前記のような一般的な就業規則における退職金支給規定の文言に抵触する上，「懲戒解雇」の事実が権利障害規定に該当するのに，そのような被告に有利な事実について原告が主張立証責任を負うというのは，法律要件分類説に照らせば不合理であろう。

また，原因事実説に立つとすれば，懲戒解雇が無効とされた場合の実体法上の効果を説明できないのではないかと考えられる。すなわち，懲戒解雇処分を受けた労働者が，その懲戒解雇処分が無効であると主張して被告会社に退職金請求をした場合，最終的にその懲戒解雇処分が無効であるとするならば，実体法上，その労働者と雇用者との雇用契約は終了せずに存続していることになり，その労働者が請求している退職金の発生根拠は失われるから，当該労働者が退職金を請求することはできないことになってしまう。そうすると，実体法上無効とされるような懲戒解雇処分を受けた労働者は，そのような雇用者の下での就労を強制され，そこでの就労の意欲を失った場合には自己都合で退職するほかなくなり，自己都合による退職のときは雇用者の都合による退職のときよりも退職金の額が少ないことがまれでないから，無効な懲戒解雇処分をした雇用者が一定限度で退職金の支払を免れることになりかねない。別の方策として，懲戒解雇処分の無効ではなく，懲戒解雇処分が有効であっても労働者の勤続の功労を抹消するような背信的事情がなければ退職金不支給は許されないとの見解に基づき退職金不支給規定の効力のみを争う方策もないではないが，参考事例2のように，離職票に「懲戒解雇」と記載された場合の再就職の際の不利益は，その方策では払拭することはできない。あるいは，無効な懲戒解雇処分をしたことによって自己都合による退

職に追い込まれたことにより不法行為が成立する旨を主張して，自己都合による退職と雇用者の都合による退職との退職金額の差額相当分の損害賠償請求をする方策もないではないが，懲戒解雇の無効が直ちに不法行為となるわけではなく，むしろ不法行為の成立要件としての雇用者の故意過失という要件が加重されることによって立証の難易度が高くなるという難点があろう。

同時に，原因事実説に立つとすれば，懲戒解雇処分が無効とされた場合の訴訟法上の効果も説明できないのではないかと考えられる。すなわち，請求原因事実と抗弁事実，抗弁事実と再抗弁事実は，相互に両立するが，後者の事実によって前者の事実による法律効果を覆す関係に立つと解されるから，請求原因事実と再抗弁事実は両立し，後者の事実によって前者の事実による法律効果が復活すると解されるが，「懲戒解雇」が請求原因事実，「懲戒解雇のときは退職金を不支給とする旨の就業規則」，「就業規則における懲戒解雇事由」及び「それに該当する具体的事実」が抗弁事実，「解雇権濫用の評価根拠事実」が再抗弁事実であるとすれば，その懲戒解雇が無効であるときは，請求原因事実と再抗弁事実が両立できないことになってしまう。

7　これまで検討してきたとおり，退職金請求事件における請求原因事実は抽象的な「退職」の事実で足りるとする退職説が相当であると解する。もっとも，退職説を前提とした場合でも，退職の日にちを請求原因事実として明らかにする必要があるところ，その日にちは，無効な懲戒解雇処分によって退職せざるを得なかった日にちという意味で，その懲戒解雇処分の日を主張すれば足りるものと考える。したがって，本件事例であれば，請求原因事実は，「平成14年6月25日の退職，又は同年8月26日の退職」という事実であり，「平成14年6月25日の退職」にかかる「懲戒解雇の通知を受けた」という部分や，「同年8月26日の退職」にかかる「離職票書換えにより退職の意思表示をした」という部分は，いずれも日付を明らかにするための修飾語と理解するのが相当である。

なお，退職金請求事件における請求原因事実としては，前記のとおり，「退職金額の算定根拠となる事実（就労年数や基本給の額など）」も必要である。そして，退職金額についての就業規則の定めは，具体的な退職原因事実によって異なっている場合が少なくない。例えば，退職金額の算定根拠となる係数が，定年退職の場合を標準とすれば，普通解雇の場合は低く，自己都合による退職の場合はやや低く，雇用者の都合による退職の場合は高く定められていることがある。また，定年前の勧奨退職のように優遇措置としての加算が

定められている場合がある。そのような場合には，退職金請求権の発生根拠事実としては抽象的な「退職」の事実で足りるとしても，退職金額の算定根拠事実として，具体的な退職原因事実を請求原因事実において主張する必要がある。参考事例2については，そのような退職金額の算定根拠事実として，「予告解雇」の事実が取り上げられたものと解することもできる。

　もっとも，退職金を支給する旨の労働契約，労働協約又は就業規則の定めがある場合，日本では終身雇用制度と退職金を支給する慣行が長期間継続してきたという背景に照らせば，その退職金請求権には，賃金の後払的性格としての部分が含まれていると解されることや，労働契約関係においては，労働者と雇用者が対等の立場で合意することができるようにするため労働法規により契約自由の原則が大幅に修正されていることにかんがみれば，労働者保護の見地から，標準的な労働者が退職したときの退職金額を確保することが望ましい。そこで，労働契約，労働協約又は就業規則において，退職金額の算定基準がどのように定められているか，具体的な退職原因事実が退職金額の増額事由であるか，逆に減額事由であるかなど，その文言に着目しつつ，定年退職又は会社都合による退職の場合を標準的な退職金額と解釈した上，原告が，それよりも多額の退職金を請求するときは，勧奨退職制度等の具体的な増額事由の主張立証責任を原告に負わせ，被告が，そのような標準的な退職金額を争うときは，自己都合による退職等の具体的な減額事由の主張立証責任を被告に負わせるのが相当であろうか。そうであるとすれば，参考事例2のような事例であっても，原告が，標準的な退職金額を請求している限りにおいては，「退職」の事実とは別に，「予告解雇」の事実を退職金額の算定根拠事実としても主張する必要はないと解することも可能と思われる。

第3　論点②（精神的疾患のある労働者の行為を理由とする懲戒解雇処分の効力を判断する際の事情）について

　1　本件事例では，Xが，商品の原材料が入った箱を破損させ，商品を持ち出したなどの理由で，平成14年6月24日付けでYがした本件懲戒解雇の有効性について，本件懲戒解雇は，合理的理由を欠き社会通念上相当として是認することができないとはいえないから，権利濫用には該当せず有効であると判断したものである。

　そこで，精神的疾患のある労働者の行為を理由とする懲戒解雇処分の効力を判断する際の事情について，以下，検討を加えたい。

2 まず、解雇が不当である場合の解雇の効力に関しては、従来、正当事由説、解雇権濫用説等があったところ、判例は解雇権濫用説に立っていたとされている。正当事由説は、解雇の自由という市民法原理は生存権を法原理とする労働法規によって修正されたとして解雇にはそれを正当ならしめる正当事由が必要であると主張するものであるのに対し、解雇権濫用説は、解雇の自由を原則として認めた上で、権利濫用法理（民法1条3項）を適用して解雇の自由を制限しようとするものである[6]。

そして、最二小判昭50.4.25民集29巻4号456頁、判タ321号54頁（日本食塩事件）は、次のとおり判示して、解雇権濫用説に立つことを明らかにした。

「思うに、使用者の解雇権の行使も、それが客観的に合理的な理由を欠き社会通念上相当として是認することができない場合には、権利の濫用として無効となると解するのが相当である。ところでユニオン・ショップ協定は、労働者が労働組合の組合員たる資格を取得せず又はこれを失った場合に、使用者をして当該労働者との雇用関係を終了させることにより間接的に労働組合の組織の拡大強化をはかろうとする制度であり、このような制度としての正当な機能を果たすものと認められるかぎりにおいてのみその効力を承認することができるものであるから、ユニオン・ショップ協定に基づき使用者が労働組合に対し解雇義務を負うのは、当該労働者が正当な理由がないのに労働組合に加入しないために組合員たる資格を取得せず又は労働組合から有効に脱退し若しくは除名されて組合員たる資格を喪失した場合に限定され、除名が無効な場合には、使用者は解雇義務を負わないものと解すべきである。そして、労働組合から除名された労働者に対しユニオン・ショップ協定に基づく労働組合に対する義務の履行として使用者が行う解雇は、ユニオン・ショップ協定によって使用者に解雇義務が発生している場合にかぎり、客観的に合理的な理由があり社会通念上相当なものとして是認することができるのであり、右除名が無効な場合には、前記のように使用者に解雇義務が生じないから、かかる場合には、客観的に合理的な理由を欠き社会的に相当なものとして是認することはできず、他に解雇の合理性を裏づける特段の事由がないかぎり、解雇権の濫用として無効であるといわなければならない。」

また、最二小判昭52.1.31労判268号17頁（高知放送事件）は、次のとおり判示して、解雇権濫用説を前提として、普通解雇の意思表示を権利濫用として無効と判断した。

---

6) 村中孝史＝荒木尚志編『労働判例百選〔第8版〕』別冊ジュリ197号156頁参照。

「普通解雇事由がある場合においても，使用者は常に解雇しうるものではなく，当該具体的な事情のもとにおいて，解雇に処することが著しく不合理であり，社会通念上相当なものとして是認することができないときには，当該解雇の意思表示は，解雇権の濫用として無効になるものというべきである。」

さらに，以上のとおり，解雇権濫用説が確立した判例とされていたのをふまえて，平成15年法律第104号により労働基準法18条の2として「解雇は，客観的に合理的な理由を欠き，社会通念上相当であると認められない場合は，その権利を濫用したものとして，無効とする。」という明文規定が導入され，平成19年法律第128号により労働契約法が制定されたことに伴い，その規定が，労働契約法16条に移された。加えて，労働契約法15条は，「使用者が労働者を懲戒することができる場合において，当該懲戒が，当該懲戒に係る労働者の行為の性質及び態様その他の事情に照らして，客観的に合理的な理由を欠き，社会通念上相当であると認められない場合は，その権利を濫用したものとして，当該懲戒は，無効とする。」として，懲戒処分についても同様に権利濫用により無効となる旨を定めている。

したがって，本件事例における本件懲戒解雇は，判例法理としての解雇権濫用説により無効となるかどうかが問題となる。また，上記の改正法制定後の懲戒解雇は，旧労働基準法18条の2又は労働契約法15条及び16条により，解雇権濫用として無効となるかどうかが問題となる。

3 前記のような解雇権濫用説を前提とした場合，その要件事実の配分はどのようにすべきであろうか。

労働契約法16条は「解雇は，客観的に合理的な理由を欠き，社会通念上相当であると認められない場合は，その権利を濫用したものとして，無効とする。」と定めているところ，「合理的な理由を欠くかどうか」，「社会通念上相当であるかどうか」，「権利を濫用したかどうか」という要件は，いずれも規範的評価を含んだ規範的要件ということができる。また，同法15条は「使用者が労働者を懲戒することができる場合において，当該懲戒が，当該懲戒に係る労働者の行為の性質及び態様その他の事情に照らして，客観的に合理的な理由を欠き，社会通念上相当であると認められない場合は，その権利を濫用したものとして，当該懲戒は，無効とする。」と定めているところ，「客観的に合理的な理由を欠くかどうか」，「社会通念上相当であるかどうか」，「権利を濫用したかどうか」という要件は，いずれも規範的評価を含んだ規範的

要件ということができる。そして，法律要件分類説に従えば，懲戒解雇の無効を主張する当事者は，解雇権濫用という評価の根拠となる具体的事実（解雇権濫用の評価根拠事実）について主張立証責任を負い，その無効を争う当事者が，解雇権濫用という評価を障害する具体的事実（解雇権濫用の評価障害事実）について主張立証責任を負うものと解される[7]。

もっとも，労働契約法16条の要件のうち，「その権利を濫用したものとして，無効とする。」という部分は，一般条項としての権利濫用法理（民法1条3項）が適用されることにより，解雇権の行使が無効となるという法的効果を述べたものと理解することができる。したがって，同条又は判例法理としての解雇権濫用説の適用のための要件の中核は，「解雇が，客観的に合理的な理由を欠き，社会通念上相当であるかどうか」であるというべきである。そうすると，解雇が不合理で相当性を欠くときは，その帰結として「権利を濫用した」ものとされることになろう。この点は，同法15条についても同様といえる。その意味で，後記の学説の指摘にならい，以下では，懲戒解雇が解雇濫用説により無効となるか否かを判断する際の評価根拠事実及び評価障害事実を総称して「相当性の要件」と呼ぶこととしたい。

そして，前記**第2の5**のとおり，退職金請求事件において，原告が，請求原因事実として，①原告と被告との雇用契約の成立，②「社員が退職したときに退職金を支給する。」旨の就業規則の定め，③「退職」の事実，④退職金額の算定根拠となる事実を主張したのに対し，被告が，抗弁事実として，①「懲戒解雇された者に対しては退職金を支払わない。」旨の就業規則の定め，②就業規則における懲戒解雇事由，③その懲戒解雇事由に該当する具体的事実，④懲戒解雇の意思表示を主張したと仮定する。原告は，抗弁事実に基づく懲戒解雇の権利濫用による無効を主張する場合，再抗弁事実として，解雇権濫用という評価の根拠となる具体的事実の主張立証責任を負い，その無効を争う被告は，再々抗弁事実として，解雇権濫用という評価を障害する具体的事実の主張立証責任を負うものと解される。

なお，解雇権濫用説の適用について，学説上，次のような指摘がされている[8]。

「懲戒は，理由とされた『当該行為の性質・態様その他の事情に照らして社会通念上相当なものと認められない場合』には，無効となる。いわゆる相

---

[7] 山口ほか編・前掲注2）6頁以下参照。
[8] 菅野和夫『労働法〔第8版〕』（弘文堂，2010）432頁。

当性の原則であって，多くの懲戒処分（特に懲戒解雇）が，当該事犯の懲戒事由該当性を肯定されながらも，当該行為の性質・態様や被処分者の勤務歴などに照らして重きに失するとして無効とされている。使用者が当該行為や被処分者に関する情状を適切に酌量しないで重すぎる量刑をした場合には，社会通念上相当なものと認められないとして，懲戒権を濫用したものとされる。」「この相当性判断において考慮されるべき1つの事情として，同じ規定に同じ程度に違反した場合には，これに対する懲戒は同じ程度たるべきであるという公平性の要請がある。したがって，懲戒処分は，同様の事例についての先例を踏まえてなされるべきこととなる。また，従来黙認してきた種類の行為に対し，懲戒を行うには，事前の十分な警告を必要とする。」「さらに，懲戒は，手続的な相当性を欠く場合にも，社会通念上相当なものと認められず，懲戒権の濫用となる。」

　上記のような指摘を前提とすれば，例えば，「従来，被告が，抗弁事実として主張する懲戒解雇事由に該当する具体的事実としての原告の行為と同種の行為について黙認してきたこと」は，解雇権濫用の評価根拠事実とされ，原告がそのような事実を主張立証できれば，抗弁としての懲戒解雇は無効と評価され，請求原因事実としての退職に基づく退職金請求権の発生が肯定されることになろう。これに対し，そのような事実が認められたとしても，被告が，「従来黙認してきた同種の行為について事前に十分な警告をしてきたこと」という解雇権濫用の評価障害事実を主張立証できれば，抗弁としての懲戒解雇が有効と評価され，請求原因事実としての退職に基づく退職金請求権の発生が否定されることになろう。

4　それでは，本件事例のように，精神的疾患のある労働者の行為を理由とする懲戒解雇処分の効力について解雇権濫用説に基づいて判断する際には，相当性の要件としてどのような事情を考慮すべきか。また，その事情の主張立証責任の分配はどうすべきか。

(1)　精神的疾患と是非弁別能力の位置付けについて

ア　ところで，雇用者の懲戒権の法的根拠については，学説上，企業運営上の雇用者の固有の権限であるとする固有権説と労働契約上の合意に基づく権限であるとする契約説とがあるが，いずれの立場に立つにしても，懲戒解雇は，「労働者の職場秩序違反行為を理由とする制裁罰としての解雇」であるといえる[9]。そして，懲戒解雇は，その効果として，戒告等の他の懲戒処分と異なり，労働者としての身分の喪失，ひいては将来の収入の喪失という

結果を招来する上，普通解雇と異なり，解雇予告や予告手当の支給がなく，退職金の全部又は一部も支給されず，離職票の記載が再就職の障害となるといった重大な不利益を生じさせるため，就業規則に明示される懲戒解雇事由は，職場秩序違反の程度が重大な場合に限定され，あるいは情状が重い場合に限定されているのが一般的であろう。もし，そのような限定がされず，軽微な職場秩序違反の場合に安易に懲戒解雇事由に該当するとの理由で懲戒解雇したとすれば，その懲戒解雇は合理的理由を欠き社会通念上相当として是認することはできないこととなろう。本件事例では，「本件行為は，大事な商品の原材料の容器を破損し，Yの業務を阻害した上，商品を会社の外に持ち出すというものであるから，社員就業規則97条3号，6号及び8号に該当するところ，食肉の加工製造販売業というYの業務にかんがみれば，職場の秩序に違反する程度は重大というべきである。」と判断されているが，以下，相当性の要件に該当する事情を検討する際には，就業規則に明示される懲戒解雇事由が，職場秩序違反の程度が重大な場合に限定され，あるいは情状が重い場合に限定されており，労働者がそのような懲戒解雇事由該当行為をしたことを前提としたい。

　イ　本件事例では，本件懲戒解雇の効力を判断するに当たり，Xの非定型精神病という精神的疾患の存在，及び懲戒解雇事由該当行為としての本件行為の際のXの是非弁別能力といった事情を検討している。

　まず，懲戒解雇処分を受けた労働者が精神的疾患に罹患していたという事情が相当性の要件となることは，異論がないと思われる。すなわち，上記のとおり，労働者のした懲戒解雇事由該当行為の職場秩序違反の程度が重大であるとしても，その懲戒解雇事由該当行為の時点でその労働者が精神的疾患に罹患していたとすれば，精神的疾患のない者が同種行為をした場合と比較して責任非難の度合いは高くないといえるから，その労働者に懲戒解雇による不利益を負わせるのは酷であり，懲戒解雇は社会通念上相当でないと考えることができよう。また，その懲戒解雇事由該当行為の時点でその労働者が精神的疾患に罹患していたとすれば，一般に精神的疾患に罹患している者が別の雇用先を見つけるのは困難であるから，その労働者に懲戒解雇による不利益を負わせるのは酷であり，懲戒解雇は社会通念上相当でないとする余地が生じ得ると考えることができよう。

　後者の視点に対しては，その労働者が別の雇用先を見つけるのが困難な程

9）菅野・前掲注8）418頁以下，村中＝荒木編・前掲注6）118頁参照。

度の精神的疾患に罹患している場合，労働契約上の債務としての労働の提供ができない場合に該当し，それが普通解雇事由とされているのであれば，直ちに，懲戒解雇の相当性を否定する事情にならないとの反論があり得よう。しかし，前記のとおり，普通解雇と懲戒解雇はその効果が異なるものである。しかも，判例上，労働者が疾病のため命じられた業務のうち一部の労務の提供ができなくなったことから直ちに債務の本旨に従った労務の提供をしなかったものと断定することはできず，労働者の能力，経験，地位，雇用者の規模，業種等に照らして労働者が配置される現実的可能性があると認められる業務が他にあったかどうかを検討すべきとされている[10]。そして，後記(2)のとおり，精神的疾患を理由とする普通解雇の有効性の判断において，雇用者の労働者に対する一定の配慮を要件とする事例が存在することを考慮すれば，上記のような反論は当てはまらないように思われる[11]。

　そうすると，「懲戒解雇事由該当行為の時点でその労働者が精神的疾患に罹患していたという事情」は，相当性の要件であるといえる。そして，その事情は，懲戒解雇の相当性を否定する方向に働くものであって，原告に有利な事情ということができるから，解雇権濫用の評価根拠事実であると解するのが相当である。ただし，精神的疾患といっても多様であるから，比較的軽微な精神的疾患に罹患していた事案では，労働者のした懲戒解雇事由該当行為の職場秩序違反の程度が重大であったことを前提とすれば，責任非難の度合いがそれほど低下することがなく，その事情のみでは懲戒解雇の相当性を否定することができない可能性もあろう。そのような帰結は，相当性の要件が規範的要件であることに由来し，やむを得ないものであり，懲戒解雇事由該当行為の時点でその労働者が精神的疾患に罹患していたという事情が，解雇権濫用の評価根拠事実であることを否定する根拠にはならないと思われる。そのような事案では，懲戒解雇事由該当行為の時点でその労働者が精神的疾患に罹患していたという事情に加えて，その懲戒解雇事由該当行為が当該精神的疾患の影響によるものであったという事情を解雇権濫用の評価根拠事実とする考え方も成り立ち得るが，懲戒解雇事由該当行為が当該精神的疾患の影響によるものであったという事情は，それ自体曖昧であるし，後記の懲戒解雇事由該当行為の時点におけるその労働者の是非弁別能力という概念

---

10) 最一小判平 10.4.9 裁判集民 188 号 1 頁，判タ 972 号 122 頁，判時 1639 号 130 頁参照。
11) 労働契約は，一般に，「当事者の一方が相手方に使用されて労働し，相手方がこれに対して賃金を支払うことを内容とする契約」と定義されている（荒木尚志ほか『詳説労働契約法』〔弘文堂，2008〕65 頁，菅野・前掲注 8) 73 頁）。

と重なり合う部分があるから、是非弁別能力と別の要件として定立することには疑問がある。

　ウ　次に、懲戒解雇事由該当行為の時点におけるその労働者の是非弁別能力が相当性の要件となり得る。

　本件事例では、「本件行為の時点でXが非定型精神病に罹患していたことは否定できない。しかし、…（中略）…Xは、本件行為の時点で、是非弁別の能力を保っていたと考えられる。」として、本件懲戒解雇が権利濫用に該当しないと述べた上、「Xは、本件行為の時点で、是非弁別の能力を保っていたと見るのが相当である。したがって、Xは、非定型精神病によって精神に異常を来して本件行為をしたのではなく、故意に本件行為に及んだものと認められる。」として、Xの主張を排斥している。このような判決理由の要旨に照らせば、本件事例では、Xの是非弁別能力の存在が、本件懲戒解雇の相当性を肯定する事情とされていると見ることができる。ここでいう是非弁別能力とは、「物事の是非を認識・判断する能力及びその認識・判断に従って行動を制御する能力」と考えられる。

　思うに、懲戒解雇は、「労働者の職場秩序違反行為を理由とする制裁罰としての解雇」であるから、その相当性を肯定するためには、当該職場秩序違反行為をした労働者に対する責任非難可能性が必要ということになろう。もっとも、労働者のした懲戒解雇事由該当行為の職場秩序違反の程度が重大であったことを前提とすれば、特段の事情がない限り、その労働者に対する責任非難は可能である。これに対し、前記のとおり、懲戒解雇事由該当行為の時点で労働者が精神的疾患に罹患していたという解雇権濫用の評価根拠事実が存在するときは、その労働者に対する責任非難の度合いが低下又は消滅する。しかし、懲戒解雇事由該当行為の時点で労働者が精神的疾患に罹患していたという解雇権濫用の評価根拠事実が存在したとしても、その時点でその労働者が是非弁別能力を有していたのであれば、その労働者は、故意又は過失に基づいて懲戒解雇事由該当行為をしたことになるから、その労働者に対する責任非難は可能である。このような論理に照らせば、懲戒解雇事由該当行為の時点でその労働者が是非弁別能力を有していたという事情が相当性の要件であり、その事情は、懲戒解雇の相当性を肯定する方向に働くものであって、被告に有利な事情ということができるから、解雇権濫用の評価障害事実であると解するのが相当である。逆に、懲戒解雇事由該当行為の時点でその労働者が是非弁別能力を有していなかったという事情を解雇権濫用の評価根拠事実と解することは不可能ではないが、精神的疾患に罹患している労

働者の地位を弱めることになり，相当でないように思われる。

　この点について，明確に論じている文献は見当たらない。しかし，参考事例3（名古屋地判平9.7.16判タ960号145頁，労判737号70頁）は，判決理由として，「原告の通院歴，入院歴，及び病院での診断結果等によれば，本件行為が原告の精神疾患によって惹起された可能性のあることは，原告主張のとおりである。しかし，精神疾患によって惹起された可能性がある行為であっても，事理弁識能力を有する者によるものである以上，懲戒処分について定めた就業規則の規定の適用を受けるというべきであるところ，原告の本件行為が幻覚，幻想等に影響されて引き起こされたことを窺わせる証拠はなく，原告に対する病院での診断結果も，主に人格障害というもので，事理弁識能力の欠如が疑われるほどに重い精神疾患ではないと考えられることなどからすれば，原告には事理弁識能力があったものと認められるから，本件行為について精神疾患によって惹起された可能性をもって直ちに就業規則59条の適用を否定することはできない。」旨を記載している。これらの記載によれば，参考事例3においては，懲戒解雇事由該当行為の時点でその労働者が是非弁別能力を有していたという事情を解雇権濫用の評価障害事実として取り上げたものと理解することができる。

　さらに，公務員に対する懲戒免職処分の効力が争われた参考事例4（大分地判平8.6.3判タ911号96頁，労判718号91頁）は，判決理由として，「懲戒処分は，有責行為に対する法律上の制裁であるから，懲戒処分の対象となった非違行為は，当該公務員において責任能力を有している状態のもとにおいて行われたことが必要であり，行為当時，心神喪失の状態にあった者のなした行為に対しては，懲戒処分を科すことはできないといわざるを得ない。」旨を記載している。また，公務員に対する懲戒免職処分の効力が争われた参考事例5（大阪地判平21.5.25労判991号101頁）は，判決理由として，「原告の無断欠勤は，統合失調症の罹患を契機とするものである。また，原告に対する本件処分ないし無断欠勤時における準備室の管理職の原告の異常に対する認識であるが，少なくともそれ以前に原告から宗教の勧誘を受けていた同僚らが原告に対して原告の行動の異常さから精神科ないしカウンセリングへの受診を勧めていたこと，同異常状況を踏まえて同僚らが準備室の原告の上司に相談し，宗教の勧誘等を止めるよう働きかけていたこと，原告の平成16年8月21日以降の無断欠勤がそれまでの勤務を含めた原告の行動との間で連続性が認めがたいことを踏まえると，原告の上司である準備室の管理職等は原告の無断欠勤が原告の自由意思に基づく無断欠勤であることについて，疑いを抱くことは

十分可能であったことが強く窺われ，同判断を覆すに足りる証拠はない。ところで，国家公務員に対する懲戒免職処分が同公務員としての地位を剥奪する強力な処分であり，しかも同処分の場合，退職金が支払われない等，不利益の程度が著しいところ，原告の無断欠勤の原因とともに同当時の原告の上司である準備室の管理職等の認識ないし認識の可能性を踏まえると，原告に対する本件処分は，社会通念上著しく妥当を欠き，裁量権を逸脱し，濫用したものと言わざるをえない。そうすると，その余の点について判断するまでもなく，原告に対する本件処分は取り消されるべきものである。」旨を記載している。精神的疾患に罹患していることが，その公務員に対する懲戒免職処分の無効事由又は取消事由となるか否かについては，行政処分の無効事由としての明白性の要件，あるいは行政処分に関する裁量権の逸脱濫用の要件という枠組みで判断すべきであるから，私人間の労働契約について，参考事例4及び参考事例5の考え方を直ちに適用できるわけではない。しかし，そのような枠組みの違いがあるとしても，懲戒免職処分は，当該公務員の身分を剥奪し，将来の収入の喪失という結果を招来する点において，私人間の懲戒解雇の場合と共通する側面があるから，参考事例4において，「懲戒処分の対象となった非違行為は，当該公務員において責任能力を有している状態のもとにおいて行われたことが必要であ」る旨を述べて，処分の瑕疵の判断事情として責任能力を取り上げていること，また，参考事例5において，「原告の上司である準備室の管理職等は原告の無断欠勤が原告の自由意思に基づく無断欠勤であることについて，疑いを抱くことは十分可能であった」旨を述べて，処分の瑕疵の判断事情として原告の自由意思を取り上げていることは，注目に値するといえよう。もっとも，参考事例4に対しては，「刑事罰の場合と同様に懲戒処分においても責任能力を要するとただちに言えるのであろうか。」という疑問が提起されている[12]。確かに，民事訴訟における故意過失及び意思能力の概念と，刑事訴訟における故意過失及び責任能力の概念とは同一のものではないかもしれない。しかし，少なくとも私人間の労働契約に関する限り，一般法たる民法の不法行為においては，その成立要件として故意又は過失が要件とされ，行為者の是非弁別能力の存在が故意又は過失の前提となっていると考えることができるから，同様の論理を，労働者の職場秩序違反行為を理由とする制裁罰としての懲戒解雇の要件とすることには合理性があるように思われる。

---

[12] 曽和俊文・判評 462 号 44 頁（判時 1603 号 206 頁）。

エ　以上のとおり検討してきたところによれば，退職金請求事件において，被告が抗弁として懲戒解雇を主張した場合，原告は，再抗弁事実としての解雇権濫用の評価根拠事実として，「懲戒解雇事由該当行為の時点でその労働者が精神的疾患に罹患していたという事情」の主張立証責任を負い，被告は，再々抗弁事実としての解雇権濫用の評価障害事実として，「懲戒解雇事由該当行為の時点でその労働者が是非弁別能力を有していたという事情」の主張立証責任を負うものと解される。

(2) **精神的疾患に関する雇用者の認識及び対応の位置付けについて**

ア　懲戒解雇された労働者の精神的疾患に関する雇用者の認識及び対応について，本件事例では次のとおり記載されている。

「Xの主張する上司や同僚からのいじめ行為があったと認めることはできず，そのようないじめ行為によってXが非定型精神病を発症したと認めることもできないし，Yがいじめを防止する措置を怠ったということもできない。そうすると，Xの非定型精神病の発症についてYには何らの落ち度もないというべきである。そして，前記のとおり，Xは，平成4年に非定型精神病を発症し，同年4月30日から同年8月18日までの約4か月間にわたり入院していたのであるから，Yは，Xが非定型精神病に罹患していたことを認識していたと見るのが相当である。しかし，Yにおいて，Xに治療を強制することは不可能であり，対人折衝のない業務に異動させたのもXに対する配慮と考えることもできるから，Xが非定型精神病を発症した後の経過を見ても，Yに何らかの落ち度があったということはできない。」

上記記載に照らせば，本件事例では，仮に，労働者が精神的疾患に罹患していたことを雇用者が認識していたのに，雇用者が適切な対応をしなかったときは，懲戒解雇の相当性が否定される可能性があることを前提としているものと理解することができる。

また，参考事例5は，「原告の上司である準備室の管理職等は原告の無断欠勤が原告の自由意思に基づく無断欠勤であることについて，疑いを抱くことは十分可能であったこと」を懲戒免職処分の瑕疵を基礎付ける事情としているものと理解することができる。

ところで，本件事例では，判断されなかったものの，「本件懲戒解雇の無効を主張することが信義則違反又は権利濫用といえるか」という争点が記載されている。これは，本件懲戒解雇は平成14年6月の処分であるが，本訴が提起されたのは解雇から約5年半を経過した平成19年12月6日であったためであろう。このように長期間を経過してから退職金請求事件が提起されたと

きには，当該労働者が懲戒解雇事由該当行為の時点で是非弁別能力を有していたことを立証するための証拠が散逸している可能性がある。その結果，懲戒解雇された労働者が，懲戒解雇事由該当行為の時点でその労働者が精神的疾患に罹患していたことを証明したのに対し，雇用者が，その時点で当該労働者が是非弁別能力を有していたことを証明できない場合は，その懲戒解雇の相当性は否定されることになるのであろうか。難しいところであるが，雇用者が，懲戒解雇事由該当行為の時点で労働者が精神的疾患に罹患していたことを知っていたとすれば，その精神的疾患に関する資料を収集するなどして，その労働者を懲戒解雇するかどうかについて慎重に判断するというのが，雇用者の対応として一般的に要求されるものといえよう。また，後記のとおり，雇用者の対応に不十分な点があったときに懲戒解雇の相当性を否定し得るとしても，雇用者が，労働者の精神的疾患を知り，又は，知り得たことが，その前提となる。そうすると，上記のような場合であっても，「雇用者が，懲戒解雇処分までに，労働者が精神的疾患に罹患していたことを知らず，かつ，知らなかったことに過失がなかったという事情」を主張立証したときは，その懲戒解雇の相当性を直ちに否定することができないと考える余地はあるのではないか。そして，精神的疾患を知らなかったことについての無過失という高めのハードルが，労働者の保護と雇用者の立証の困難克服という課題についての妥当な調和点をもたらすように思われる。すなわち，参考事例5が指摘するように，懲戒解雇事由該当行為の時点で労働者が精神的疾患に罹患していた事案では，雇用者側が，その労働者の精神的疾患を疑うことが可能なのが一般的であると考えられるから，精神的疾患を知らなかったことについての無過失の立証責任を雇用者に負わせることによって，労働者の保護が不当に弱められるという事態は避けられるのではなかろうか。そうすると，私見としては，被告が，「雇用者が，懲戒解雇処分までに，労働者が精神的疾患に罹患していたことを知らず，かつ，知らなかったことに過失がなかったという事情」の主張立証責任を負うものと解したい。

　イ　次に，懲戒解雇された労働者が，懲戒解雇事由該当行為の時点でその労働者が精神的疾患に罹患していたことを証明したのに対し，雇用者が，その時点で当該労働者が是非弁別能力を有していたことを証明したとしても，雇用者が適切な対応をしなかった場合は，そのような落ち度のある雇用者が制裁罰を加えるというのは不合理であるから，その懲戒解雇の相当性は否定される余地があるということができる。そうすると，「雇用者が適切な対応をしなかったという事情」が相当性の要件であり，そして，その事情は，懲

戒解雇の相当性を否定する方向に働くものであって，原告に有利な事情ということができるから，解雇権濫用の評価根拠事実であると解するのが相当である。なお，雇用者の認識の点について，前記**ア**のような私見と反対の見解に立つ場合には，原告は，「雇用者が適切な対応をしなかったという事情」の主張立証責任を負うのに加えて，その事情の前提として，「雇用者が，懲戒解雇処分までに，労働者が精神的疾患に罹患していたことを知り，又は，知ることが可能であったという事情」の主張立証責任を負うことになろう。

　この点について，明確に論じている文献は見当たらないが，労働者の精神的疾患を理由とする普通解雇については，雇用者の労働者に対する一定の配慮を要件とするという見解があり[13]，そのような見解は，上記の主張立証責任に関する私見を支えるものといえよう。そして，普通解雇と懲戒解雇とは，その効果が異なるものであり，その要件も異なるものであって，単純な比較は難しいものの，労働者にとって過酷な効果を招来する懲戒解雇の事案において雇用者の対応すべき程度が，普通解雇の事案において雇用者の対応すべき程度よりも低くてよいとはいえないように思われる。もちろん，懲戒解雇された労働者が，懲戒解雇事由該当行為の時点でその労働者が精神的疾患に罹患していたことを証明したのに対し，雇用者が，その時点で当該労働者が是非弁別能力を有していたことを証明したという場合，それらの事実のみを前提とすれば，職場秩序違反の程度が重大である以上，その懲戒解雇の相当性は肯定される可能性が高いという状況であるから，仮に，原告が，「雇用者が適切な対応をしなかったという事情」を証明したとしても，直ちに，懲戒解雇の相当性が否定されることにはならず，それらの事実と雇用者の不適切な対応とを比較考量した上で，懲戒解雇の相当性の有無を判断することになる。

　判例としては，参考事例6（東京地判昭50.4.24労判225号20頁）は，被告病院が精神分裂病に罹患した労働者に入院治療を受けさせた経緯を詳細に認定した上で，その労働者に対する普通解雇を有効であると判示している。そうすると，参考事例6においては，雇用者が適切な対応をしなかったという事情を相当性の要件として取り上げたものと理解することができる。

　また，参考事例3は，判決理由として，「原告は，被告においてはその規模から考えて当然具備すべき精神健康管理についての体制を欠如していた旨

---

[13] 安西愈「メンタルヘルスをめぐる労務管理上の法律問題」経営法曹研究会報16号28頁以下。

主張する。しかし，被告のようなかなりの規模の会社であれば，精神健康管理のための組織と機構を持ち精神健康管理のための具体的な対策をとることが当然であるとする社会通念が成立しているとまではいうことができないから，原告が主張する点をもって解雇権の濫用を基礎付ける事情とすることはできない。そして，原告は，昭和59年7月ころから平成2年6月ころまでの約6年間にわたって，就業規則59条3号，5号，6号，9号に該当する行為を繰り返し行ってきていること，被告は，昭和62年3月19日から同年9月5日までの原告のナイトホスピタルに協力するなど，原告の治療に協力的な態度をとっていること，被告は，平成元年6月20日，同年9月7日，同月10日に，原告の親族に対して，専門医の治療を受けるように原告を説得してほしいと依頼しており，原告が治療を受けられるようにするため，被告として適切な行動をとっていることからすれば，被告は原告の治療を受けた上で正常な勤務をすることができるように協力してきたものであるということができる。以上によれば，本件解雇が解雇権の濫用であるとはいえない。」旨を記載している。これらの記載によれば，参考事例3においては，雇用者が適切な対応をしなかったという事情を相当性の要件として取り上げたものと理解することができる。

　その他，参考事例7（東京地判平22.3.24判タ1333号153頁，労判1008号35頁）は，判決理由として，「原告は，教員としての資質，能力，実績等に問題がなかったのであるから，うつ病を発症しなければ，この時期に解雇されることはなかったということができる。そうだとすると，被告は，本件解雇に当たって，原告の回復可能性について相当の熟慮のうえで，これを行うべきであったと考えられる。しかし，上記のとおり，被告は，原告に対し，休職期間について誤った通知をしたうえ，原告の回復可能性が認められるにもかかわらず，メンタルヘルス対策の不備もあってこれをないものと断定して，再検討の交渉にも応じることなく，本件解雇に踏み切った。以上によれば，原告を退職させるとの意思決定に基づく本件解雇は，やや性急なものであったといわざるを得ず，本件解雇は，客観的に合理的な理由を欠き，社会通念上相当であると認められないものというべきである。」旨を記載している。これらの記載によれば，参考事例7においては，雇用者が適切な対応をしなかったという事情を相当性の要件として取り上げたものと理解することができる。なお，参考事例7においては，うつ病発症についての業務起因性は否定されたが，仮にその業務起因性が肯定されたとすれば，そのような事情は，解雇の相当性を否定する方向に働くと考えられる。同様に，本件事例では，「Xの主張

する上司や同僚からのいじめ行為があったと認めることはできず，そのようないじめ行為によってXが非定型精神病を発症したと認めることもできないし，Yがいじめを防止する措置を怠ったということもできない。そうすると，Xの非定型精神病の発症についてYには何らの落ち度もないというべきである。」と記載されているところ，仮に，Xの主張するような非定型精神病の発症についてのYの落ち度が肯定されたとすれば，そのような事情は，本件懲戒解雇の相当性を否定する方向に働くと考えられる。したがって，「労働者が精神的疾患に罹患したことについて雇用者に落ち度があるという事情」も相当性の要件であり，その事情は，原告に有利な事情ということができるから，解雇権濫用の評価根拠事実であると解するのが相当である。

上記のとおり，参考事例3，参考事例6及び参考事例7は，「雇用者が適切な対応をしなかったという事情」を相当性の要件とする私見と整合するものといえよう[14]。なお，参考事例3においては，「被告のようなかなりの規模の会社であれば，精神健康管理のための組織と機構を持ち精神健康管理のための具体的な対策をとることが当然であるとする社会通念が成立しているとまではいうことができない」とされているのに対し，参考事例7においては，「被告の人事担当者らが，主治医に対し，一度も問い合わせ等をしなかったというのは，現代のメンタルヘルス対策の在り方として，不備なものといわざるを得ない」とされているのは，興味深いところである。事案が異なるため，単純な比較は慎むべきであるが，平成2年（参考事例3）から平成20年（参考事例7）までの間に，雇用者に要求される精神的疾患に罹患した労働者に対する配慮の程度についての意識が変化してきた可能性は否定できないように思われる。

　ウ　以上のとおり検討してきたところによれば，退職金請求事件において，被告が抗弁として懲戒解雇を主張した場合，原告は，再抗弁事実としての解雇権濫用の評価根拠事実として，「雇用者が適切な対応をしなかったという事情」（又は「労働者が精神的疾患に罹患したことについて雇用者に落ち度があるという事情」）の主張立証責任を負い，被告は，再々抗弁事実としての解雇権濫用の評価障害事実として，「雇用者が，懲戒解雇処分までに，労働者が精神的疾患に罹患していたことを知らず，かつ，知らなかったことに過失がなかった

---

[14] 精神的疾患を理由とする普通解雇又は分限免職処分の有効性に関する判例については，春田吉備彦「職場における精神疾患者をめぐる判例分析と企業における人事上の課題」労判869号5頁が詳しい。

という事情」の主張立証責任を負うものと解される。
 (3) **精神的疾患に関する労働者の認識及び対応の位置付けについて**
 ア　これまでとは逆に，懲戒解雇された労働者の精神的疾患に関する労働者の認識及び対応を懲戒解雇の相当性に係る事情と考えることはできるであろうか。理論的には，被告が，「労働者が精神的疾患について適切な対応をしなかったという事情」（又は「精神的疾患に罹患したことについて労働者に落ち度があるという事情」）を主張立証すれば，懲戒解雇の相当性が肯定される余地はあるかもしれない。

　しかし，精神的疾患に罹患した者は，その病識を欠いていることも少なくないから，精神的疾患に関する労働者の認識及び対応を問題にすること自体，その労働者が精神的疾患に罹患しているという条件に相応しくないように思われる。また，労働者が精神的疾患に罹患したこと自体を責めることはできないというべきである。加えて，精神的疾患の発生原因は，医学的に見て必ずしも明確でないことが少なくないから，そもそも，精神的疾患に罹患したことについて労働者に落ち度があるとか，労働者の精神的疾患についての対応が不適切であったと判断するのは困難な場合が多いのではないか。特に，懲戒解雇された労働者が，懲戒解雇事由該当行為の時点でその労働者が精神的疾患に罹患していたことを証明したのに対し，雇用者が，その時点で当該労働者が是非弁別能力を有していたことを証明できなかったという場合，すなわち，労働者の是非弁別能力の喪失又は著しい減退という状況を生じさせるような比較的重篤な精神的疾患が存在する場合には，精神的疾患に罹患したことについて労働者に落ち度があるとか，労働者の精神的疾患についての対応が不適切であったと判断するのは，一般的には無理があるように思われる。例外的に，投薬治療を受けながら勤務を継続し，病識を有している労働者が，重大な職場秩序違反を招くことを予期しながら，意図的に治療薬の服用を怠った結果，是非弁別能力を著しく減退させ，予期したとおりに懲戒解雇事由該当行為をしたというような事例であれば，その労働者が精神的疾患について適切な対応をしなかったということが可能であろうか。反対に，懲戒解雇された労働者が，懲戒解雇事由該当行為の時点でその労働者が精神的疾患に罹患していたことを証明したのに対し，雇用者が，その時点で当該労働者が是非弁別能力を有していたことを証明したという場合，懲戒解雇の相当性は肯定される可能性が高いから，雇用者において，「労働者が精神的疾患について適切な対応をしなかったという事情」（又は「精神的疾患に罹患したことについて労働者に落ち度があるという事情」）を主張立証する必要性はないとい

うこともできる。そうすると，将来的に医学が発展して，精神的疾患についての解明が進み，患者においても，一定の対応をする義務があるとの社会通念が形成されることがない限り，精神的疾患に関する労働者の認識及び対応を懲戒解雇の相当性に係る事情と考えるのはあまり現実的ではないと考える。

　イ　他方で，労働契約は「当事者の一方が相手方に使用されて労働し，相手方がこれに対して賃金を支払うことを内容とする契約」であるところ[15]，労働者は，労働契約に付随する一定の権利を有するとともに義務を負っているのであり，雇用者が懲戒解雇処分をするに際して，その判断をするための手続に関して，自己弁護の機会を与えられるなどの権利を有するとともに，雇用者に判断資料を提供するなど協力する義務があるということができよう。また，雇用者において精神的疾患に罹患した労働者に対する配慮が要求されるのに対応して，労働者においても，そのような配慮に協力する義務があるということができよう。そうすると，上記のような労働者の義務に照らせば，「労働者が懲戒解雇の手続に際して適切な対応をしなかったという事情」が相当性の要件であり，その事情は，懲戒解雇の相当性を肯定する方向に働くと考えられ，被告に有利な事情ということができるから，解雇権濫用の評価障害事実であると解するのが相当である。

　この点に関して，本件事例では次のとおり記載されている。

　「Yは，Xから事情聴取を行った上，E労働組合に対する意見聴聞の手続を経て，本件懲戒解雇を行ったものであり，E労働組合は，Yからの意見聴聞を受けて，Xに事実確認を試みたが，Xが事実確認に応じようとしなかったため，Xの処分について，人事委員会の判断に委ねる旨を回答したのであるから，本件懲戒解雇の手続には何ら問題がなかったというべきである。」

　上記記載に照らせば，本件事例では，Xが，E労働組合からの事実確認に応じようとしなかった事実を，懲戒解雇の相当性を肯定する方向に働く事情と考えているものと理解することができる。

　判例としては，参考事例3は，普通解雇の事案ではあるが，判決理由として，「原告は，被告において本件行為が原告の精神疾患による可能性があることを認識しながら本件解雇にあたって専門医の診断を経ていない旨主張するが，原告から被告に対し，本件解雇の段階において，既に6通の専門医の診断書が提出されていたことや，原告は，平成元年及び9月ころに，いずれも

---

15) 荒木ほか・前掲注11) 65頁，菅野・前掲注8) 73頁。

専門医による治療を受けることを拒否していたものであり，本件解雇の段階にあっても専門医の診断を受けることに同意したものとは考えられないことからすれば，原告が主張する点をもって解雇権の濫用を基礎付ける事情とすることはできない。」旨を記載している。これらの記載によれば，参考事例3においては，労働者が専門医の治療を拒否していた事実を相当性の要件として取り上げたものと理解することができる。

なお，参考事例8（東京地判平17.10.27労判908号46頁）は，判決理由として，「被告は，原告に対し，平成12年11月27日から平成13年1月12日までの間に3回にわたり，指定医師の診断を受けるように通知を出したが，原告が受診に応じず，とくに平成13年1月18日の診察日の前に原告側から明示的に受診しないとの意思表示がされていた。原告は指定医師から受診し休職処分を受けたことがあり，指定医師による診断の意義を理解していた。他方，原告は平成12年5月12日の時点ではD医師から精神分裂病に罹患していると明確に診断されていた。条例によれば休職処分の更新をしてもその期間は最長3年が限度と定められているところ，原告の休職処分は平成13年2月6日で3年となり，被告としては，原告の扱いを決定する必要に迫られていた。原告は，その病状から考えて被害意識が強く被告からの指示を避ける傾向にあったことは理解できるとしても，原告自身の病状の判断をするための診察をいっさい拒否する理由は見出せない。被告は，原告の主治医であるI医師から意見を聴いた上，指定医師であるD医師，F医師から原告の病状について意見を聴取している。以上の事実を考慮すれば，被告が指定医師の診断がないまま本件免職処分をしたことは原告が指定医師の診断を拒否したことによるやむを得ない措置というべきである。被告は指定医師2名から意見聴取するなど慎重な手続を経ていることも考慮すると，指定医師による診断を経ていないことが，本件免職処分の違法事由，取消事由になるとは認められない。」旨を記載している。参考事例8は，公務員に対する免職処分の効力が問題となった事案であるが，参考事例3と同様の発想に基づくものと考えることができる。

また，参考事例6は，普通解雇の事案ではあるが，判決理由として，「被告病院は，東京医療単一労組の上記入院についての抗議等に対し，同年（昭和42年）3月20日付けで，原告の復職又は退職について，原告の主治医であった上記精神病院の医師と同労組及び被告病院がそれぞれ推薦した専門医の三者立会の診定の結果によって決定することについて，同労組の同意を求め，同年6月11日いらい交渉を重ねたが，同労組は明確な回答を示さないまま日

時を経過し,同年12月29日にいたって,原告の件については同月末日をもって同労組が一切関係しないことになった旨回答した。原告もみずから精神分裂病の疑いにより入院治療を受ける必要のないことを専門家の鑑定等により明らかにして復職をはかることをいさぎよしとせず,ただ労組にすべてを任していた。」との事実を認定した上,「上記解雇の経緯に照らして,本件解雇は,被告病院の原告に対する解雇権の行使として是認すべきものと解するのが相当である。」「原告は,さらに解雇権の濫用及び不当労働行為にあたると主張して本件解雇の効力を争うけれども,すでに認定したところにより,その主張は理由のないものであることが明らかである。」旨を記載している。これらの記載によれば,参考事例6においては,労働者が専門医の治療を受けるなどして,労組を通じて復職可能性の判断資料を提供しなかった事実を相当性の要件として取り上げたものと理解することができる。

上記のとおり,参考事例3,参考事例6及び参考事例8は,「労働者が懲戒解雇の手続に際して適切な対応をしなかったという事情」を相当性の要件とする私見と整合するものといえよう。

(4) 結 論

これまで検討してきたところをまとめると,退職金請求事件において,被告が抗弁として懲戒解雇を主張した場合,

原告は,再抗弁事実としての解雇権濫用の評価根拠事実として,

① 懲戒解雇事由該当行為の時点でその労働者が精神的疾患に罹患していたという事情
② 雇用者が適切な対応をしなかったという事情
③ 労働者が精神的疾患に罹患したことについて雇用者に落ち度があるという事情

の主張立証責任を負い,

被告は,再々抗弁事実としての解雇権濫用の評価障害事実として,

① 懲戒解雇事由該当行為の時点でその労働者が是非弁別能力を有していたという事情
② 雇用者が,懲戒解雇処分までに,労働者が精神的疾患に罹患していたことを知らず,かつ,知らなかったことに過失がなかったという事情
③ 労働者が懲戒解雇の手続に際して適切な対応をしなかったという事情

の主張立証責任を負うものと解される。

これらの事情は,いずれも規範的要件としての「相当性の要件」であるから,最終的に証明された事情に基づいて,当該懲戒解雇が,客観的に合理的

な理由を欠き，社会通念上相当であると認められず，その権利を濫用したものとして，無効とされるか否かは，総合的な評価判断に委ねられており，個別の事案によって異なることは当然である。しかしなお，一般的に想定される事情をできる限り網羅的に掲げておくことは，現実に訴訟に関与する当事者及び訴訟代理人，訴訟指揮を行う裁判所にとって有益であると思われる。

5 労働環境の変化と将来的な展望

前記のような「相当性の要件」に基づいて懲戒解雇の効力を判断する場合，その懲戒解雇が社会通念上相当であるか否かを判断するのであるから，労働環境の変化に伴い社会通念が変化すれば，その判断も変化していく可能性は否定できないものと思われる。日本において終身雇用制度と退職金を支給する慣行が長期間継続してきたのは，1980年代までの高度経済成長という背景が存在したことによるところが大きいといえるが，1990年代以降の経済的低迷に伴い，失業率が悪化してきているのが現状であり，少子高齢化の傾向を加味すれば，かつてのような高度経済成長が困難であるという見通しについては異論のないところであろう。就業形態を見ても，1990年代以降，非正規労働者の割合は大きく増加しており，役員を除く労働者全体に占める非正規労働者の割合は1990年の20.2％に対し，2008年は34.6％と変化し，全体の約3分の1を超える水準になっている[16]。したがって，法律家としては，社会情勢及び経済情勢の変化に気を配り，社会通念の変化があるか否かを注視する必要はあろう[17]。

そうであっても，現代のような厳しい経営環境又は労働環境が存在するからといって，安易に懲戒解雇の相当性を否定するハードルを高くするというのは不合理というべきである。確かに，経営環境の悪化により雇用者が倒産すれば，結局は労働者も労働者としての身分の喪失，ひいては将来の収入の喪失という結果を受け入れざるを得ないことになる。しかし，これまでに検討してきたとおり，懲戒解雇は，「労働者の職場秩序違反行為を理由とする制裁罰としての解雇」であり，その判断事情としての「相当性の要件」は，

---

16) 厚生労働省政策統括官付労働政策担当参事官室「就業形態の多様化と労働者の意識の変遷」ジュリ1377号18頁。
17) 極端な例としては，将来的に，正規労働者が少数派となり，労働人口全体から見て，比較的短期間で休職や転職を繰り返すのが大多数となって，しかも，失業した際の社会保障が充実したとすれば，懲戒解雇，普通解雇及び整理解雇といった解雇全般について，社会通念上解雇が相当とされる割合が増加する余地はあろうか。

そのような経営環境自体を含むものではない。そして、経営環境の悪化による雇用者の倒産の回避は、例えば、整理解雇等の別の手段によって行うべきであろう。もちろん、整理解雇の要件[18]も、その枠組み自体は、厳しい経営環境が常態化したというだけでは直ちに変更する必要はないのであって、厳しい経営環境が常態化すれば、その結果として整理解雇の要件が満たされる事案が増加するというだけのことであろう。

同様に、「相当性の要件」としての「懲戒解雇事由該当行為の時点でその労働者が精神的疾患に罹患していたという事情」、「雇用者が適切な対応をしなかったという事情」、「労働者が精神的疾患に罹患したことについて雇用者に落ち度があるという事情」、「懲戒解雇事由該当行為の時点でその労働者が是非弁別能力を有していたという事情」、「雇用者が、懲戒解雇処分までに、労働者が精神的疾患に罹患していたことを知らず、かつ、知らなかったことに過失がなかったという事情」及び「労働者が懲戒解雇の手続に際して適切な対応をしなかったという事情」は、いずれも幅のある概念であるから、余程大きく社会通念が変化しない限り、その枠組み自体は変更する必要はないと考える。例えば、前記のとおり、平成2年（参考事例3）から平成20年（参考事例7）までの間に、雇用者に要求される精神的疾患に罹患した労働者に対する配慮の程度についての意識が変化し、その間に、雇用者の規模に応じて「精神健康管理のための組織と機構を持ち精神健康管理のための具体的な対策をとることが当然であるとする社会通念が成立」したとしても、「雇用者が適切な対応をしなかったという事情」を相当性の要件とすること自体は変更する必要はなく、その事情に当てはまる事実、具体的には「雇用者の規模に応じて精神健康管理のための組織と機構を持ち、主治医の意見を聴取して業務内容や人員配置を検討するなど精神健康管理のための具体的な対策を行わなかった」といった事実について、労働者に主張立証責任を負わせることで足りるものというべきである。

そもそも、法律や判例法理は、相当の長期間にわたる過去の事例を集積した上で、いわば歴史的産物として成り立ってきたものであるから、立法による改正がされるような場合を除けば、解雇権濫用についての「相当性の要件」といった基本的な枠組み自体は、短期的な社会情勢及び経済情勢の変化によって直ちに変更されるべきものではないといえよう。別の言い方をすれば、

---

[18] 整理解雇の要件としては、一般に、①人員削減の必要性、②解雇回避の努力、③人選の合理性、④整理解雇の手続の相当性が挙げられている（山口ほか編・前掲注2）33頁以下参照）。

法律や判例法理に基づく基本的な枠組みは，社会情勢及び経済情勢の一定の変化をあらかじめ想定し，妥当な解決を導くことが可能なように，そのような変化をある程度吸収しうるように仕組まれているといってよいと思われる。

以上によれば，懲戒解雇の効力を判断する際の「相当性の要件」といった基本的な枠組みは，近い将来に想定される経済の低迷，少子高齢化及び就業形態の多様化といった社会情勢及び経済情勢の変化によって，直ちに影響されるものではないと考えられる[19]。

第4　論点③（懲戒解雇が有効であっても労働者の勤続の功労を抹消するような背信的事情がなければ退職金不支給は許されないか）について

1　本件事例では，Xは，「本件行為はXの勤続の功を抹消するに足りる著しく信義に反する行為であったとはいえないから，Xに対する退職金不支給は，権利濫用に当たり，違法無効である」旨を主張していた。しかし，本件事例では，次のとおり，Xに対する退職金不支給が権利濫用に当たるということはできないと判断されている。

「Xが，Y従業員によるいじめにより非定型精神病を患い，YがXに対するいじめ及びXの病状を知りつつ，これを放置したために，本件行為に及んだとは認められない。そして，本件行為は，大事な商品の原材料の容器を破損し，Yの業務を阻害した上，商品を会社の外に持ち出すというものであるから，食肉の加工製造販売業というYの業務内容にかんがみれば，職場の秩序に違反する程度は重大というべきであり，しかも，Xは，平成13年5月18日，Cに対し，その胸部を手拳で殴打する暴行を加えて，同月23日付けで出勤停止処分を受けたのに，再度，本件行為に及んだものである。そうすると，本件行為はXの勤続の功を抹消するに足りる著しく信義に反する行為であったといわざるを得ず，Xに対する退職金不支給が権利濫用に当たるということもできない。したがって，Xの上記主張は採用することができない。」

そこで，懲戒解雇を理由とする退職金不支給規定が公序良俗違反又は権利濫用により無効とされる旨の主張の訴訟法上の意義及び実質的意義について，以下，検討を加えたい。

---

[19] 我が国の社会経済情勢が，平成23年3月11日に発生した東日本大震災を契機として更に厳しい局面に置かれていることは周知の事実であり，今後の労働環境の変化について注視する必要があろう。

2 まず，退職金不支給規定の効力については，学説上，次のような指摘がされている[20]。

「懲戒解雇に伴う退職金の全部又は一部の不支給は，これを退職金規程などに明記して労働契約を規律させて初めて行いうるものであり，またそのように明定すれば賃金全額払の原則（労基24条）に違反するものではない。そして，退職金の功労報償的性格に照らせば，そのような規定を一般的に公序良俗違反（民90条）となすことも適切でない。しかしながら，退職金の性格からは，退職金不支給規定を有効に適用できるのは，労働者のそれまでの勤続の功を抹消（全額不支給の場合）ないし減殺（一部不支給の場合）してしまう程の著しく信義に反する行為があった場合に限られると解すべきである。したがって，懲戒解雇が有効とされる場合でも，なお退職金不支給の適法性を上記の見地から判断すべきこととなる。」

退職金が労働者の賃金の後払的性格も含んでいることに照らせば，退職金不支給規定を適用できるのが，労働者の勤続の功を抹消するに足りる著しく信義に反する行為があった場合に限られるべきであり，そのような場合でなければ，退職金不支給規定は公序良俗違反又は権利濫用により無効とされるという論理は傾聴に値する。

しかしながら，上記の見解に対し，次のような指摘もされている[21]。

「他方で，我が国経済界においては旧退職手当法施行前から懲戒解雇の場合に退職金を支給しないことは慣行となっていると認識されていること（安西愈「賃金・賞与・退職金の法律実務」353，370頁），三晃社事件（最二小判昭52.8.9労経速958号25頁）が通常の懲戒解雇事由よりは背信性が乏しいと考えられるところの，退職後の競業会社就職を退職金減額事由としているケースを有効としていることからいって，退職金をなしとする懲戒解雇が労働者にとって過酷で許容できないのであれば，むしろ懲戒解雇が懲戒権濫用により無効となるかを検討すべきであるとの見解も存在する。」

3 思うに，民事訴訟法上は，大原則である弁論主義に従うべきであるから，前記のように見解の対立があるときに，原告が，退職金請求事件において，退職金不支給規定は公序良俗違反又は権利濫用により無効である旨を主

---

[20] 菅野・前掲注8）423頁。なお，この見解についての議論を整理した文献としては，赤西芳文「退職金」渡辺昭＝小野寺則夫編『裁判実務大系(5)労働訴訟法』（青林書院，1985）97頁が詳しい。

[21] 山口ほか編・前掲注2）136頁。

張するのであれば、そのような主張を取り上げて判断をするのが正当であるといえよう。

　ところで、退職金不支給規定の公序良俗違反又は権利濫用というのは規範的要件であるから、原告は、公序良俗違反又は権利濫用の評価根拠事実について主張立証責任を負い、被告は公序良俗違反又は権利濫用の評価障害事実について主張立証責任を負うものと解される[22]。その場合、公序良俗違反又は権利濫用の評価根拠事実及び評価障害事実は、前記**第3**において検討した、懲戒解雇の効力を判断する際の「相当性の要件」と重なり合うことが多いと考えられる。

　そうすると、同一の認定事実を前提とした場合、懲戒解雇が社会通念上相当であって、有効であると判断されたのに、退職金不支給規定のみが社会通念上相当でなく、公序良俗違反又は権利濫用により無効とされるという事案があるのかという疑問もないではない。また、前記のとおり、懲戒解雇の効力を判断する際には、退職金不支給規定により退職金が支払われないという労働者に過酷な結果を前提としているところ、それにもかかわらず、退職金不支給規定を社会通念上相当でないとするのは、その前提と矛盾するのではないかという疑問もある。

　しかしながら、労働者が懲戒解雇された場合に、懲戒解雇の無効を主張して、その労働契約上の権利を有する地位の確認等を請求するのか、退職を受け入れた上で、退職金不支給規定の無効を主張して、退職金を請求するのかは、その労働者が自ら選択すべきものである。したがって、懲戒解雇された労働者が、自らそのような選択をするという意味では、労働者の勤続の功を抹消するに足りる著しく信義に反する行為があった場合でなければ、退職金不支給規定は公序良俗違反又は権利濫用により無効とされるという見解は、実務上の必要性があり、民事訴訟法上の意義を有するものと考えられる。

　そして、同一の認定事実を前提とした場合、懲戒解雇が社会通念上相当であって、有効であると判断されたのに、退職金不支給規定のみが社会通念上相当でなく、公序良俗違反又は権利濫用により無効とされるという事案があるのかという疑問に対しては、懲戒解雇を社会通念上相当でないとする評価基準と退職金不支給規定を社会通念上相当でないとする評価基準は、一応別個と考えることができるから、同一の認定事実を前提とした場合であっても、異なる評価をすることはあり得るといえるのではなかろうか。加えて、判断

---

22) 山口ほか編・前掲注2) 136頁参照。

の基礎事情も，重なり合うことが多いとしても，後記のとおり，参考事例9においては，懲戒解雇の効力に関する「相当性の要件」とは異なる事情を含めて判断されているように思われる。

　また，懲戒解雇が社会通念上相当である場合に，退職金不支給規定を社会通念上相当でないとするのは，懲戒解雇の効力を判断する際に退職金不支給規定により退職金が支払われないという労働者に過酷な結果を前提としているのと矛盾するのではないかという疑問に対しては，退職金不支給規定が公序良俗違反又は権利濫用により無効とされるとしても，必ずしも標準的な退職金が全額支給されるとは限らないことを指摘することができる。すなわち，後記のとおり，参考事例9によれば，労働者の懲戒解雇事由該当行為による職場秩序違反の程度が重大であって，懲戒解雇は社会通念上相当であるとされる場合であっても，退職金を全額不支給とするのは過酷であって，一部不支給の限度では社会通念上相当であるといえるが，一定額を超える部分についての不支給は公序良俗違反又は権利濫用により無効という形で，退職金不支給規定の一部分のみが無効となるものと解する余地があろう。そして，そのように解するのであれば，上記のような前提の矛盾というのは，必ずしも大きなものではなく，労働者の勤続の功を抹消するに足りる著しく信義に反する行為があった場合でなければ，退職金不支給規定は公序良俗違反又は権利濫用により無効とされるという見解は，紛争の実態に即した妥当な解決を導く上で，実体法上も大きな意義を有するものということができる。

　この点，参考事例9（東京高判平15.12.11判時1853号145頁，労判867号5頁）は，判決理由として，次のとおり判断している。

　「このようにみてくると，本件行為が上記のような相当強度な背信性を持つ行為とまではいえないと考えられる。そうすると，被控訴人は，本件条項に基づき，その退職金の全額について，支給を拒むことはできないというべきである。しかし，他方，上記のように，本件行為が職務外の行為であるとはいえ，会社及び従業員を挙げて痴漢撲滅に取り組んでいる被控訴人にとって，相当の不信行為であることは否定できないのであるから，本件がその全額を支給すべき事案であるとは認め難い。

　そうすると，本件については，上記に述べたところに従い，本来支給されるべき退職金のうち，一定割合での支給が認められるべきである。その具体的な割合については，上述のような本件行為の性格，内容や，本件懲戒解雇に至った経緯，また，控訴人の過去の勤務態度等の諸事情に加え，とりわけ，過去の被控訴人における割合的な支給事例等をも考慮すれば，本来の退職金

の支給額の3割とするのが相当である。」

このように，参考事例9は，退職金の3割を支給すべきものであり，その限度で退職金不支給規定を無効と判断したものといえる。また，参考事例9は，判決理由として，「被控訴人において，過去に退職金の一部が支給された事例はいずれも金額の多寡はともかく，業務上取り扱う金銭の着服という会社に対する直接の背信行為である。本件行為が被害者に与える影響からすれば，決して軽微な犯罪であるなどとはいえないことは前記説示のとおりであるが，会社に対する関係では，直ちに直接的な背信行為とまでは断定できない。そうすると，それらの者が過去に処分歴がなく，いわゆる初犯であったという点を考慮しても，それが本件事案と対比して，背信性が軽度であると言い切れるか否か疑問が残る。」旨を記載している。この記載に照らせば，参考事例9においては，「雇用者が退職金不支給規定に従わずに一部の支給をしたことがあったという事情」が判断の基礎事情とされたものと理解することができる。そして，そのような事情は，懲戒解雇の効力に関する「相当性の要件」とは異なる事情ということが可能であろう。

4 以上のとおり検討したところによれば，私見としては，退職金不支給規定は公序良俗違反又は権利濫用により無効とされるという見解は，実務上の必要性があり，民事訴訟法上の意義及び実体法上の意義を有するものと考える。

そして，上記見解に従った場合，原告は，公序良俗違反又は権利濫用の評価根拠事実について主張立証責任を負い，被告は公序良俗違反又は権利濫用の評価障害事実について主張立証責任を負うものであるが，公序良俗違反又は権利濫用の評価根拠事実及び評価障害事実は，懲戒解雇の効力を判断する際の「相当性の要件」と重なり合うことが多いものの，それとは別に，原告は，その評価根拠事実として，「雇用者が退職金不支給規定に従わずに一部の支給をしたことがあったという事情」の主張立証責任を負うものと解される。

第5 結 語

本稿は，平成23年3月開催の大阪民事実務研究会での報告をベースとして，その研究会における議論を踏まえて付加訂正を行ったものである。ご出席された教授や先輩の方々から賜ったご意見について，この場を借りて感謝を申し上げる。

本稿中の意見にわたる部分は，当職の私見にすぎない。いずれも，目新しいものではないが，これまでに諸先輩が工夫し，実践してきたところについて，一応の取りまとめをすることができたのではないかと思う。もちろん，精神的疾患に罹患した労働者に対する懲戒解雇の効力が問題となる事案に限定しても，そのすべての事情を網羅することは不可能である。その意味でも，上記の私見は，あくまで試論であるが，比較的当事者間の対立の激しい労働事件において円滑に審理を進めていくために，実務的な議論が更に深められていくことを期待したい。

【参考事例】
事案の概要以下の内容は当職が要約したものである。

1　福岡県魚市場事件──福岡地久留米支判昭56.2.23労判369号74頁
（事案の概要）
被告会社の営業課長であった原告Kが，競業会社の設立に関与し，従業員の引き抜きをしたとして懲戒解雇され，せり人であった他の原告5名が，その引き抜きに応じて退職願を提出したまま欠勤し，業務に支障を生じさせたとして懲戒解雇された。原告らが，退職金を請求した。
（判決主文）
原告Kの請求棄却
せり人であった他の原告5名の請求一部認容（ただし，棄却されたのは附帯請求としての遅延損害金請求の一部）
（判決理由の要旨）
(1)　原告Kについて
原告Kは被告会社と競業関係に立つ新会社設立のために，その相当以前から積極的にこれに関与し，被告会社の業務上の指示命令を無視して仲買組合の幹部らと相通じ，主としてせり業務に従事する従業員の引き抜きを図ってこれを実行した。その所為は，懲戒解雇事由に該当し，その情状は特に重いものというべきである。しかしてこれを理由としてなされた被告の懲戒解雇は適法かつ有効である。
(2)　せり人であった他の原告5名について
原告らの無断欠勤によってせり業務に支障を来したといっても，現実にはせり業務を停止しあるいはこれを縮小せざるを得ないような事態にまでは立至っていない。原告らの所為は何らかの懲戒事由に該当するとしても，いまだ懲戒解雇に値する程のものではなく，結局，被告の主張する懲戒解雇事由のいずれにも該当しない。

(論点①に関連する部分)
(1) 原告Kの請求原因

原告Kは、昭和53年8月19日、被告から懲戒解雇及び退職金の支給をしない旨の通知を受けた。しかし、その懲戒解雇は後記のとおり無効であるが、原告Kとしてはこれ以上被告に勤め続ける気持ちはないので、解雇の効力自体は争わない。

(2) せり人であった他の原告5名の請求原因

原告らは、同月21日、直属の上司に退職願を提出し、該退職願は即日受理され、原告らの退職はいずれも承認された。

2 太平洋運輸事件──名古屋地判昭60.9.11判タ611号38頁、労判468号73頁

(事案の概要)

原告が、会社の賃金切下げに対し、仲間と団体を作って交渉したことに伴い、その間、勤務を欠き、業務に支障が生じたことを理由に会社が懲戒解雇に及んだのに対し、懲戒解雇は無効であると主張し、予告手当の限度でその効力を認めるとして退職金の支払を請求したほか、会社が、雇用保険被保険者離職票に離職理由として「懲戒解雇」と記載したことにより再就職に苦労したと主張し、慰藉料の支払を請求した。

(判決主文)

一部認容(退職金請求の一部と慰藉料請求の一部を認容)

(判決理由の要旨)

本件懲戒解雇は、その事由なくしてなされた無効な解雇といわねばならないが、原告はこれを被告の予告解雇の意思表示としての限度で認め、被告もまた、このことについては特に争わないところである。ところで、一般的には懲戒解雇が、懲戒事由を欠き無効である場合に、これを予告解雇の意思表示に転換を認めることは、被解雇者の地位を著しく不安定にするもので信義則上許されないと考えられるのであるが、本件においては、被解雇者である原告自身が予告解雇としての効力を争わない以上、原告は被告の都合により予告解雇されたものと認めるのが相当である。

(論点①に関連する部分・請求原因)

被告は、原告に対し、昭和57年9月10日内容証明郵便で、次の理由により同年10月15日付をもって懲戒解雇する旨の意思表示をし、その頃その郵便は原告に送達された。しかし、懲戒解雇は全く理由がなく、無効というべきであるが、予告解雇の限度では有効であるから原告はその限度でこれを認め昭和57年10月15日をもって被告を退職することとなった。

3 豊田通商事件──名古屋地判平9.7.16判タ960号145頁、労判737号70頁

(事案の概要)

5 退職金請求事件における主張立証責任の考察

　被告の電算部に勤務していた原告は，昭和59年ころから，勤務中に精神の異常を疑わせるような行動に出るようになり，昭和60年から精神病院に入院し，昭和61年から別の精神病院に入院したところ，被告は，入院先の精神病院の院長からナイトホスピタル（昼間は通勤し夜間は病院で過ごす治療方法）の要請があったため，これを受け入れることとし，原告は，昭和62年から勤務を開始し，精神病院を退院して，通院治療を受けながら通常業務についた。しかし，原告は，その後も，無銭飲食，業務命令違反，上司への暴行，業務妨害，物品持出などをし，平成2年6月には上司と面談中，その頭上の道路側の窓ガラスめがけて湯飲み茶碗を投げつけたため，被告は，自宅謹慎を命ずるなどの業務命令を出したが，原告が従わず出社してトイレに居続けたので，同月12日，解雇予告手当を支払って解雇する旨を通告するとともに，原告の銀行預金口座に解雇予告手当金を振り込み，解雇通告書を発送して改めて解雇通告をした。原告が，解雇は無効であると主張して，雇用契約上の地位の確認及び未払賃金の支払を請求。

（判決主文）

　請求棄却

（判決理由の要旨）

　原告は，昭和59年7月ころから平成2年6月ころまでの間，就業規則59条3号，5号，6号，9号（次の各号の一に該当する場合は，譴責する。ただし，情状酌量の余地があるか，または改悛の情が明らかな場合は戒告に止める。③素行不良で風紀秩序を乱しまたは会社の名誉を失墜させた場合⑤業務上の命令に服従しない場合⑥役員，職員，会社関係者に暴行，脅迫を加えまたは故意に会社の業務を妨げた場合⑨会社の許可を受けないで会社の金銭物品を融通もしくは持出した場合）に該当する行為を繰り返しており，これらを総合的に考慮すれば，原告には懲戒解雇または普通解雇を定める就業規則60条8号の「前条各号に該当し情状の特に重い場合」に該当する事由が存し，ひいては就業規則16条1号の普通解雇事由が存するものと認められるから，本件解雇は同規定に基づくものとして有効である。

　原告の通院歴，入院歴，及び病院での診断結果等によれば，本件行為が原告の精神疾患によって惹起された可能性のあることは，原告主張のとおりである。しかし，精神疾患によって惹起された可能性がある行為であっても，事理弁識能力を有する者によるものである以上，懲戒処分について定めた就業規則の規定の適用を受けるというべきであるところ，原告の本件行為が幻覚，幻想等に影響されて引き起こされたことを窺わせる証拠はなく，原告に対する病院での診断結果も，主に人格障害というもので，事理弁識能力の欠如が疑われるほどに重い精神疾患ではないと考えられることなどからすれば，原告には事理弁識能力があったものと認められるから，本件行為について精神疾患によって惹起された可能性をもって直ちに就業規則59条の適用を否定することはできない。

　原告は，被告において本件行為が原告の精神疾患による可能性があることを認識しなが

ら本件解雇にあたって専門医の診断を経ていない旨主張するが，原告から被告に対し，本件解雇の段階において，既に6通の専門医の診断書が提出されていたことや，原告は，平成元年6月ころ及び9月ころに，いずれも専門医による治療を受けることを拒否していたものであり，本件解雇の段階にあっても専門医の診断を受けることに同意したものとは考えられないことからすれば，原告が主張する点をもって解雇権の濫用を基礎付ける事情とすることはできない。

さらに，原告は，被告においてはその規模から考えて当然具備すべき精神健康管理についての体制を欠如していた旨主張する。しかし，被告のようなかなりの規模の会社であれば，精神健康管理のための組織と機構を持ち精神健康管理のための具体的な対策をとることが当然であるとする社会通念が成立しているとまではいうことができないから，原告が主張する点をもって解雇権の濫用を基礎付ける事情とすることはできない。そして，原告は，昭和59年7月ころから平成2年6月ころまでの約6年間にわたって，就業規則59条3号，5号，6号，9号に該当する行為を繰り返し行ってきていること，被告は，昭和62年3月19日から同年9月5日までの原告のナイトホスピタルに協力するなど，原告の治療に協力的な態度をとっていること，被告は，平成元年6月20日，同年9月7日，同月18日に，原告の親族に対して，専門医の治療を受けるように原告を説得してほしいと依頼しており，原告が治療を受けられるようにするため，被告として適切な行動をとっていることからすれば，被告は原告の治療を受けた上で正常な勤務をすることができるように協力してきたものであるということができる。以上によれば，本件解雇が解雇権の濫用であるとはいえない。

4　大分県警察本部事件──大分地判平8.6.3判タ911号96頁，労判718号91頁

（事案の概要）

警察官であった原告は，飲酒の上，駐在所で拳銃を二発発射した後，同僚の警察官宅に赴き，同僚に向けていた拳銃を天井に向けて一発発射したところ，現行犯逮捕され，その非違行為により懲戒免職処分を受けたが，その原因となった非違行為により起訴された刑事事件において，非違行為の当時心神喪失の状態であったとして無罪判決がされたため，非違行為について責任能力を有していない者に対して懲戒処分を科すことはできず，懲戒免職処分は無効である旨主張して，懲戒免職処分の無効確認を請求。

（判決主文）

請求認容

（判決理由の要旨）

公務員に対する懲戒処分は，公務員が法令及び職務上の義務に違反する行為を行うなど，公務員としてふさわしくない非行があった場合に，その責任を確認し，公務員関係における秩序を維持する目的をもって科される行政上の制裁である。このように，懲戒処分は，

公務員にとって不利益な行政上の処分である点においては，分限処分と同様であるが，分限処分は，公務員が法の定める一定の事由に該当する場合に，任命権者が主として公務能率維持の観点から当該公務員の責任の有無とは無関係にされる処分であるのに対し，懲戒処分は，懲戒権者が，当該公務員に対して，一定の義務違反を理由として公務秩序維持の観点から，その責任を問うために制裁として行う処分である点で，両者は異なるというべきである。

したがって，懲戒処分は，有責行為に対する法律上の制裁であるから，懲戒処分の対象となった非違行為は，当該公務員において責任能力を有している状態のもとにおいて行われたことが必要であり，行為当時，心神喪失の状態にあった者のなした行為に対しては，懲戒処分を科すことはできないといわざるを得ない。

そうすると，本件処分は，心神喪失の状態のもとで行われた本件非違行為に対してなされていることが明らかであるから，本件処分は，懲戒処分を科すことができない場合であるにもかかわらず，行われた瑕疵があるというべきである。

5　国・気象衛星センター懲戒免職事件──大阪地判平21.5.25労判991号101頁

（事案の概要）

気象衛星センターの職員（国家公務員）であった原告は，平成14年春ころから，同僚に対し宗教勧誘行為を繰り返し，平成16年8月21日以降なんら連絡することなく46日間の無断欠勤をしたとして懲戒免職処分を受けたが，無断欠勤が統合失調症によるものであることからすると，それについての責任を原告の懲戒に値する責任とまでいうことはできず，分限免職処分とすることも可能であったところ，本件処分は社会通念上，裁量権の濫用，逸脱のない相当な処分であったとはいえない旨主張して，懲戒免職処分の取消しを請求。

（判決主文）

請求認容

（判決理由の要旨）

原告の無断欠勤は，統合失調症の罹患を契機とするものである。また，原告に対する本件処分ないし無断欠勤時における準備室の管理職の原告の異常に対する認識であるが，少なくともそれ以前に原告から宗教の勧誘を受けていた同僚らが原告に対して原告の行動の異常さから精神科ないしカウンセリングへの受診を勧めていたこと，同異常状況を踏まえて同僚らが準備室の原告の上司に相談し，宗教の勧誘等を止めるよう働きかけていたこと，原告の平成16年8月21日以降の無断欠勤がそれまでの勤務を含めた原告の行動との間で連続性が認めがたいことを踏まえると，原告の上司である準備室の管理職等は原告の無断欠勤が原告の自由意思に基づく無断欠勤であることについて，疑いを抱くことは十分可能であったことが強く窺われ，同判断を覆すに足りる証拠はない。ところで，国家公務員に

対する懲戒免職処分が同公務員としての地位を剥奪する強力な処分であり、しかも同処分の場合、退職金が支払われない等、不利益の程度が著しいところ、原告の無断欠勤の原因とともに同当時の原告の上司である準備室の管理職等の認識ないし認識の可能性を踏まえると、原告に対する本件処分は、社会通念上著しく妥当を欠き、裁量権を逸脱し、濫用したものと言わざるをえない。そうすると、その余の点について判断するまでもなく、原告に対する本件処分は取り消されるべきものである。

6 　西部病院事件──東京地判昭50.4.24労判225号20頁
（事案の概要）
　昭和33年から被告病院に勤務していた原告は、昭和42年1月に精神病院に強制的に入院させられた上、同年12月31日付け書面により、精神分裂病であるという虚偽の理由を構えて解雇されたから、その解雇は解雇権を濫用したものとして無効である旨主張して、雇用契約上の地位の確認、未払賃金の支払及び不法行為に基づく損害賠償を請求。
（判決主文）
　請求棄却
（判決理由の要旨）
　原告は、被告病院に住み込みで勤務していた際、非社交的で奇怪な行動をとったため、被告病院の事務長らが、昭和41年11月、原告の継母に相談したところ、昭和26年から昭和30年まで国府台病院精神科に入院していたことを知らされ、継母に原告を預かって静養させてほしい旨願い出たが、峻拒され、昭和41年12月と昭和42年1月に、継母や原告の叔母に原告を引き取って静養させることを願い出たが、いずれも断られた。被告病院は、練馬福祉事務所に相談を求めたところ、原告の精神衛生鑑定の結果、精神分裂病の疑いがあり、入院を要すると判定されたが、入院のため精神衛生法による保護義務者の同意を要することとなり、原告の妹らを捜しあてて同意を得ようとしたが、厄介者扱いして無責任な反応しか示さなかったため、同月21日、保護義務者として練馬区長の同意書を得て原告の診断をさせた結果、精神病院に誘導入院させた。原告は、同年4月22日に精神病院を退院したものの寛解状態ではなかった。被告病院は、東京医療単一労組の上記入院についての抗議等に対し、同年3月20日付けで、原告の復職又は退職について、原告の主治医であった上記精神病院の医師と同労組及び被告病院がそれぞれ推薦した専門医の三者立会の診定の結果によって決定することについて、同労組の同意を求め、同年6月11日いらい交渉を重ねたが、同労組は明確な回答を示さないまま日時を経過し、同年12月29日にいたって、原告の件については同月末日をもって同労組が一切関係しないことになった旨回答した。原告もみずから精神分裂病の疑いにより入院治療を受ける必要のないことを専門家の鑑定等により明らかにして復職をはかることをいさぎよしとせず、ただ労組にすべてを任

していた。被告病院は，同月31日付け書面をもって，就業規則11条1号の規定（精神又は身体の故障若しくは虚弱，老衰，疾病等により業務に堪えられないと認めたとき）を適用して，原告を解雇する旨の意思表示をした。

上記解雇の経緯に照らして，本件解雇は，被告病院の原告に対する解雇権の行使として是認すべきものと解するのが相当である。

原告は，さらに解雇権の濫用及び不当労働行為にあたると主張して本件解雇の効力を争うけれども，すでに認定したところにより，その主張は理由のないものであることが明らかである。

7　J学園うつ病解雇事件──東京地判平22.3.24判タ1333号153頁，労判1008号35頁
（事案の概要）

被告経営の中高一貫校で教員をしていた原告は，平成15年6月ころ，うつ病を発症して，平成20年3月31日，心身の故障のため職務の遂行に支障があるなどの理由で解雇された。原告が，被告は強度の心理的負担を与えて原告にうつ病を発症させ，過酷な勤務を続けさせて原告を休職に追い込み，復職後も，原告の体調に配慮せずに業務を担当させ，回復可能性を考慮せずに退職勧奨をして，これに応じなかった原告を解雇した旨主張して，安全配慮義務違反又は不法行為による損害賠償，解雇無効に基づく地位確認及び未払賃金の支払を請求。

（判決主文）

請求一部認容（地位確認及び未払賃金請求部分を認容）

（判決理由の要旨）

被告の業務による原告の心理的負荷が非常に強度であったとは認められない。そうだとすると，本件において，ストレス脆弱性の程度を，原告を基準として判断するとしても，原告のうつ病が，業務に起因して発症したものと認めるのは相当でない。したがって，被告の安全配慮義務違反等は認められない。

原告は，平成19年11月ころから平成20年1月ころにかけて，円滑に復職することができず，欠勤して生徒に迷惑をかけることもあった。そうだとすると，被告が，そのころ，これ以上業務を続けさせることは無理と結論付けて，退職させるとの意思決定をしたことは，やむを得ない面もあると考えられる。しかし，原告は，平成15年11月ころから平成18年夏ころまでの間，抗うつ剤等の投薬治療を受けながら専任教員として業務をこなしてきた時期もある。H病院の平成19年6月29日付け診断書には，「病状が安定すれば，復職も可能と思われる。」という記載がある。被告は，引き続き90日の欠勤を置かずに原告を休職したものと取り扱っているが，これは就業規則の解釈を誤ったものであり，この誤りがなければ，原告は，復職の時期を平成19年12月ころまで延ばすことができたはずである。

原告は，本件解雇後，かなり回復したことが認められ，平成21年3月17日を最後に，うつ病治療のために通院をした形跡がない。原告の回復可能性は認められるということができる。

ところが，被告は，原告の退職の当否等を検討するに当たり，主治医から，治療経過や回復可能性等について意見を聴取していない。これには，校医が連絡しても回答を得られなかったという事情が認められるが，そうだとしても，被告の人事担当者らが，主治医に対し，一度も問い合わせ等をしなかったというのは，現代のメンタルヘルス対策の在り方として，不備なものといわざるを得ない。

上記のとおり，原告は，教員としての資質，能力，実績等に問題がなかったのであるから，うつ病を発症しなければ，この時期に解雇されることはなかったということができる。そうだとすると，被告は，本件解雇に当たって，原告の回復可能性について相当の熟慮のうえで，これを行うべきであったと考えられる。しかし，上記のとおり，被告は，原告に対し，休職期間について誤った通知をしたうえ，原告の回復可能性が認められるにもかかわらず，メンタルヘルス対策の不備もあってこれをないものと断定して，再検討の交渉にも応じることなく，本件解雇に踏み切った。以上によれば，原告を退職させるとの意思決定に基づく本件解雇は，やや性急なものであったといわざるを得ず，本件解雇は，客観的に合理的な理由を欠き，社会通念上相当であると認められないものというべきである。

8 東京都教委小学校教員分限免職事件——東京地判平17.10.27労判908号46頁

(事案の概要)

昭和45年に東京都から公立学校の教員に任命された原告は，平成9年以降，被告（東京都教育委員会）の指定医師らの診察の都度，精神分裂病であると診断され，平成10年2月7日以降，休職処分を受けていた。原告は，平成12年5月24日，被告の指定医師であるD医師の診察を受け，精神分裂病であり，引き続き1年間の休養を要するが，今後十分な治療とリハビリテーションにより病状が回復すれば復帰できる可能性は残されると診断され，その旨が記載された診断書（D診断書）を被告に提出したところ，同年7月1日付けで，地方公務員法28条2項1号（心身の故障のため，長期の休養を要する場合）により，休職期間を平成13年2月6日まで更新し，治療に専念することを命ずる旨の分限休職処分（本件休職処分）を受けた。原告は，平成12年11月からI医師の診察治療を受けたところ，精神病状態を認めずとして，精神疾患を理由とした休職は解除されるべきと判断される旨が記載された診断書（I診断書）が作成され，被告に届けられた。被告は，平成12年11月27日から平成13年1月12日までの3回にわたり，D医師及び被告の指定医師であるF医師の診察を受けるよう通知したが，原告が受診を拒否した。そこで，被告は，I医師に面談し，原告が精神分裂病ではない旨聴取し，D医師及びF医師にその聴取内容を報告したが，両医師から，原告は精神分裂病に罹患していると考えられ，教員として職務を遂行していく

5　退職金請求事件における主張立証責任の考察

ことはきわめて困難である等の意見を聴取した。被告は，同年2月6日，原告は病気が回復せず心身の故障のため職務遂行に支障があり，原告が一貫して医師の診断及び治療を受けることを拒否し，指定医師の診断を拒否したことは公務員として必要な適格性を欠くとして，地方公務員法28条1項2号（心身の故障のため，職務の遂行に支障があり，又はこれに堪えない場合）及び3号（その職に必要な適格性を欠く場合）により，分限免職処分（本件免職処分）をした。原告が，本件休職処分及び本件免職処分の取消しを請求。

（判決主文）

請求棄却

（判決理由の要旨）

　D医師の診断は，客観的で正確な判断ということができるのであり，平成12年5月ないし6月当時，原告は精神分裂病に罹患し，1年間の休養を要する状態であったと認められる。条例は，職員を免職処分や休職処分にする場合には指定医師による診断を経なければならないとしているが，同条例及び休職要領によっても，指定医師2名の診断は要求されていない。したがって，被告が本件休職処分をする際に，指定医師2名の診断（ないし診断書の作成）を経ていないことをもって，本件休職処分の手続に違法があるということはできない。

　原告は，平成13年2月においても，精神分裂病に罹患し，休養して治療することを要し，職場復帰は困難であったと認められる。被告は，原告に対し，平成12年11月27日から平成13年1月12日までの間に3回にわたり，指定医師の診断を受けるように通知を出したが，原告が受診に応じず，とくに平成13年1月18日の診察日の前に原告側から明示的に受診しないとの意思表示がされていた。原告は指定医師から受診し休職処分を受けたことがあり，指定医師による診断の意義を理解していた。他方，原告は平成12年5月12日の時点ではD医師から精神分裂病に罹患していると明確に診断されていた。条例によれば休職処分の更新をしてもその期間は最長3年が限度と定められているところ，原告の休職処分は平成13年2月6日で3年となり，被告としては，原告の扱いを決定する必要に迫られていた。原告は，その病状から考えて被害意識が強く被告からの指示を避ける傾向にあったことは理解できるとしても，原告自身の病状の判断をするための診察をいっさい拒否する理由は見出せない。被告は，原告の主治医であるI医師から意見を聴いた上，指定医師であるD医師，F医師から原告の病状について意見を聴取している。以上の事実を考慮すれば，被告が指定医師の診断がないまま本件免職処分をしたことは原告が指定医師の診断を拒否したことによるやむを得ない措置というべきである。被告は指定医師2名から意見聴取するなど慎重な手続を経ていることも考慮すると，指定医師による診断を経ていないことが，本件免職処分の違法事由，取消事由になるとは認められない。

　以上によれば，本件休職処分当時，原告は心身の故障のため長期の休養を要する状態であったと認められ，被告の判断に裁量の逸脱，濫用があったとはいえず，手続に違法があっ

たとも認められないから，本件休職処分は適法である。また，本件免職処分当時，原告は心身の故障により職場復帰が不可能であったとした被告の判断に裁量の逸脱，濫用があったとはいえず，手続に違法があったとも認められないから，本件免職処分は適法である。

9 小田急電鉄退職金事件――東京高判平15.12.11判時1853号145頁，労判867号5頁

（事案の概要）

鉄道会社職員であった控訴人は，度重なる電車内での痴漢行為を理由として，平成12年12月5日懲戒解雇されたところ，解雇手続に瑕疵があるし，重すぎる処分であるとして解雇は無効であり，退職金を不支給とするには長年の功労を消し去るほどの不信行為が必要であるが，本件でそれがあったとはいえないなどと主張して，退職金を請求。

原審が，請求を棄却したため，控訴人が控訴。

（判決主文）

原判決取消，請求一部認容（退職金の3割を認容）

（判決理由の要旨）

上記のような退職金の支給制限規定は，一方で，退職金が功労報償的な性格を有することに由来するものである。しかし，他方，退職金は賃金の後払い的な性格を有し，従業員の退職後の生活保障という意味合いをも有するものである。ことに，本件のように，退職金支給規則に基づき，給与及び勤続年数を基準として，支給条件が明確に規定されている場合には，その退職金は，賃金の後払い的な意味合いが強い。そして，その場合，従業員は，そのような退職金の受給を見込んで，それを前提にローンによる住宅の取得等の生活設計を立てている場合も多いと考えられる。それは必ずしも不合理な期待とはいえないのであるから，そのような期待を剥奪するには，相当の合理的理由が必要とされる。そのような事情がない場合には，懲戒解雇の場合であっても，本件条項は全面的に適用されないというべきである。

そうすると，このような賃金の後払い的要素の強い退職金について，その退職金全額を不支給とするには，それが当該労働者の永年の勤続の功を抹消してしまうほどの重大な不信行為があることが必要である。ことに，それが，業務上の横領や背任など，会社に対する直接の背信行為とはいえない職務外の非違行為である場合には，それが会社の名誉信用を著しく害し，会社に無視しえないような現実的損害を生じさせるなど，上記のような犯罪行為に匹敵するような強度な背信性を有することが必要であると解される。このような事情がないにもかかわらず，会社と直接関係のない非違行為を理由に，退職金の全額を不支給とすることは経済的にみて過酷な処分というべきであり，不利益処分一般に要求される比例原則にも反すると考えられる。

もっとも，退職金が功労報償的な性格を有するものであること，そして，その支給の可

否については，会社の側に一定の合理的な裁量の余地があると考えられることからすれば，当該職務外の非違行為が，上記のような強度の背信性を有するとまではいえない場合であっても，常に退職金の全額を支給すべきであるとはいえない。そうすると，このような場合には，当該不信行為の具体的内容と被解雇者の勤続の功などの個別事情に応じ，退職金のうち一定割合を支給すべきものである。本件条項（退職金不支給規定）は，このような趣旨を定めたものと解すべきであり，その限度で合理性を持つと考えられる。

　本件でこれをみるに，本件行為が悪質なものであり，決して犯情が軽微なものとはいえないこと，また，控訴人は，過去に3度にわたり，痴漢行為で検挙されたのみならず，本件行為の約半年前にも痴漢行為で逮捕され，罰金刑に処せられたこと，そして，その時には昇給停止及び降職という処分にとどめられ，引き続き被控訴人における勤務を続けながら，やり直しの機会を与えられたにもかかわらず，さらに同種行為で検挙され，正式に起訴されるに至ったものであること，控訴人は，この種の痴漢行為を率先して防止，撲滅すべき電鉄会社の社員であったことは上記記載のとおりである。このような面だけをみれば，本件では，控訴人の永年の功を抹消してしまうほどの重大な不信行為があったと評価する余地もないではない。

　しかし，他方，本件行為及び控訴人の過去の痴漢行為は，いずれも電車内での事件とはいえ，会社の業務自体とは関係なくされた，控訴人の私生活上の行為である。そして，これらについては，報道等によって，社外にその事実が明らかにされたわけではなく，被控訴人の社会的評価や信用の低下や毀損が現実に生じたわけではない。なお，控訴人が電鉄会社に勤務する社員として，痴漢行為のような乗客に迷惑を及ぼす行為をしてはならないという職務上のモラルがあることは前述のとおりである。しかし，それが雇用を継続するか否かの判断においてはともかく，賃金の後払い的な要素を含む退職金の支給・不支給の点について，決定的な影響を及ぼすような事情であるとは認め難い。

　さらに，上記認定事実からすれば，被控訴人において，過去に退職金の一部が支給された事例はいずれも金額の多寡はともかく，業務上取り扱う金銭の着服という会社に対する直接の背信行為である。本件行為が被害者に与える影響からすれば，決して軽微な犯罪であるなどとはいえないことは前記説示のとおりであるが，会社に対する関係では，直ちに直接的な背信行為とまでは断定できない。そうすると，それらの者が過去に処分歴がなく，いわゆる初犯であったという点を考慮しても，それが本件事案と対比して，背信性が軽度であると言い切れるか否か疑問が残る。加えて，控訴人の功労という面を検討しても，その20年余の勤務態度が非常に真面目であったことは被控訴人の人事担当者も認めるところである。また，控訴人は，旅行業の取扱主任の資格も取得するなど自己の職務上の能力を高める努力をしていた様子も窺われる。

　このようにみてくると，本件行為が上記のような相当強度な背信性を持つ行為とまでは

いえないと考えられる。そうすると，被控訴人は，本件条項に基づき，その退職金の全額について，支給を拒むことはできないというべきである。しかし，他方，上記のように，本件行為が職務外の行為であるとはいえ，会社及び従業員を挙げて痴漢撲滅に取り組んでいる被控訴人にとって，相当の不信行為であることは否定できないのであるから，本件がその全額を支給すべき事案であるとは認め難い。

　そうすると，本件については，上記に述べたところに従い，本来支給されるべき退職金のうち，一定割合での支給が認められるべきである。その具体的な割合については，上述のような本件行為の性格，内容や，本件懲戒解雇に至った経緯，また，控訴人の過去の勤務態度等の諸事情に加え，とりわけ，過去の被控訴人における割合的な支給事例等をも考慮すれば，本来の退職金の支給額の3割とするのが相当である。

6
重度後遺障害事案の損害算定における問題点の概観
遷延性意識障害[1]の事案を中心として
宮﨑朋紀

第1　はじめに

　重度後遺障害事案の損害算定では，多数の損害費目につき判断が求められるが，その中では，将来現実化していく損害費目が多くを占める。このような将来の損害の算定は，いくつもの不確定要素を踏まえて行うほかない一方，捉え方を少し変えるだけで結論に大きな差が生じ，非常に困難といえる。そこで，これまで各損害費目について深く掘り下げて研究された論稿が積み重ねられているが，一通り問題点を概観するものは多くないように思われる。

　また，現在進行中の民法（債権関係）改正の議論では，中間利息控除の際に採用する利率の問題が検討対象になっている。法制審議会では，「損害賠償額の算定というのは，長年の事例の積み重ねで，いろいろな要素を勘案して被害者と加害者の間の微妙なバランスをとった，言わばガラス細工のような精緻なものができあがっている」，「中間利息控除の問題を議論するのであれば，そのあたりも十分視野に入れて議論しないと実務に混乱が生じるという感じをもっています」との意見が述べられている[2]。この議論との関係でも，特に損害が高額となる重度後遺障害事案において，どのように損害賠償額が算定されているかを概観することは有意義であるといえる。

　そこで，重度後遺障害事案の損害算定における問題点の概観を行いたい。

---

　1)「植物状態」とも言われるが，正式には「遷延性意識障害」とされる。生命維持に必要な脳幹部分は機能しており，自発呼吸や脳波が見られるなどの点で，「脳死」と区別される。

　2)「法制審議会民法（債権関係）部会第19回会議議事録」（http://www.moj.go.jp/content/000061435.pdf）16頁〔油布志行関係官発言〕，17頁〔佐成実委員発言〕。

第2　裁判例の傾向

1　交通損害賠償事件に関する裁判例の専門誌である自保ジャーナルに掲載された「高額対人賠償判決例」一覧表[3]（対人賠償判決例を高額な順に32件リストアップしたもの）を見ると、1件が死亡事案、31件が重度後遺障害事案（障害等級1級）であり、中でも遷延性意識障害の事案が相当数を占めている。認定損害額の最高額は約3億9500万円とされる（過失相殺、損益相殺のため、主文の認容額の最高額は約3億4000万円である）。

別表1は、上記一覧表に挙げられた裁判例のうち、高額な順に11件を表にしたものであるが、この11件すべてが平成17年以降のものであり、ここ6～7年間で認定損害額の高額化が進んでいることが分かる。

2　別表2は、平成22年4月以降、判例誌に掲載された裁判例のうち、認容額が概ね1億円以上の裁判例を表にしたものである（網羅的ではない）。これを見ると、全般に請求額と認容額に差があり、損害費目ごとに見ると、逸失利益ではさほど差がないが、将来介護費では差が大きいといえる。これらから、重度後遺障害事案における損害額には大きな議論があり、特に将来介護費が最もホットな争点であることが分かる。

3　別表3は、概ね平成15年以降に定期金賠償方式での損害賠償を命じた裁判例を検索して表にしたものである。定期金賠償方式を採用した裁判例は、平成15年ころ比較的多く見られたが、その後あまり見られなくなり、平成20年ころ以降、再び見られるようになってきていることが分かる。

第3　遷延性意識障害損害賠償事案の全体像

1　遷延性意識障害について

(1)　遷延性意識障害の意義

1972年、日本脳神経外科学会は、遷延性意識障害とは、次の6項目を満た

---

[3] 自保ジャーナルにおいて、高額事例が現れるたびに更新されて掲載されるが、最近のものとして自保ジャーナル1851号28頁。

す状態に陥り，改善が見られないまま3か月以上が経過したものと定義した。
①自力移動不可能，②自力摂食不可能，③尿尿失禁状態にある，④たとえ声は出しても，意味のある発語は不可能，⑤「目を開け」，「手を握れ」等の簡単な命令にはかろうじて応じることもあるが，それ以上の意思疎通は不可能，⑥眼球はかろうじて物を追っても認識はできない。

(2) 治療法，予後等[4]

遷延性意識障害については，脳の損傷により生じていることは間違いないが，脳が未知の領域であることもあり，有効な治療法も予後も分からない状況であることが多い。

回復可能性がないわけではなく，徐々に回復してわずかながらもコミュニケーションがとれるようになった患者は少なくなく，遷延性意識障害状態から「脱却」（6項目につきそれぞれ点数評価し，合計が一定点数を下回った場合をいうが，要介護状態から回復することまでは意味しない）した患者の例も相当数が報告されている。

他方，抵抗力や体温調節機能の低下がみられ，また自力で寝返りがうてないので褥瘡も生じやすい。このような状況から，肺炎をはじめ感染症等を発症するリスクが大きく，これらにより死亡する例も相当数が報告されている。

(3) 遷延性意識障害患者の生活状況及び介護状況

ア 施設介護と自宅介護

遷延性意識障害患者は，かつては主に病院その他の施設で介護されていたが，近年，医療技術（気管切開，「胃瘻」すなわち腹部に設けた胃への直接のルート等）及び家庭用医療機器の発達により，栄養管理や呼吸管理のリスクが低下したことに加え，重度の要介護者の受入施設が不足している社会状況から，自宅介護が選択される例も多い。

イ 必要となる介護の内容

遷延性意識障害患者の間にも症状の程度に差があるが，裁判例では，重い

---

[4] 自動車事故対策センター（現・独立行政法人自動車事故対策機構）で介護料を支給した遷延性意識障害患者1794人につき1990年まで最長12年間観察して調査したところ，生存者586名，脱却者144名，死亡者925名であり，死亡者の事故からの経過年数は5年未満が66％，5～10年が22％，10～15年が8％，15～20年が3％，20年以上は0.3％であった（堀江武「いわゆる植物状態患者について」賠償医学14号3頁）。1996～2007年の間に医療保険型療養病床群に入院した脳挫傷遷延性意識障害患者50例では，50％生存期間が受傷後36か月，最高生存期間が受傷後96か月，死因は肺炎が45例であった（白石有利＝石垣泰則「脳挫傷遷延性意識障害患者における転帰」第66回日本脳神経外科学会総会〔2007〕）。

症状の場合，例えば，以下のような介護を要すると認定されている。
(1) 食　事
1日に3回，口，鼻又は胃瘻から，チューブを入れ，栄養剤等を注入する。
(2) 呼　吸
喉仏の下に気管切開部を設け，定期的に（2～3時間に1回など），又は必要に応じ，吸引器で痰を吸引する。また，ネブライザー（加湿・吸入器）で薬剤等を吸入させる。
(3) 体位変換
褥瘡防止のため，定期的に（2～3時間に1回など）体位変換を行う。
(4) 排　泄
おむつを使用し，定期的に交換する。下剤により排便管理し，場合により摘便をする。
(5) その他
入浴，着替え及び歯磨きの介助，身体の清拭，マッサージ（筋緊張の緩和や関節拘縮の防止のため），リハビリの介助及び受診への付添い等を要する。

2　遷延性意識障害の事案における審理の特徴

(1) 主な損害項目
遷延性意識障害の事案で請求される主な損害費目には，下記の【図1】のようなものがある。

(2) 将来の損害費目について
ア　将来治療費
症状固定とは，治療をしてもそれ以上症状の改善が見込まれない状態であるから，症状固定時以降の治療費は認められないのが原則といえるが，遷延性意識障害の場合は，症状の維持のため，将来にわたり定期的な受診（気管切開部及び胃瘻の点検や，全身状態の確認等）を要するとして治療費が請求されることが多い。

イ　将来介護費
遷延性意識障害の事案では，将来介護費が多額となるため，常に主たる争点となるといえる。別表の裁判例のとおり，裁判例の認定額は日額1～2万円台が多いが，被害者側から日額4～5万円台を超える請求がされることがある。
事故後数年にわたる入院診療録，医師の意見書及びケアマネージャー作成の介護プラン等が提出され，介護体制の相当性に関する詳細な主張が応酬される。

ウ　逸失利益

6 重度後遺障害事案の損害算定における問題点の概観

逸失利益は，死亡事案では損害の大半を占めるが，遷延性意識障害の事案では損害に占める割合が相対的に低い。年齢によるが，金額は数千万円から1億円を超える程度が多い。

エ　家屋改築費

バリアフリー化，ホームエレベーター設置，浴室の拡張等の工事費用が請求される。建物全体の建替えを要すると主張され，数千万円が請求されることもある。

被害者側から工事内訳書が提出されるが，加害者側から各工事項目につき相当性が争われ，建築士の意見書が提出されることもある。

【図1】遷延性意識障害の事案における主な損害項目

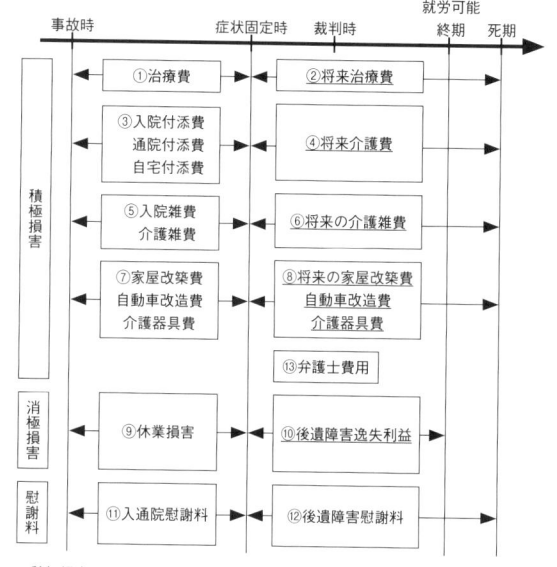

		事故時	症状固定時	裁判時	就労可能終期	死期
積極損害		①治療費	②将来治療費			
		③入院付添費 通院付添費 自宅付添費	④将来介護費			
		⑤入院雑費 介護雑費	⑥将来の介護雑費			
		⑦家屋改築費 自動車改造費 介護器具費	⑧将来の家屋改築費 自動車改造費 介護器具費			
			⑬弁護士費用			
消極損害		⑨休業損害	⑩後遺障害逸失利益			
慰謝料		⑪入通院慰謝料	⑫後遺障害慰謝料			

※積極損害は，既存財産の減少による損害及び現実の費用支出による損害である。
※消極損害は，事故がなければ得られたであろう利益の喪失による損害である。
※下線を付した損害項目は，中間利息控除を行うものである。

オ　将来の介護用自動車の費用，介護器具費用

介護用自動車，介護用ベッド，介護用浴槽，電動車椅子，天井走行リフト，痰の吸引器その他の介護器具の必要性が主張され，それぞれ数十万円ないし数百万円が請求される。3～10年程度の耐用年数ごとの買替えも要すると主張され，中間利息控除をして複雑な計算をした上，合計数千万円が請求される。

各介護器具等について，被害者側から請求書，領収書及び商品カタログ等が提出され，加害者側から相当性が争われ，より安価な介護器具が掲載された商品カタログ等が提出されるなど，詳細な議論がされることがある。

カ　将来の介護用品（介護雑費）

紙おむつ，手袋，ガーゼ，タオル等の介護用品のための雑費であり，数千万円が請求される。

被害者側から数か月分の領収書が提出され，加害者側から各介護用品の相

197

当性が争われることがある。

(3) 審理の特徴——現地進行協議期日

審理は，通常事件と同様であるが，被害者の症状，介護状況，家屋改築及び介護器具の状況等を把握するため，被害者側からビデオ映像が提出されることがあるほか，被害者宅で進行協議期日を実施することもある[5]。後記のとおり介護水準の相当性に関する判断は困難であり，筆者の経験では，現場で介護状況を直接見ると，介護状況の理解等参考になることが多いと感じられた。

第4　総　論——損害の把握について

1　差額説＋個別損害項目積み上げ方式

(1) 実務における通説

人身損害を把握する方法について，差額説，死傷損害説，労働能力喪失説等の見解があるが[6]，実務は差額説に立った上，個別損害項目積み上げ方式をとっているといわれる。

ア　差額説

損害とは，もし当該不法行為がなかったとしたらあるべき利益状態と，当該不法行為の結果もたらされた現在の利益状態との差であるとする見解である。

【最判1】最一小判昭39.1.28民集18巻1号136頁

「思うに，民法上のいわゆる損害とは，一口に云えば，侵害行為がなかったならば惹起しなかったであろう状態（原状）を(a)とし，侵害行為によって惹起されているところの現実の状態（現状）を(b)としa−b＝x　そのxを金銭で評価したものが損害である」

イ　個別損害項目積み上げ方式

個別に損害項目を列挙し，各項目ごとに損害を具体的に計算し，その総和をもって総損害を算定する方式である。まさに前記【図1】のように，損害費目ごとに損害を算定し，最後にそれらを合算する方式であるといえる。

---

[5] 大阪地裁では特に重篤な事案では現地進行協議期日が実施されることが多いとされる（中西茂ほか「座談会・交通損害賠償における実務の現状」判タ1346号19頁〔田中敦判事発言部分〕）。

[6] 各説を端的に紹介するものとして藤村和夫『交通事故賠償理論の新展開』（日本評論社，1998）83頁。

(2) 「差額説＋個別損害項目積み上げ方式」への批判と算定基準
ア 「差額説＋個別損害項目積み上げ方式」への批判

上記算定方法に対しては，西原道雄教授が，昭和42年にいわゆる死傷損害説の立場から次のような鋭い批判を含む論文を発表したが[7]，現在でもこの種問題が扱われる際には頻繁にこれが引用されている。

「同一の負傷や死亡に対しても，被害者の支出のしかたは一様ではない。理論的には，現実の出費の中で死傷と相当因果関係にあるものについてのみ賠償を認めるべきだと解されているようであるが，事実上は，たいていの出費はそのまま賠償額として認められる反面，いかに必要があっても，実際に支出したという主張や証拠がなければ，賠償は認められないのが普通である。最近の訴訟においては，例えば入院患者の卵・牛乳代，コップ・スプーン・チリ紙・石けん等の購入費の細かい費目が請求されることも少なくないといわれているが，裁判所がとかく現実の出費に引きずられがちだったことを反映しているといえないだろうか。私はこのような極度の実費主義には強い疑問をもっている。入院加療を要するような負傷をして一定期間入院したという事実がある以上，通常の入院費とそれに伴って通常要する諸雑費を適度な額までは内訳の明細についての主張や立証がなくても定型的に賠償させ，これを超える額は現実に支出されても賠償を要しないものとすべきである」「賠償額を定型化することは，被害者側に損害の拡大を防止し避抑する義務があるという観念ともよく一致する」

イ 算定基準化

このような意見もあり，例えば，入院雑費は立証がなくても一定額とする(現在では日額1500円[8])というような基準が形成され，被害者の間で賠償額に差が生じることの防止や審理の迅速化に大いに役立っている。

もっとも，算定基準には，長所として，①同種大量の事件の迅速処理，②裁判官の主観性，恣意性の排除，③被害者相互間の公平均衡化，④予測性（示談の推進）などが指摘される一方で，短所として，①基準の硬直性，②基準の保守性，③基準の安易な適用，④定額基準化の法的根拠の欠如などが指摘されている[9]。

---

[7] 西原道雄「損害賠償額の法理」ジュリ381号148頁。
[8] 大阪地裁民事交通訴訟研究会編『大阪地裁における交通損害賠償の算定基準〔第2版〕』（判例タイムズ社，2009）2頁（以下「大阪地裁算定基準」という），日弁連交通事故相談センター東京支部編『民事交通事故訴訟損害賠償額算定基準2011年上巻』28頁（以下「赤い本」という）。

(3) 検　討

　上記(2)の見解，すなわち被害者が現に支出している実費に過度に引きずられた算定には問題があり，同程度の障害を負った者に対しては，基本的には一様の賠償がされるべきであって，合理的な賠償額の範囲内で，被害者側でも合理的なやりくりをして介護をすべきとすることが損害拡大防止義務の考え方にも適合し，その観点から損害賠償の定額化が進められるべきである旨の指摘は，現在の実務に活かされているが，「合理的な賠償額」というものを具体的に導けないなどの問題点から，全面的に受け入れられるには至らなかったという経緯があるようである。

　現在の実務では，基本的には個別損害項目積み上げ方式をとるべきとの見解によりつつ，上記(2)の見解もとり入れて算定基準化になじむ損害費目では算定基準化を行っているといってよいと思われる。

2　損害賠償の範囲を画するための基準

(1)　判例の立場

　損害賠償の範囲を画するための基準に関しては，以下の最高裁判決がある。

【最判2】最一小判昭48.6.7民集27巻6号681頁

「不法行為による損害賠償についても，民法416条が類推適用され，特別の事情によって生じた損害については，加害者において，右事情を予見しまたは予見することを得べかりしときにかぎり，これを賠償する責を負うものと解すべきである。」

【大隅健一郎判事の反対意見】

「多くの場合全く無関係な者の間で突発する不法行為にあっては，故意による場合はとにかく，過失による場合には，予見可能性ということはほとんど問題となり得ない。(中略)不法行為の場合においては，各場合の具体的事情に応じて実損害を探求し，損害賠償制度の基本理念である公平の観念に照らして加害者に賠償させるのが相当と認められる損害は，通常生ずべきものであると特別の事情によって生じたものであると，また予見可能なものであると否とを問わず，すべて賠償責任を認めるのが妥当であるといわなければならない。」

---

9) 伊藤淳吉「算定基準是非論雑感」交通事故紛争処理センター編『交通事故損害賠償の法理と実務』（ぎょうせい，1984）154頁。

(2) 検　討

　損害賠償の範囲を画するための基準について，【最判2】の多数意見は，不法行為に基づく損害についても民法416条が類推適用されるとするが，交通事故による損害算定の場面では，大隅判事が指摘するとおり，予見可能性が問題となることはほとんどないため，同条の枠組みが使われることは少なく，「損害賠償制度の基本理念である公平の観念に照らして加害者に賠償させるのが相当かどうか」というかなり裁量幅の広い基準で判断せざるを得ないことが多いように感じられる。

　特に重度後遺障害事案では，介護水準の相当性の判断につき困難な問題があり，これは後に触れたい。

3　将来予測を伴う損害算定の困難性

(1) 損害の算定の裁量性について

　損害の算定（損害の金銭的評価）が裁判官の裁量的判断であるか否かについて，平井宜雄教授は，これを全面的に認めるべきとの見解を示しつつ，判例が財産的損害について正面からこの見解をとっていないことを指摘している[10]。また，学説上も，上記見解に対しては，様々な問題についてすべて金銭的評価の名目のもとに裁判官の自由裁量に委ねられることになってしまうとの強い批判がある[11]。

　もっとも，損害の金銭的評価が裁量の要素を大きく含んでいることは明らかであるとか[12]，技巧を付して実体法的に正当化しようと試みられてきた問題（幼児・主婦・無職者・外国人の逸失利益の算定等）に適切な位置づけを与えるものである[13]などとして，平井教授の上記見解に共感を示す見解も見られる。

(2) 将来の損害の算定のフィクション性について

　将来の損害の算定が極めて困難であり，一定のフィクション（擬制又は虚構）が含まれざるを得ないことは，多くの論者が指摘している[14]。また，後掲【最判10】は，後遺障害事案においては「不法行為の時から相当な時間が経過した後に現実化する損害につき，不確実，不確定な要素に関する蓋然性に基

---

[10] 平井宜雄『債権各論Ⅱ不法行為』（弘文堂，1992）130頁。
[11] 森島昭夫『不法行為法講義』（有斐閣，1987）279頁。
[12] 内田貴『民法Ⅱ債権各論〔第2版〕』（東京大学出版会，2007）402頁。
[13] 潮見佳男『不法行為法』（信山社出版，1999）232頁。
[14] 大島眞一「交通損害賠償訴訟における虚構性と精緻性」判タ1197号27頁，藤村・前掲注6）134頁等。

づく将来予測や擬制の下に，不法行為の時におけるその額を算定せざるを得ない」とする。

(3) 将来予測を伴う損害認定のあり方に関する最高裁判決

【最判3】最三小判昭39.6.24民集18巻5号874頁，判タ166号106頁（下線や文中の記号は筆者が付したものである。以下同じ。）

「年少者死亡の場合における右消極的損害の賠償請求については，一般の場合に比し不正確さが伴うにしても，①裁判所は，被害者側が提出するあらゆる証拠資料に基づき，経験則とその良識を十分に活用して，できうるかぎり蓋然性のある額を算出するよう努め，②ことに右蓋然性に疑がもたれるときは，被害者側にとって控え目な算定方法（たとえば，(ｱ)収入額につき疑があるときはその額を少なめに，(ｲ)支出額につき疑があるときはその額を多めに計算し，また(ｳ)遠い将来の収支の額に懸念があるときは算出の基礎たる期間を短縮する等の方法）を採用することにすれば，慰藉料制度に依存する場合に比較してより客観性のある額を算出することができ，被害者側の救済に資する反面，不法行為者に過当な責任を負わせることともならず，損失の公平な分担を窮極の目的とする損害賠償制度の理念にも副うのではないかと考えられる。」

(4) 検　討

損害の算定一般につき裁判官の裁量的判断であるとする見解には前記の強い批判があるが，こと将来の損害については，本来的に直接証拠があり得ないため，事故の直前又は裁判時の状況を踏まえつつ，将来予測や擬制を交えて推認を行っていくほかない点で評価的要素が強いといえる。また，立証責任の観点から厳格な立証を求めると，被害者に著しく不利な結果を招きかねない。そこで，将来の損害の算定については，一定の評価的な要素ないし裁量的判断の要素が含まれていることは否定しにくいと思われる[15]。もっとも，損害算定が裁判官の自由裁量に委ねられることになりかねないとの前記批判には留意する必要があり，できる限り算定過程を明確化，合理化する努力や，公平の観点から裁判官ごとに結論が区々にならないようにする配慮が重要であると思われる。

【最判3】は，逸失利益についてのものであるが，一般的に将来の損害の算定において裁判所がとるべき姿勢を示したものとして引用されることが多く，特に「控え目な算定」という表現は，最近の裁判例でもしばしば用いられる[16]。

しかし，現在の実務をみると，必ずしも「控え目な算定」とはいえない例

---

15) 大島・前掲注14) 30頁は，裁判所の裁量は相当広いとする。

が多いことに留意する必要があるように思われる。例えば，(ア)30歳未満の者は，実収入が平均賃金以下であっても平均賃金を基礎収入とする扱いがされることがあり[17]，(イ)公的給付を受給していても，将来にわたりこれが継続する保証はないとして，公的給付の将来分は控除せずに損害を算定する運用が有力であり，(ウ)遷延性意識障害患者は，前記の様々な危険を抱えているが，生存可能年数として一般の平均余命を採用する裁判例が多数ある。

これらを踏まえると，現時点では，【最判3】の判示の中では，下線②の「控え目な算定」をすべきとする部分よりは，下線①のとおり，あらゆる証拠資料に基づき，経験則と良識を十分に活用して，できうるかぎり蓋然性のある額を算出するよう努めなければならないとする部分を重視して，損害算定が行われているといってよいのではないかと考えられる。

4 損害の発生時及び遅延損害金の起算日

(1) 判例の立場

最高裁判決は，交通事故による損害賠償債務の遅延損害金の起算日を事故日としており，【最判4】はその結論に至る最高裁判決の流れを確認したものといえる。

【最判4】最二小判平7.7.14交民28巻4号963頁

「不法行為に基づく損害賠償債務は，損害の発生と同時に，なんらの催告を要することなく，遅滞に陥るものである（最三小判昭37.9.4民集16巻9号1834頁参照）。そして，同一事故により生じた同一の身体障害を理由とする損害賠償債務は一個と解すべきであって，一体として損害発生の時に遅滞に陥るものであり，個々の損害費目ごとに遅滞の時期が異なるものではないから（最三小判昭58.9.6民集37巻7号901頁参照），同一の交通事故によって生じた身体障害を理由として損害賠償を請求する本件において，個々の遅延損害金の起算日の特定を問題にする余地はない。また，上告人が損害額及びこれから控除すべき額を争ったからといって，これによって当然に遅延損害金の請求が制限される理由はない。したがって，本件においては，損害発生の日すなわち本件事故の日からの遅延損害金は認容されるべきであって，事故発生日から訴状送達の日までの遅延損害金請求を棄却すべきものとした原判決には，法

---

16) 藤村和夫「『被害者側にとって控え目な算定』考」山田卓牛先生古稀記念『損害賠償法の軌跡と展望』（日本評論社，2008）79頁は，「控え目な算定」という考え方の当否を詳細に検討している。

17) 大阪地裁算定基準6頁，赤い本2011年上巻71頁。

令の解釈を誤った違法があり，右違法は原判決の結論に影響を及ぼすことが明らかである。」

(2) **検　討**

交通損害賠償事案の実務においては，【最判4】の扱いが定着しており，最近では，加害者側から，遅延損害金の起算点を事故日より遅らせるべきとの主張がされる例も見られない。

ただ，【最判4】の扱いに対して，学説上は，理論的な裏付けが明らかではない旨が指摘され，遅延損害金の起算点を訴状送達日の翌日等とすべき旨の見解も有力であり[18]，実務上も，かつては裁判所の訴訟指揮により，被害者側に遅延損害金の起算点を遅らせて請求するよう促す扱いがあったこと[19]を念頭に置いておくことは，後に触れる問題状況を検討する際に重要となるように思われる。

第5　各論1──重度後遺障害の事案に共通する問題点

1　中間利息控除の方法及び利率の問題

(1)　ライプニッツ式と新ホフマン式

中間利息控除において，ライプニッツ式（利息を複利計算で控除する），新ホフマン式（利息を単利計算で控除する）のいずれを採用すべきかの争いがある[20]。なお，別表4のとおり，被害者にとっては新ホフマン式の方が有利となる。平成11年の三庁共同提言[21]でライプニッツ式を採用すべき旨が提言され，下級審の大半はライプニッツ式を用いているが，最高裁は，従前からいずれも許容される旨の判断を繰り返している（最近のものとして最三小判平22.1.26判タ1321号86頁）。

(2)　中間利息控除の際の利率

低金利が長期間継続する近年の経済情勢から2〜4％を採用する裁判例が一時期多く見られたが，最高裁は民事法定利率5％とすべき旨の判断を示し

---

18)　平井・前掲注10）165頁，潮見・前掲注13）267頁。
19)　大島・前掲注14）34頁。
20)　原則としてライプニッツ式を採用するのが妥当であることを端的に論じるものとして高野真人「中間利息の控除について」ひろば2001年12月号30頁。
21)　井上繁規ほか（東京・大阪・名古屋各地裁交通部総括判事）「交通事故による逸失利益の算定方式についての共同提言──平成11年11月22日」判タ1014号62頁（以下「三庁共同提言」という）。

た。

【最判5】最三小判平17.6.14民集59巻9号983頁，判タ1185号109頁
「損害賠償額の算定に当たり，被害者の将来の逸失利益を現在価額に換算するために控除すべき中間利息の割合は，民事法定利率によらなければならないというべきである」

(3) 検　討

ア　後遺障害事案の損害算定においては，毎年「X」円を「N」年分積算する場合の基準時における現在価額（「X」円×「Nに対応する係数」）を計算することが頻繁にあるが，5％のライプニッツ係数を用いた場合に意外なほど低い数値になることがある。

例：（利率5％の係数を本文に，3％及び1％の係数を【　】内に記載）

―基準時から40年間に相当する係数は17.1590【3％：23.1147，1％：32.8346】

―基準時に5歳である子につき38歳時から78歳時までの40年間[22]に相当する係数は3.4296（19.4321－16.0025）【3％：8.7149（29.4806－20.7657），1％：23.6444（51.6340－27.9896）】

以上からは，仮に現実に将来5％の運用利益が得られず，例えば1％の運用利益しか得られない場合，被害者側には，かなり不利になっているといえる。

イ　次に，仮に，法改正等により中間利息控除の利率が3％に変更されたとした場合の認容額を試算してみる（現時点でこのような具体的な案は示されていない）。主文における認容額が最も高額な【別表裁判例6】を例にとると，将来介護費が約1億2441万円から約1億8675万円に（約6200万円増加），逸失利益が約9101万円から約1億3276万円に（約4100万円増加），それぞれ増加し，これだけで主文の認容額は約3億4335万円から約4億4635万円に増加する（1億0300万円余り増加。なお，他に将来の介護器具，介護雑費等の関係でも増加する）。

中間利息控除の際の利率が結論に与える影響は，大きいといえる。

2　中間利息控除の基準時

(1) 判例の立場

将来現実化する損害を現在価額に換算する場合の基準時（中間利息控除の基

---

[22] 将来介護費用日額は，主に介護に従事する家族が67歳に至るまでの期間は家族介護を前提に比較的低額の認定がされ，それ以降の期間は職業介護を前提に比較的高額の認定がされることが多いため，後者の期間の介護費用につきこのような計算がされることがよくある。

準時）をいつとすべきかについては，主に事故日とする扱いと症状固定日とする扱いがある。例えば，事故日15歳，症状固定日20歳の被害者が，症状固定日から60歳まで毎年300万円の将来介護費を要するという事例においては，基準時を事故日とすると，45年の係数（17.7740）から5年の係数（4.3294）を控除した係数（13.4446）を用いて総額4033万3800円となるのに対し，基準時を症状固定日とすると，40年の係数（17.1590）を用いて総額5147万7000円となる。

この点について，最高裁判決では必ずしも統一的な扱いが示されているわけではない旨が指摘されている[23]。すなわち，後遺障害逸失利益について症状固定日を基準時として算定すべきとしたものがある一方で（最一小判昭62.12.17裁判集民152号281頁），積極損害について事故日を基準時として算定すべきとした【最判3】，【最判7】，弁護士費用について被害者が事故日からの中間利息を不当に利得することのないよう算定すべきとした【最判6】，症状固定後死亡時までの介護費用について中間利息控除をせずに単純に積算した【最判8】などがある。

【最判3】前掲最三小判昭39.6.24
「不法行為による損害賠償の額は，不法行為時を基準として算定するのを本則とするのであるから，原審が，ホフマン式計算方法を適用するについて本件事故の時を基準とし，その時における一時払いの額を算出したのは正当である」

【最判6】最三小判昭58.9.6民集37巻7号901頁，判タ509号123頁
「弁護士費用につき不法行為の加害者が負担すべき損害賠償債務も，当該不法行為の時に発生し，かつ，遅滞に陥るものと解するのが相当である。なお，被害者が弁護士費用につき不法行為時からその支払時までの間に生ずることのありうるべき中間利息を不当に利得することのないよう算定すべきものであることは，いうまでもない」

【最判7】最二小判昭63.6.17自保ジャーナル762号
「原審としては，所論の損害（筆者注：症状固定後の治療費等）につき支出時から本件事故日までの中間利息を控除して本件事故日における損害額を算定したうえで，右損害額及びこれに対する本件事故日から支払ずみまで民法所定の年5分の割合による遅延損害金の支払を被上告人に対し命ずるべきであっ

---

[23] 八木一洋「東京地裁民事交通部における実務の現状と課題」高野真人ほか編『交通事故賠償の再構築（別冊法律のひろば）』（ぎょうせい，2009）8頁。

たといわなければならない」

【最判8】 最一小判平11.12.20交民32巻6号1687頁，判タ1021号123頁

症状固定日から死亡までの介護費用（裁判時から見るとすべて既発生分）につき中間利息を控除せずに積算して自判した。

(2) **検　討**

ア　現在の実務では，前記【図1】のように，損害項目を症状固定日の前後で分けた上，①症状固定日までに生じた損害は単に積算し，②症状固定日以降に生じる損害は症状固定日を基準時として中間利息控除をする扱いが定着してきているといえる[24]。

しかし，中間利息控除の基準時に関する上記扱いと，遅延損害金の起算点に関する【最判4】の扱いを併せると，①事故後，症状固定日までの間に順次発生（すべての損害が事故時に「発生」したと扱う【最判4】からは，「現実化」したと表現することになる。以下同じ）した治療費等の損害や，②症状固定後に発生して症状固定日における現在価額に換算した損害についても，遡って事故日からの遅延損害金が発生することになる。

これにより，被害者が，実質的に支払遅延による損害を被っているとはいえない期間について遅延損害金を得てしまうという問題状況が生じることが指摘されている[25]。

イ　普通に考えると，①損害が発生した時点又は②現在価額に換算する基準時と，遅延損害金の起算日は，一致させるのが合理的といえる。しかし，順次発生していく損害（特に症状固定日まではこまごまとした損害が日々発生し，これらを時点ごとに分けると，数百項目にもなりかねない）の一つ一つについて，中間利息控除の計算をしたり，遅延損害金の起算点を分けたりすることは，実務ではおよそ非現実的であり，できるだけ簡素な計算方法を求める要請は強いといえる。

そこで，現在の実務では，遅延損害金の起算日に関しては事故日とする扱いが定着し，一方で，事故後に順次発生する損害の中間利息控除に関しては，①症状固定日前に発生した損害についてはこれを行わず，②症状固定日後に発生していく損害については症状固定日を基準時としてこれを行う扱いがほ

---

24) 本田晃「逸失利益の現価算定の基準時」赤い本2003年308頁は，分析した240件の裁判例のうち，基準時を事故時としたものが35件，症状固定時としたものが201件であったとし，浅岡千香子「損害算定における中間利息控除の基準時」赤い本2007年下巻184頁は，裁判例上，特に逸失利益の中間利息控除につき症状固定時を基準時とする見解が定説になっている状況にあるとする。

25) 本田・前掲注24）311頁，浅岡・前掲注24）178頁。

ぼ定着しているといえる[26]。そして，そもそも将来の損害は，不確実，不確定な要素に関する将来予測や擬制の下に算定せざるを得ず，一定の裁量的判断の要素が入ってくること，大半の交通損害賠償事案ではこの問題状況が結論の金額に与える影響が非常に大きいとはいえないこと，上記扱いは他の扱いと比べて被害者保護の要請に合致することなどから，基本的には上記扱いは許容されるとするのが現在の実務の一般的な考え方であるといえる。

　もっとも，事故日から症状固定日までの期間が10年以上となる事案が稀に存在するが，その場合，症状固定日における現在価額に換算した将来の損害に対して，事故日から症状固定日までの期間につき損害元本の50％以上に相当する遅延損害金が生じることになる。遷延性意識障害の事案でも，上記期間が長期間となることがあり（【別表裁判例8】では約6年と認定された），そもそも損害元本が大きいこともあって，前記問題状況が結論に与える影響は大きい。

　そこで，中間利息控除の基準時を症状固定日とする扱いは，常に不動のものと捉えることには問題があり，事故日から症状固定日があまりに長期間になり，容認できない不均衡が生じる事案では，別の扱いをしてよいのではないかとの指摘がされている[27]。最高裁が中間利息控除の基準時について必ずしも統一的な見解を示していないのも，上記の観点から理解が可能であるといえる。

3　既払金の充当

(1)　判例の立場

　最高裁は，自賠責保険金はまず遅延損害金に充当すべきであるとしたが，社会保険給付は原則として損害元本との間で損益相殺的調整をすべきであるとした。

【最判9】最二小判平16.12.20裁判集民215号987頁，判タ1173号154頁

「本件自賠責保険金等によって填補される損害についても，本件事故時から本件自賠責保険金等の支払日までの間の遅延損害金が既に発生していたのであるから，本件自賠責保険金等が支払時における損害金の元本及び遅延損

---

[26] 他に，②につき中間利息控除の基準時を症状固定日とする扱いを相当とする理由としては，この基準時を事故日とした場合，(ア)複利計算（ライプニッツ式）で事故日における現在価額に換算した損害について，遅延損害金は単利でしか発生せず，被害者にやや不利であること，(イ)①の症状固定日前に発生（現実化）した損害に関してもすべて事故日を基準時として中間利息控除をしなければ②の扱いと整合しないことになるが，そのような計算は非現実的であることが挙げられる。

[27] 浅岡・前掲注24）190頁。

害金の全部を消滅させるに足りないときは、遅延損害金の支払債務にまず充当されるべきものであることは明らかである（民法491条1項参照）。」

【最判10】最一小判平22.9.13民集64巻6号1626頁，判タ1337号92頁
「不法行為による損害賠償債務は，不法行為の時に発生し，かつ，何らの催告を要することなく遅滞に陥るものと解されるが，①被害者が不法行為によって傷害を受け，その後に後遺障害が残った場合においては，不法行為の時から相当な時間が経過した後に現実化する損害につき，不確実，不確定な要素に関する蓋然性に基づく将来予測や擬制の下に，不法行為の時におけるその額を算定せざるを得ない。その額の算定に当たっては，一般に，不法行為の時から損害が現実化する時までの間の中間利息が必ずしも厳密に控除されるわけではないこと，②上記の場合に支給される労災保険法に基づく各種保険給付や公的年金制度に基づく各種年金給付は，それぞれの制度の趣旨目的に従い，特定の損害について必要額を填補するために，填補の対象となる損害が現実化する都度ないし現実化するのに対応して定期的に支給されることが予定されていることなどを考慮すると，制度の予定するところと異なってその支給が著しく遅滞するなどの特段の事情のない限り，これらが支給され，又は支給されることが確定することにより，その填補の対象となる損害は不法行為の時に填補されたものと法的に評価して損益相殺的な調整をすることが，公平の見地からみて相当というべきである。」

(2) 検　討

ア　自賠責保険金は，傷害分（症状固定日前に発生する損害）の最高額が120万円，後遺障害分（症状固定日後に発生する損害）の最高額が4000万円であり，遷延性意識障害の場合は，概ね最高額が支払われていることが多い。社会保険給付は，2か月ごとに数十万円という形で支払われることが多い。

他方，損害元本が2億円の事案では，1年間の遅延損害金が1000万円となるため，既払金を遅延損害金に充当すべきとの結論をとった場合，既払金の全部又は大半が遅延損害金に充当されることになる。

イ　【最判10】は，実質論に踏み込んで結論を導いており，概ね好意的に受け止められているといえる[28]。そこで，【最判10】を受けて，【最判9】に関しても再検討されるべきかという問題提起が可能といえる。

両判例の最大の違いとして，【最判4】の扱いに対するスタンスが挙げられる。すなわち，【最判9】（事故当日に被害者が死亡し，全損害が事故日に発生した

---

[28] 中西ほか・前掲注5）の藤田昌宏判事，田中敦判事，徳永幸藏判事，中西茂判事各発言部分（23頁以下）。

と説明しやすい事案であるといえる）は，【最判4】の扱いを所与の前提とし，そうである以上，事故日から遅延損害金が発生し，既払金をまずこれに充当すべきことは「明らかである」としたのに対し，【最判10】（重度後遺障害事案）は，【最判4】を引用しつつも，下線①で，後遺障害事案については，不確実，不確定な要素に関する将来予測や擬制の下に損害額を算定せざるを得ないことや，実務で定着している前記中間利息控除の扱い（事故日からの中間利息が必ずしも控除されていないこと）を指摘し，この場面では【最判4】の扱いを絶対のものとはしなくてよいとしたものといえる。

ウ　もっとも，【最判10】の後も，【最判9】を見直すべきとの見解は有力とはいえないようである[29]。

すなわち，自賠責保険金は，社会保険給付と異なり，加害者側からの弁済という面が強いため，民法491条1項の弁済の規定の適用がないとはいいにくいという問題がある。また，【最判10】の下線②は，社会保険給付には，いわゆる費目拘束があり[30]，発生（現実化）した特定の損害をその都度填補していくものといえる点を指摘しているが，自賠責保険金については一般にこのような費目拘束がないとされており，この点で区別されるという問題もある。さらに，訴訟の時点で既払となっている自賠責保険金を元本に充当する扱いをすると，被害者請求（自賠法16条）がされず，判決確定後に加害者が被害者に全額を支払って加害者請求（自賠法15条）がされる事案との間で不均衡が生じるという問題も考えられる。今後の議論の動向に留意する必要があるといえる。

エ　社会保険給付，自賠責保険金のほかにも，様々な既払金につきどのような充当方法をとるべきかは，いまだ議論の余地が大きいところである[31]。

---

[29] 小賀野晶一・判時2117号175頁（【最判10】の判例評論）は「自賠責保険もその損害填補性を重視すると，社会保険給付に係る本判決と同様に遅延損害金は発生しないと解することも不可能ではないが，損害賠償責任保険における加害者弁済としての要素を考慮し，社会保険との違いを考慮することが妥当である」とする。他方，札幌地判平22.12.3【別表裁判例15】は「（自賠責保険金）の支払につき，原告に，実質的な損害が発生していたとは認められないので，その支払額についての本件事故から支払日までの遅延損害金は，損害として認めるのは相当ではない」とした上，自賠責保険金を元本に充当した。

[30] 療養給付は治療費等のみから，休業補償給付は休業損害等のみから，障害補償年金は後遺障害逸失利益等のみから，というように同質性のある損害のみから控除される（【最判10】判文参照）。

[31] 田中敦＝新田和憲「損害賠償債務に対する各種給付等の充当問題等」『交通事故損害賠償実務の未来』（法曹会，2011）63頁参照。

4　将来受給が見込まれる公的給付又は公的助成の控除又は考慮について

(1)　問題の所在

事故後，被害者が，公的給付又は公的助成（健康保険法，労災保険法，国民年金保険法，厚生年金保険法，介護保険法又は障害者自立支援法等に基づくもの）を受けている場合に，それらの過去の受給分が損害から控除されることはほぼ異論がなくなってきている。他方，それらの将来の受給分を将来の損害から控除してよいかという問題がある。

(2)　関係判例

【最判11】最大判平5.3.24民集47巻4号3039頁，判タ853号63頁

「①不法行為と同一の原因によって被害者又はその相続人が第三者に対する債権を取得した場合には，当該債権を取得したということだけから右の損益相殺的な調整をすることは，原則として許されないものといわなければならない。けだし，債権には，程度の差こそあれ，履行の不確実性を伴うことが避けられず，現実に履行されることが常に確実であるということはできない上，特に当該債権が将来にわたって継続的に履行されることを内容とするもので，その存続自体についても不確実性を伴うものであるような場合には，当該債権を取得したということだけでは，これによって被害者に生じた損害が現実に補てんされたものということができないからである。したがって，被害者又はその相続人が取得した債権につき，損益相殺的な調整を図ることが許されるのは，当該債権が現実に履行された場合又はこれと同視し得る程度にその存続及び履行が確実であるということができる場合に限られるものというべきである」

「②給付義務を負う者が共済組合であることに照らせば，遺族年金については，その履行の不確実性を問題とすべき余地がないということができる。③しかし，法の規定によれば，退職年金の受給者の相続人が遺族年金の受給権を取得した場合においても，その者の婚姻あるいは死亡などによって遺族年金の受給権の喪失が予定されているのであるから（法96条），既に支給を受けることが確定した遺族年金については，現実に履行された場合と同視し得る程度にその存続が確実であるということができるけれども，支給を受けることがいまだ確定していない遺族年金については，右の程度にその存続が確実であるということはできない」

(3)　これまでは，【最判11】を踏まえて公的給付の将来分の控除を否定する見解が多く[32]，裁判例も否定するものが多かった[33]。論拠としては，以

下の点が挙げられている。

　ア　公的給付又は公的助成は，将来も現在と同様の内容，水準が維持される保証はなく，【最判11】のいう「当該債権が現実に履行された場合又はこれと同視し得る程度にその存続及び履行が確実であるということができる場合」には当たらない。

　イ　介護保険の場合，要介護認定を6か月ごとに受け，現実にサービスの提供を受けた上で給付の請求をしない限り保険給付がされない仕組みになっており，この点からも【最判11】のいう上記場合には当たらない。

　ウ　仮に，公的給付又は公的助成を控除せずに損害が算定され，被害者が損害賠償を受けた場合，その価額の限度で保険給付はされなくなるので（例えば労災保険法64条2項），被害者が不当に利得することはない。

　エ　仮に，公的給付又は公的助成を控除して損害が算定され，保険給付が継続された場合でも，加害者は保険の支払者から求償を受けるため（例えば労災保険法12条の4），加害者にとって控除しない場合と結果は同じになる。

　オ　公的給付又は公的助成は，福祉の増進を図るものであり，損害賠償とは異なる理念に基づくものである。

(4)　もっとも，最近，公的給付又は公的助成について，損害額からそのまま控除すべきとはいえないとしても，損害算定の際の考慮事情に含めてよい旨の論稿[34]及び裁判例が現れている[35]。否定説が指摘する前記**ア**〜**オ**の各点に対し，以下の反論があり得ることを踏まえたものと思われる。

　ア　将来の公的給付又は公的助成について，現在と同様の内容，水準が維持される保証がないとしても，それらが全廃される蓋然性があるとはいえない[36]。【最判11】は，下線②で「給付義務を負う者が共済組合であることに

---

32)　髙取真理子「重度後遺障害に伴う諸問題」赤い本2002年336頁等。

33)　【別表裁判例1，同2，同17】等。

34)　山田智子「重度後遺障害の将来介護費の算定に関する諸問題」赤い本2011年下巻13頁は「裁判例では，近親者介護の場合にあげた考慮要素のほか，現に職業介護人を依頼している場合の負担額（公的サービスの利用に伴う負担額を含む。），援助を受けている市町村の介護サービスの単価，職業介護人を依頼した場合の見積額，介護保険制度等の介護システムの今後の検討・見直しの可能性等の要素を総合的に勘案して，将来介護費を算定しています」とする。

35)　大阪地判平19.1.31【別表裁判例8】，東京地判平22.3.26【同24】。なお，福岡高判平18.7.27【同38】は，将来の公的給付は全額を損害から控除すべきであるとする。

36)　障害者自立支援法については，同法の違憲訴訟における原告団と国との和解において，平22.1.7付け基本合意書が交わされ，国が遅くとも平25.8までに同法を廃止し，新たな総合的な福祉法制を実施する旨約しているが，これはより手厚い障害者支援立法を約するものといえる。

照らせば，……〔債務〕の履行の不確実性を問題とすべき余地がない」とした上で，下線③で婚姻又は死亡という事由が生じる可能性があるから，存続が確実であるとはいえないとした。共済組合につきそのようにいえるのであれば，国や公共団体の債務履行が不確実であるとはいえない。

　イ　仮に，将来，要介護認定が受けられなくなったとすれば，これはそもそも介護費用の賠償が必要ない状態になったことを意味し，被害者に不利益は生じない。

　ウ　当該規定はあるとしても，運用上，損害賠償が支払われたからといって，必ず公的給付又は公的助成が打ち切られるわけではない。打ち切られない場合，被害者に二重取りを許すこととなる。

　エ　当該規定はあるとしても，運用上，保険給付がされたからといって，必ず求償がされるわけではない。例えば，労災保険では，事故発生後3年以内に支給される年金に限り求償がされる（労働省労働基準局長通達昭和41年基発第610号）。

　オ　公的給付又は公的助成のうちには，過去分につき控除されることに争いがないものが多数ある。これらについて将来分のみ性質論に基づき控除を否定する理由はない。

(5) 検　討

　確かに，日本の国家財政の逼迫及び急激な少子高齢化の進行により，既に社会福祉制度の財源につき深刻な問題が浮かび上がっていること，実際に健康保険制度では自己負担割合が3割まで上がってきていることなどからは，将来数十年間にわたり，現在の公的給付又は公的助成の水準が存続するのが確実とはいい切れず，ストレートにこれを控除するのは不当であるとの指摘はもっともといえる。

　しかし，将来数十年間を考えても，日本の社会福祉制度が全廃される蓋然性があるとはいえず，将来介護費等を算定する際に，現状の公的給付又は公的助成のうち一定程度は存続するであろうことを考慮事情とすべきであるとの指摘もまたもっともといえそうである。ただし，そのように解する場合，例えば，将来の介護サービス費用の自己負担割合として，現状の1割と10割との間で，具体的にいかなる数値をとるべきかという困難な問題が生じることになる。

　以上の点につきどのような扱いが相当であるのか，今後の議論ないし裁判例の動向が注目されるところである。

第6　各論2——遷延性意識障害の事案に特有の問題点

1　遷延性意識障害患者の生存可能年数

(1)　前記のとおり，遷延性意識障害患者は，肺炎，尿道感染症及び敗血症等のリスクを抱えていることから，従前は，一般の平均余命より短い生存可能年数を認定せざるを得ない旨の見解が多かった[37]。以下のような最高裁判決もある。

【最判12】最二小判昭63.6.17自保ジャーナル762号
事故時7歳の男性被害者の生存可能年数を40歳までとした原審の認定を是認した。

【最判13】最一小判平6.11.24自保ジャーナル1096号
事故時32歳の男性被害者の生存可能年数を口頭弁論終結時から10年間とした原審の認定を是認した。

(2)　しかし，最近では，一般の平均余命より短い生存可能年数を認定した裁判例は見当たらない。その理由として，認定した生存可能年数以上に生存した場合にその負担を被害者に負わせるのは，被害者保護の要請に著しく反すること，一般の平均余命より短い生存可能年数を認定するのは「あなたはあとX年しか生きられない」と宣告するようなものなので裁判官の心理的抵抗が強いことが挙げられ，いわば「次善の策」として一般の平均余命が採用されているといわれる[38]。

(3)　検　討

遷延性意識障害患者の生存可能年数について，採用に値する客観的な統計数値が見当たらず，確たる年数を特定できない場合[39]，上記(2)の理由からも，一般の平均余命を採用するのが実務の傾向であるといえる。ただ，遷延性意識障害患者が一般の平均余命と同期間生存できる可能性が低いという前記認

---

[37]　前掲注4)の統計参照。倉田卓次「年金賠償再論」判タ854号11頁は「植物人間の平均余命を観念すれば，通常人より遙かに短いことは明らかであろう」とする。藤村・前掲注6)142頁も同旨。

[38]　石田憲一「定期金賠償の動向」赤い本2004年505頁。

[39]　吉本智信（医師）『寝たきり者の生存余命の推定』（海文堂出版，2004）59頁以下は，「遷延性意識障害患者の生存可能年数は，総体としては予想できるが，分布が広く，どんな値を選んでもその値にならないことが多いため，個別の患者があと何年生きるのかは全く予想できない」旨を説明している。

識を前提とすれば，この点について，被害者側が有利に扱われているとみることもできるように思われる。

2　後遺障害逸失利益における生活費控除

(1)　従前，遷延性意識障害患者は，常時寝たきりであり，衣服は寝間着があればよく，その他労働再生産のための費用の必要がないことから，生活費控除をせざるを得ない旨の主張がされてきた[40]。次のような最判もある。

【最判7】前掲最二小判昭63.6.17
20％の生活費控除をした原審の判断を是認した。

(2)　しかし，最近では，生活費控除を行った裁判例は見当たらない。その理由としては，遷延性意識障害患者も，視覚・聴覚・触覚を刺激するための様々な物品，エアコン・テレビ等の電気代や，できる限りの外出・娯楽が必要であり，相当程度の生活費がかかるとの点が指摘される。また，「植物状態だからといって寝間着程度しか衣服の必要はないのだ等と決めつけることは，植物状態患者の人間としての尊厳を軽んじることにならないだろうか」などとの指摘もある[41]。

(3)　検　討

介護雑費として日常生活に必要な物品の費用が極めて詳細に請求され，他に通常と同程度の生活費を要することが想定しにくい事案がないわけではなく，そのような場合は，生活費控除が行われないことに問題がないとはいえない。こうした問題意識からと思われるが，逸失利益からの生活費控除は行わない一方で，介護雑費を全面的に否定したり（【別表裁判例2】，【同11】），限定して認定したりする裁判例がある（1日1000円とした【同8】，【同34】）。

逸失利益につき生活費控除を行わない判断がほぼ定着した一方，上記問題意識が，別の損害費目である介護雑費に場所を移して引き続き争われている状況がみられる。

3　将来介護費

(1)　前提問題としての介護水準の相当性

将来介護費については，被害者の症状に対して相当性を有する介護体制の水準が根本問題であり，加害者側から「被害者側主張の介護体制は，通常一

---

[40]　松代隆「植物人間の損害の算定」交通事故紛争処理センター編『交通事故賠償の法理と紛争処理』（ぎょうせい，1994）179頁等。
[41]　倉田卓次＝松居英二「植物状態患者の生活費控除」判タ1033号151頁。

般の水準と乖離した過度に濃厚なものである」旨主張されることが多い[42]。

確かに，介護には費用をかけるほど家族の負担が軽減する面があり，自宅に最新・最高水準の医療機器，介護器具を取りそろえ，複数名の訪問看護師[43]が24時間3交代体制で365日間付き添うといった介護体制が主張される場合がある。通常一般の介護体制の水準を遙かに上回る場合には，やはり相当性は否定されざるを得ないといえる。

しかし，「相当性の範囲」＝「通常一般の介護体制の水準」といえるかについては，慎重な検討を要するように思われる。すなわち，現在，介護問題は，日本における最も深刻な社会問題の一つであり，介護に従事する家族の負担が著しいために，公的支援の拡大が強く求められ，2000年に介護保険制度が創設されたものの，その後も問題が解消されたとはいわれていない[44]。そして，病気等の自然の経過で要介護状態に至った場合は，現状の社会福祉制度や当該家庭の有する経済力等の制約の範囲内で，やりくりをして介護を行うほかないが，不法行為により要介護状態に至った場合には，被害者は，そのような制約は別として，相当性の認められる介護を受け，そのための費用を加害者に請求する権利があるとの考え方もあり得るように思われる。

このように，通常一般の介護水準をもって，必ずしも相当な介護水準とはいえないとした場合，それでは，相当な介護水準とはどのようなものかという判断が非常に困難なものになり，判断を求められる裁判官は，具体的事案でこの点に最も苦悩しているといってよいように思われる。

(2) 裁判例において挙げられた考慮事情の例

裁判例を概観すると，介護費用日額の認定は概ね1～2万円台にとどまっているが，それを遙かに上回る額の請求に対し，その額にとどめた理由の説明としては，次のようなものがある。

---

42) 加害者側は「介護保険では，最重度の『要介護5』でも支給限度額が月額約38万円程度であり，これを超える額は相当でない」などと主張することがある（【別表裁判例24】等）。

43) 痰の吸引は医療行為であり，医療関係者と家族以外はこれができないから，訪問看護師が必要であると主張されることがある。一定の条件の下，介護士等も痰の吸引が可能になったが（平17.3.24厚生労働省医政局長通知），これが現実にどの程度運用されているかが争点になることがある。

44) 介護士不足の問題（介護士の賃金が全労働者平均賃金よりもかなり低いことが根本原因のようである）や介護施設不足の問題（入所順番待ちの問題や無届介護施設の問題が知られている）のほか，妻や娘の立場にある者が退職して介護に専従しなければならない「介護退職」の問題も指摘されている（結城康博『介護入門――親の老後にいくらかかるか？（ちくま新書）』〔筑摩書房，2010〕等）。

ア　被害者主張の介護日額が相当性の範囲を超えること

東京地判平18.6.29【別表裁判例5】

「原告らが求める完全な常時介護の単価をもって損害賠償における相当な賠償額とすることは躊躇される」

千葉地佐倉支判平18.9.27【同7】

「24時間365日にわたって職業介護人による介護が必要であるとみることは，損害の公平な分担の観点からいって相当でない」

福岡高判平18.4.11【同39】

「被害者主張の方法であれば，家族は少なくとも介護のための身体的負担を感じることはなくなり，家族にとって理想に近い介護方法といえるであろう。しかし，本件事故による損害として加害者側に負担させるのが相当といえる介護の方法及び費用としては自ずから相当な範囲に限られることは当然である」

イ　現時点の相当な介護費用が立証されたとしても，この額が遠い将来まで続くか分からないこと（低額化する可能性があること）

東京地判平18.6.29【同5】

「今後の介護保険制度の動向やかなり遠い将来の介護費の額を現時点で的確に予測することは困難である」

大阪地判平18.4.5【同11】

「介護保険制度の充実に伴い，廉価で広範な介護サービスを受けられるようになる可能性がある」

横浜地判平17.9.29【同41】

「30年以上後の介護制度は不明であり，より安価なサービスが提供されることも予想される」

ウ　家屋改築や介護器具購入が認められるため，介護の負担が低下すること

東京地判平22.11.25【同36】

「介護のための別建物を建築したり，介護用具等を装備したりしており，これらの費用も本件事故と相当因果関係のある損害として認めること」を考慮した。

エ　将来も一定程度の公的給付又は助成を受けられること

東京地判平22.3.26【同24】

「（介護保険制度を含む公的介護サービス）の提供を受けられることも可能であるといった事情」を考慮した。

オ　将来，施設介護に移行する選択肢もあること

神戸地判平21.8.3【同29】

「（妻）による介護が困難になれば，（被害者）が介護施設に入所することも介護の選択肢として考えられる」

カ 職業介護人の平均賃金と比べて高額に過ぎること

名古屋地判平22.12.7【同16】

「（介護費用請求額）は年額にすると2200万円以上であり，（介護従事者平均賃金年額）が357万2700円であることを考えるとあまりに高額に過ぎ，相当な範囲を超えている。職業介護人2人分として日額2万円と認めるのが相当である」

キ 生存可能年数を平均余命まで認める代わりに、将来介護費用の算定を控え目に行うのが相当であること

山口地判平4.3.19判タ793号217頁[45]，神戸地判平5.5.19交民26巻3号640頁等

(3) 将来介護費用を算定する上での主な考慮事情

裁判例では、上記のほか、①具体的な症状、必要な介護内容、②在宅介護か施設介護か、③家族介護か職業介護か、④職業介護の場合の介護プラン、費用等の考慮事情を確定した上で将来介護費用を算定しているものが多いといえる。

以下、各考慮事情について検討する。

ア ①具体的な症状、必要な介護内容

具体的な症状や被害者の体格等から必要な介護内容が認定され、これが介護費用算定の主要な考慮事情とされることに特に異論はないといえる。もっとも、遷延性意識障害患者の症状にも変動があり得るし、年少者の体重が将来どの程度増加するかが争点になることもあり、遠い将来にわたりこれらの点を確定することは容易ではない。

---

[45] 倉田・前掲注37）11頁は、この裁判例について「理論が混迷していて理解に困難を覚える。裁判官としてのバランス感覚からの努力は諒とするが、余命認定上の冒険と付添費の割引がどう見合うのか、ちっとも明らかでない」とする。ただ、この論稿は、定期金賠償方式を推奨するものであり、上記批判は、一時金賠償方式では努力しても合理的な結論に至るのは無理であるという文脈で述べられていることに留意する必要がある。他方、塩崎勤「重度後遺障害者の付添介護費用について」交通事故紛争処理センター編『交通事故損害賠償の新潮流』（ぎょうせい，2004）234頁は、被害者からの著しく高額な介護費用請求に対し、裁判例の認容額が限定されていることについて「その背後には、平均余命まで付添看護料を認めるものの、平均余命年数に至らない間に、被害者が植物状態から脱却あるいは死亡した場合、付添介護費用が不要となるため、控え目に認定し、実質的な衡平を図ろうとする深い配慮があるものと推認されるところであり、妥当な認定判断であろう」とする。

イ ②在宅介護か施設介護か

一般的には，在宅介護より施設介護の方が費用は低額となり[46]，被害者側は在宅介護が相当であると主張し，加害者側は施設介護が相当であると主張することが多い。

この問題に関しては，(a)施設退所の時期，(b)施設の性格，(c)被害者の状況，(d)近親者の意向，(e)被害者を受け入れる家庭の状況，(f)在宅介護に向けた準備状況，(g)在宅介護の可否に関する施設又は医師の判断などの諸事情を総合考慮して，在宅介護の蓋然性を判断すべきことが指摘されている[47]。もっとも，上記事情の中には確定することが難しいものが多く含まれているし，上記事情を確定できたとしても，遠い将来にわたり在宅介護と施設介護のいずれが行われる蓋然性が高いのかを一律に決するのは極めて困難に感じられる。特に，被害者側から「事故後現在まで施設介護の状態にあり，在宅介護をした実績はないが，判決後に自宅を改装し，家族の体制も整え，在宅介護に移行する予定である」旨が主張される事案の場合，判断は非常に困難となる。在宅介護により家族に大きな負担がかかることなどからは，在宅介護の蓋然性があると認定した場合でも，これを遠い将来にわたり変動の可能性がない事情といい切れるかにつき問題があると感じられることがある。

ウ ③家族介護か職業介護か

(ｱ) 下記最判以降，家族による介護費用を認めることに異論は見当たらない。

【最判14】最三小判昭46.6.29民集25巻4号650頁，判タ265号99頁

「被害者が受傷により付添看護を必要とし，親子，配偶者などの近親者の付添看護を受けた場合には，現実に付添看護料の支払いをせずまたはその支払請求を受けていなくても，被害者は近親者の付添看護料相当額の損害を蒙ったものとして，加害者に対しその賠償請求をすることができるものと解するを相当とする。けだし，親子，配偶者などの近親者に身体の故障があるときに近親者がその身のまわりの世話をすることは肉親の情誼に出ることが多いことはもとよりであるが，それらの者の提供した労働はこれを金銭的に評価しえないものではなく，ただ，実際には両者の身分関係上その出捐を免れていることが多いだけで，このような場合には肉親たるの身分関係に基因

---

[46] もっとも，東京地判平22.3.26【別表裁判例24】は，当該事案で自宅介護が施設介護より著しく高額になるわけではない旨認定しており，一概にはいえないようである。また，施設介護の費用は，将来の公的助成を考慮するかどうかにより大きな差が生じることが多い。

[47] 佐久間邦夫＝八木一洋編『交通損害関係訴訟（Legal Progressive Series 5）』（青林書院，2009）182頁。

する恩恵の効果を加害者にまで及ぼすべきものではなく，被害者は，近親者の付添看護料相当額の損害を蒙つたものとして，加害者に対してその賠償を請求することができるものと解すべきだからである。」

(イ)　もっとも，算定基準上は，家族介護と職業介護の日額には差があり，家族介護の場合は日額8000円とされるが，職業介護の場合は実費とされ[48]，裁判例では日額2万円以上が認められることもある。

これに対し，藤村和夫教授は，「近親者の肉体的・精神的負担に思いを馳せるならば，職業介護人による介護を必要とすると認められる場合には，現実に，職業介護人が介護に当たったか，近親者が介護に当たったかを問わず，職業介護人の費用を基本に据えるべきである」とする[49]。

(ウ)　検　討

【最判14】の「肉親たるの身分関係に基因する恩恵の効果を加害者にまで及ぼすべきものではなく」との判示や，被害者にたまたま介護に専従できる家族がいたために介護費用が低額になるのが必ずしも公平とはいえないこと(家族が介護に専従するために退職した場合は尚更である)，将来，家族の事情(病気等)により家族介護ができなくなる可能性もあることなどからは，職業介護と家族介護の日額に大きな差を設けるのに問題がないとはいえず，一定程度，差を縮める考慮は必要なように思われる。他方，家族が自宅で介護をするのと，職業介護人が訪問先で対価を受け取ることを前提に介護をするのを経済的に全く等価としてよいかなどの議論はあり得るように思われる。この点は，次の④と関連するので，次項で引き続き検討する。

エ　④職業介護の場合の介護プラン，費用

介護体制としては，大まかには以下のような類型が挙げられ，被害者側は，これらを組み合わせた週間介護プラン及びその費用見積書を提出することが多いが，介護プランの内容及び介護費用の単価のいずれも将来数十年にわたり変動がない事情であるとはいい難いように思われる。

　―終日家族介護によるもの
　―家族介護を中心としつつ，介護に複数名を要するとき(入浴，ベッドから自動車までの移乗等)にスポット的に職業介護人を利用するもの
　―家族介護を中心としつつ，家族の休息(レスパイト)のために週何日か職業介護人を利用するもの

---

[48] 大阪地裁算定基準3頁，赤い本2011年16頁。
[49] 藤村和夫「将来の介護費について」日弁連交通事故相談センター編『交通賠償論の新次元』(判例タイムズ社，2007) 138頁。

―平日夜間及び土日は家族が介護をし，平日昼間（家族が仕事に出ている時間帯）は職業介護人を利用するもの
―全日職業介護人を利用するもの

(4) **家族介護と職業介護の区分による積み上げ計算について**

多くの裁判例は，主に介護を担当する家族が67歳に達する時点までの期間は，家族介護（日額8000円）を基本として必要な職業介護分を増額する形で見積もり，同時点から被害者の生存可能終期までの期間は職業介護を基本とする形で見積もり，これらを積み上げて介護費用を計算している。このような算定方法は，算定過程の明確化の観点からは優れたものといえる。

他方，家族介護と職業介護の日額の格差に前記の問題があることのほか，家族が67歳に達するまで介護に従事するということ自体が擬制といえることなどから，家族介護と職業介護を時期により厳密に区分して算定するのが合理的といえない場合もあるように思われる。そこで，このような区分をせず，総合考慮の形で一律に日額を算定することも考えられる旨の指摘があり50)，そのような手法をとった裁判例もある51)。

(5) **諸事情の総合考慮による介護費用日額の算定について**

これまで見てきたように，被害者が提出する介護費用の見積書に対し，相当性の観点から一定の限定を要すると判断される場合がある。また，介護費用を算定する際の考慮事情のほとんどは，遠い将来にわたって変動が生じる可能性があるといえる。そして，介護費用算定の際に将来の公的給付又は公的助成を考慮事情としてよいとの見解に立った場合には，その内容の変動可能性も考慮することになる。このように，介護費用の見積書等の証拠のみから遠い将来にわたる介護費用をそのまま決することができない場合は多く，裁判例では，その場合，諸事情の総合考慮により介護費用が算定されており，裁判官による裁量的判断の要素が強くなるといえる。ただ，この損害費目の認定額は極めて大きいこともあり，公平の観点から，裁判官ごとに結論が区々になることを防ぐべきであるという要請や，同程度の障害を有する被害者の間で賠償額に極端な差を生じさせるべきではないという要請は強いといえる。近年，各事案における介護費用の請求額の差が大きくなっている中で，個々の事案における妥当な介護費用が探求され，裁判例が積み重ねられているところであるが，上記公平の要請にどのように対応していくかが課題と

---

50) 山田・前掲注34) 14頁，中西ほか・前掲注5) 21頁〔徳永幸蔵判事発言〕，〔鈴木尚久判事発言〕等。

51)【別表裁判例22，同24，同30】等。

なっているように思われる[52]。

4 住宅改築費，車両改造費，将来介護器具

(1) いずれについても，前述の「相当性の範囲」＝「通常一般の介護体制の水準」といえるか，いえない場合は，相当性の範囲をどのようにとらえるかが，中心的な問題といえるが（下記アはその問題が現れる1つの局面といえる），他にも下記イ，ウのように，判断が難しいと感じる事項がある。

ア 介護器具の選択

例えば，同程度の遷延性意識障害患者の入浴について，ある家庭では天井リフトを用いているが，別の家庭ではストレッチャーと昇降式の浴槽を用いているという場合がある。訴訟では，基本的に，被害者の主張について相当性を判断する形になるが，被害者側が相当な範囲を超える高額な介護器具を購入している一方，加害者側が代替案として極端に低額で実情に沿わない介護器具しか示さないという状況では，相当額の認定に困難が感じられることがある。

イ 耐用年数

車両や介護器具の費用は，将来にわたる買替えを踏まえて算定される。耐用年数については，メーカーの設定している耐用年数，地方公共団体が公的扶助を実施する際の基準として公表している耐用年数又は税務上の減価償却期間等が主張立証されることがある。将来の耐用年数については，証拠に基づく認定を要するのか，それとも経験則ないし評価といってよいかという問題提起もあり得るといえる。裁判例では，主張立証に係る期間をそのまま採用するものがある一方，実際にはより長期間の利用が可能であるとの評価を加えて，それらを上回る期間を採用するものもある[53]。

ウ 住宅改築により家族が便益を受けることによる減額

住宅改築費が相当性を有すると認められた場合でも，改築により家族が便益を受けているとして一定割合（2～3割前後）が減額されることが多い。この減額の割合については，裁量的判断という面が強いといえる。

(2) 以上については，基本的には，個別事情による認定判断であるが，こ

---

[52] 中西茂判事は，前掲注5) 22頁で「ここのところはもう少し客観的に基準ができないかなという思いもあるのですが，なかなかそれが難しいというような現状かなと思います。ただ，今までも少し話が出ましたけれども，金額的にはおおむね上限というようなところは今のところはあるのかなという気もしているところです」とする。

[53] 東京地判平22.3.26【別表裁判例24】は，耐用年数10年とされる手動走行型リフトにつき「リフトを使用することは，1日に数回と，通常想定される使用頻度よりも相当程度少なくなると考えられる」として，余命期間15年につき買替えは必要ないとした。

れらについても，公平の観点から，裁判官ごとに結論が区々になることを防ぐべきであるという要請や，同程度の障害を有する被害者の間で賠償額に極端な差を生じさせるべきではないという要請は強いといえる。

5 将来介護雑費

将来介護雑費は，入院雑費と類似した面があり，算定基準化が試みられてもよい費目ではないかと思われる。ただ，将来介護雑費として日常生活に要する物品の費用が極めて詳細に請求されているような事案においては，後遺障害逸失利益から生活費控除をしないこととの均衡から，将来介護雑費を否定したり限定して認定したりする裁判例がいくつか出てきている。算定基準化を検討する際には，上記の点に関する裁判例の動向に留意する必要があると思われる。

第7 定期金賠償方式

1 これまで見てきたとおり，遷延性意識障害の事案において一時金賠償方式で損害額を算定するためには，かなり遠い将来の不確定な事実を確定しなければならないが，これは，例えば，生存可能年数の1点を取り上げても極めて困難といえる。そこで，従前から，遷延性意識障害の事案には，定期金賠償方式が適合するとの見解が有力に主張されてきた[54]。

なお，被害者が一時金賠償方式による請求を選択している場合に裁判所が定期金賠償方式による支払を命じることができるか，将来の積極損害に限らず消極損害（後遺障害逸失利益）についても定期金賠償方式が適合するかなどの問題については議論があり，いずれも消極方向の見解が優勢なようであるが[55]，そうであるとしても，将来の積極損害について被害者が定期金賠償方式を選択している場合には，同方式の採用に大きな問題はないといえる。

2 別表3のとおり，平成15年ころに定期金賠償方式を採用する裁判例が比較的多く見られたが，その後しばらく見られない時期があり，平成20年

---

[54] 倉田・前掲注37）8頁，藤村・前掲注6）108頁，河邊義典「交通事故賠償の実務と展望」東京三弁護士会交通事故処理委員会編『新しい交通賠償論の胎動』（ぎょうせい，2002）等。

[55] 議論の詳細につき，佐野誠「定期金賠償の動向と課題」日弁連交通事故相談センター編・前掲注49）153頁参照。

ころ以降，再び見られるようになっている。大阪地裁交通部でも，被害者が定期金賠償方式を選択して訴えを提起している事案が複数件係属している。

3 それでも，定期金賠償方式の長所の割には，これを選択する被害者の割合は，少ないように思われる。その理由については，従前広く分析がされているが[56]，中心的なものとして，遠い将来にわたる履行確保に問題があること，加害者側との接触が永続的に続くことが心理的負担となることが挙げられることが多い。

ただ，上記問題点については，従前指摘されてきているとおり，定期金賠償方式を利用しやすくするための仕組み（履行確保のための担保供与制度，信託の枠組みを利用する仕組み，生命保険の枠組みを利用する仕組み等）が整備されれば解消され，被害者側からの定期金賠償方式による請求が増加する可能性はあると思われる。上記仕組みの整備は，これまでみてきた将来損害の認定における問題点に対する根本的な解決策になり得るものではないかと期待される。

第8　まとめ

以上概観してきたところから，重度後遺障害事案，特に遷延性意識障害の事案における損害算定の実務においては，冒頭で紹介した「ガラス細工のように精緻なもの」という表現が適当かどうかはともかく，個別の損害費目によっては，正確な将来予測が困難で客観性のある金額を算定するのが極めて困難であるという問題を抱えつつ，全体としては，ぎりぎりのバランスをとりながら妥当な賠償額を算定する努力がされているものといえる。今後も，一定程度裁判官の裁量的判断が入ることを前提としつつ，できるだけ算定過程の明確化，合理化の要請や，公平の要請（加害者・被害者間の公平のみならず，同程度の障害を有する被害者間の公平も含む）に合致した算定方法を探求し，事案の解決にふさわしい結論を導く努力が必要であると思われる。

そして，定期金賠償方式は，多くの困難な問題の相当部分を解決し得るものであるといえる。諸外国の制度等も参考にして，これを利用しやすくするための仕組みの整備が進むことが期待される。

---

56) 石田・前掲注38)，佐野・前掲注55) のほか，池田辰夫「定期金賠償の問題点」鈴木忠一＝三ヶ月章監『新・実務民事訴訟講座(4)』（日本評論社，1982）241頁，羽成守「定期金賠償の支払」判タ638号56頁等。

本稿は，平成23年9月17日開催の大阪民事実務研究会における報告に修正を加えて作成したものである。出席者から多くの貴重なご意見をいただいたことに深く御礼を申し上げたい。

別表 1　高額損害賠償裁判例一覧

番号	①裁判所（合議又は合議он）	②判決日／出典	③事故日／症状固定日	④年齢／性別／職業	⑤症状等	⑥主文認容額（万円）	⑦逸失利益（万円）	⑧慰謝料（万円）	⑨将来介護費 a総額（万円）	⑨将来介護費 b日額（円）	⑩家屋改築（万円）	⑪介護器具（万円）	⑫車両改造（万円）	⑬将来雑費（万円）	⑭弁護士費用（万円）	⑮損害総額（万円）	⑯主な主張（上段）又は判示事項（下段）
1	名古屋地（単）	H23.2.18／自保1851.11	H19.4.13／H20.4.30	20男 大学生	1級1号。遷延性意識障害、四肢体幹運動障害	38,246	11,455	3,700	15,922	22,328／25,000	2,182	2,135	286	2,258	3,000		原告：余命40歳まで、生活費控除50%
						27,598	11,455	3,300	15,903	22,328／25,000	1,895	1,922	286	2,258	1,350	39,510	公的給付将来分は、損害から控除せず、介護費用算定時の考慮事情ともしない。
2	名古屋地（合）	H17.5.17／交通民集38.3.694	H10.5.18／H13.6.19	29男 会社員	1級3号。頭部損傷	83,023	16,737	3,600	27,129	30,000	3,712	4,325	560	1,356	3,888		原告：3%ライプニッツ
						25,660	11,019	2,700	9,789	15,000	1,267	1,142	0	0	1,000	38,281	介護保険給付の将来分は存続不確定のため控除しない。将来雑費は生活費控除しないことに躊躇を覚えない。
3	大阪地（単）	H19.4.10／自保1688	H14.12.11／H15.7.31	23男 会社員	1級1号。四肢麻痺、呼吸麻痺	40,601	9,746	3,400	24,245	32,000／40,000／48,000	813	667	802	749	3,600		
						21,499	8,725	3,200	19,503	29,000／28,000	813	465	361	749	1,900	37,886	介護費用は1日につき近親者8000円×1人＋職業介護人1.4万円×1.5人
4	大阪地（合）	H18.6.21／交通民集39.3.844	H14.11.19／同日死亡	38男 開業医	死亡	41,297	57,222	3,000							2,000		
						19,650	32,300	2,800							1,500	36,750	
5	東京地（単）	H18.6.29／自保1664	H9.4.24／H11.8.2	25男 大学院研究員	1級3号。高次脳機能障害	49,418	18,412	7,000	23,385	10,000／16,856／52,073	1,169	0	0	0	2,500		被告：中間利息控除基準時は事故日
						32,978	15,074	3,800	10,765	8,000／15,000／20,000	1,169	0	0	0	2,500	35,978	完全な常時介護の単価をもって相当金額とすることは躊躇される。
6	仙台地（単）	H21.11.17／自保1682	H16.1.21／H18.5.26	14男 中学生	1級1号。遷延性意識障害、四肢麻痺	49,492	9,101	4,440	19,870	40,000	1,808	1,608	1,872	418	3,723		原告：施設介護が相当、定期金賠償
						34,335	9,101	3,800	12,441	15,000／20,000	0	1,608	591	411	3,000	35,363	現時点の公的給付は相当程度に及ぶが、将来の存続が確定しておらず、過大に評価できない。
7	千葉地佐倉支（単）	H18.9.27／自保1682	H16.1.21／H18.5.26	37男 アルバイト	1級1号。遷延性意識障害、四肢麻痺	43,982	9,055	5,000	18,833	10,000／38,076	2,636	453	421	2,212	3,570		被告：施設介護が相当、余命10年
						30,318	7,241	3,800	13,441	6,500／10,000／27,000	2,370	453	421	1,556	2,670	35,332	24時間職業介護は損害の公平な分担の観点から相当とはいえず、請求の割合27万円とする。

226

6 重度後遺障害事案の損害算定における問題点の概観

番号	①裁判所又は(合議単独)	②判決日/出典	③事故日/症状固定日	④年齢/性別/職業	⑤症状等	⑥主文認容額(万円)	⑦逸失利益(万円)	⑧慰謝料(万円)	⑨将来介護費 a総額(万円) / b日額(円)	⑩家屋改築(万円)	⑪介護器具(万円)	⑫車両改造(万円)	⑬将来雑費(万円)	⑭弁護士費用(万円)	⑮損害総額(万円)	⑯主な主張(上段)又は判示事項(下段)
8	大阪地(合)	H19.1.31/交通民集40.1.143	H8.10.21/H14.8.31	18女/高校生	1級3号、遷延性意識障害、四肢麻痺	38,282	8,051	5,000	30,499/35,000/50,000	1,688	4,020	0	1,389	3,200		被告：症状固定時期、余命限定、中間利息控除基準時は症状固定日、定期金 / 自治体からの支援を考慮して介護費用を算定、介護雑費は日額1000円が相当
9	仙台地(単)	H19.6.8/自保1737	H15.5.22/H16.11.22	25女/会社員	1級1号、遷延性意識障害、四肢麻痺	32,726	6,556	4,200	15,611/19,863/25,000	2,173	1,949	273	1,880	2,800	34,791	被告：橋梁介護料が相当 / 職業介護人1人に12万、2人2万、介護保険を前提に介護費用を算定すべきではない。
10	千葉地(単)	H17.7.20/自保1610	H12.8.18/H15.9.22	17男/高校生	1級3号、遷延性意識障害、四肢拘縮	27,173	6,518	3,600	13,225/18,287/20,000	860	1,949	196	1,880	1,700	34,614	被告：余命は平均の2/3、介護費控除10〜30% / 介護費は平均50万円の範囲で相当性を認める。
						49,762	10,175	4,700	16,144/22,000/25,000	1,517	2,659	479	7,527	4,350	33,678	
						11,250	10,175	3,400	11,678/16,000/18,000	910	2,659	200	940	950		
11	大阪地(単)	H18.4.5/自保1639	H12.7.31/H14.7.17	17男/高校生	1級3号、高次脳機能障害、四肢麻痺	58,564	14,430	5,400	33,204/25,000/45,000	1,767	4,444	0	2,473	6,000	33,547	原告：5%ホフマン / 介護保険制度の充実に伴い、職域で応益な介護サービスを受けられるようになる可能性がある。将来雑費は後遺障害逸失利益に含まれる。将来治療費は健康保険利用を前提に算定
						27,368	10,355	2,900	9,750/12,000/20,000	1,582	2,750	0	0	2,400		

注
1 これまでの交通事故民事損害賠償判例のうち、⑮損害認定額が高額である順に並べた表である。
2 各裁判例については枠のみ記載した金額(網掛け分)の金額は請求額であり、上段(網掛け分)は判決額であり、下段は請求額を示す。
3 ②の「交通民集」は交通事故民事裁判例集、「自保」は自保ジャーナルを示す。
4 ⑧慰謝料は、本人分及び近親者固有分を合算した後遺障害慰謝料の額である。ただし、裁判例4については死亡慰謝料である。
5 ⑨将来介護費は、b日額において、「/」で区切って記載しているのは、時期により主張又は認定に係る日額が異なることを示す。多くの場合、介護を主に担当する家族が67歳となった時点以降は、職業介護人が主に介護を担当することとして、日額が増額されている。
6 ④弁護士費用は、本人分のみである。
7 ⑮認定損害額は、過失相殺及び損益相殺がなされる前の額であるため、⑥主文認容額より高額となる。

227

別表2 最近の重度後遺障害裁判例一覧

①番号	①裁判所(合議又は単独)	②判決日/出典	③事故日/症状固定日	④年齢/性別/職業	⑤症状等	⑥主文認容額(万円)	⑦逸失利益(万円)	⑧慰謝料(万円)	⑨将来介護費 a総額(万円)	⑨将来介護費 b日額(円)	⑩家屋改築(万円)	⑪介護器具(万円)	⑫車両改造(万円)	⑬将来雑費(万円)	⑭弁護士費用(万円)	⑮主な主張(上段) 又は判示事項(下段)
12	東京地(単)	H22.11.24/自保1847.1	H17.7.8/H19.7.3	21男大学生	1級1号、高次脳機能障害、右片麻痺	26,350	12,024	4,000	10,721	8,000/20,000	—	—	—	—	2,315	
						23,948	12,024	3,600	8,954	8,000/16,000	—	—	—	—	2,100	
13	名古屋高	H22.11.26/自保1846.1	H16.3.31/H17.11.30	66男新聞配達員	1級1号、胸髄以下完全麻痺、両膝下肢全廃	33,388	1,255	4,800	20,280	51,409	2,100	660	—	—	2,860	職業介護人による介護を全前提とするのは相当でなく、今後も現状どおり介護サービスを利用しつつ妻介護
						14,371	1,046	3,600	6,382	15,000/17,000	1,973	629	—	690	1,500	職業介護人による全日全介助必要としても日額4.5万円認定(長期間利用による値引も可能性は考慮)
14	岐阜地(単)	H21.9.17/同上	〃	〃	〃	23,092	1,196	4,100	13,480	15,000/45,000	1,973	629	—	690	1,600	職業介護人による全日全介助必要としても日額4.5万円認定
15	札幌地(単)	H22.12.3/自保1846.61	H18.6.27/H19.7.31	26男会社員	1級、脊髄損傷による完全対麻痺	42,390	9,531	5,000	不明	不明	4,948	不明	570	0	1,500	原告：近親者と職業人の区別認定は不相当であり、職業介護人日額を前提に将来介護費を算定すべき
						18,907	9,531	3,500	4,849	6,500/12,000	1,649	1,460	112	0	1,500	本人60歳までの妻介護の併用、日額費保険金は、支払遅延で実質的な損害控除基準時より余りに高額、職業介護が発生しており、示本不充当が相当
16	名古屋地(合)	H22.12.7/自保1844.58	H15.10.31/H17.10.21	25男アルバイト	1級1号、四肢麻痺、高次脳機能障害	52,023	11,547	3,500	25,488	20,755/62,700	1,162	442	111	1,008	4,400	被告：親族が高齢になってからは施設介護相当、中間利息控除基準時からに高額、職業介護費2万円が相当
						18,005	9,476	3,100	12,933	18,700/20,000	930	442	111	67	900	原告主張介護費用は年額2200万円以上であり、介護従事者平均年収357万円に比べ余りに高額、職業介護人分日額2万円が相当
17	仙台高	H22.2.4/自保1842.1	H16.12.21/H17.6.30	19男飲食店経営	1級1号、遷延性意識障害	33,934	9,930	4,200	16,254	15,000/20,000/30,000	664	1,230	363	1,033	1,900	被告：施設介護相当、余命限定、定期金、介護保険制度における介護サービス利用上限は損害賠償の際の指針となる。
						16,896	8,881	3,600	14,456	18,000/28,000	629	1,012	0	1,033	1,400	障害者自立支援法に基づく支援は、将来の存続の保証がないから、将来介護費用算定の際に考慮しない。
18	仙台地(合)	H23.3.16/同上	〃	〃	〃	16,053	8,881	3,600	14,456	15,000/28,000	629	1,012	0	1,033	1,400	
19	さいたま地(単)	H22.9.27/交通民集43.5.1232 自保1840.13	H16.12.5/H17.8.28	31男アルバイト	1級1号、胸髄損傷による両下肢完全麻痺、膀胱直腸障害	34,548	11,043	5,400	10,863	10,000/20,000	3,365	10,224	1,078	1,078	2,900	宮城県の職業介護は費用相場が1時間当たり平均2625円～4020円であることを考慮
						22,549	8,231	3,800	7,915	8,000/15,000	1,000	850	973	973	1,900	将来雑費は1日1500円が相当

228

6　重度後遺障害事案の損害算定における問題点の概観

①裁判所(合議又は単独)	②判決日/出典	③事故日/症状固定日	④年齢/性別/職業	⑤症状等	⑥主な認容額(万円)	⑦逸失利益(万円)	⑧慰謝料(万円)	⑨将来介護費 a総額(万円)	⑨将来介護費 b日額(円)	⑩家屋改築(万円)	⑪介護器具(万円)	⑫車両改造(万円)	⑬将来雑費(万円)	⑭弁護士費用(万円)	⑮主な主張(上段)又は判示事項(下段)
20	東京地(単)	H22.10.27/交通民集43.5.1336/自保1840.1	H19.10.12/H20.8.11	45男 タクシー運転手	1級1号、脳挫傷に伴う右片麻痺、高次脳機能障害	26,122	8,330	4,600	12,545	19,205/30,000	890	130	210	—	2,240	被告：施設介護が相当
21	神戸地尼崎支(単)	H22.4.28/自保1833.25	H18.10.15/H19.10.31	42女 主婦	1級1号、遷延性意識障害、四肢麻痺	34,607	5,325	5,600	17,451	25,714/30,000	1,150	1,072	777	960	3,100	被告：余命限定、生活費控除20％、自賠責保険金充当
					18,023	4,736	3,400	9,420	15,000/18,000	530	383	327	0	1,500	余命短いのは否定できないが次善策として平均余命。介護費用算定時、将来介護体制が確実に予測できないことを考慮、将来雑費は逸失利益で考慮済
22	長野地松本支(単)	H22.3.19/自保1830.70	H16.5.29/H17.7.27	69男 自営業	2級1号、高次脳機能障害	19,493	1,110	4,600	10,674	29,545	1,231	6	—	—	1,610	将来介護日額は、職業介護人及び近親者によるものを合わせて2万円が相当
					9,142	1,110	2,800	7,225	20,000	0	6	—	—	800	
23	東京地(合)	H22.2.12/交通民集43.1.165/自保1829.89	H15.2.1/H17.1.31	23男 会社員	1級1号、四肢体幹麻痺(H21.4.4脳炎で死亡)	25,355	13,292	6,000	4,030	10,400	1,088	916	—	—	1,927	原告：高度の介護を要し、介護費日額は8000円の3割増
					12,883	7,278	2,900	3,408	10,400	1,088	623	—	—	960	介護専念のため退職したが（年収955万円）の逸失利益1714万余円は実質的に介護費用と認定
24	東京地(合)	H22.3.26/交通民集43.2.455/自保1828.36	H18.11.6/H19.5.6	69男 自営業	1級1号、遷延性意識障害	33,258	2,160	5,098	10,892	33,448	4,725	2,876	—	1,182	2,892	被告：施設介護相当、介護保険は最軽度でも支給額度日額約13万円だからそれ以上の日額は過大。定期金
					12,233	694	3,400	6,235	25,000	370	340	—	874	1,000	自宅介護が施設より喜しく高額になるわけではない、将来職業介護人費用につき公的サービスも考慮
25	神戸地(合)	H21.12.23/交通民集42.1.196/自保1825.39	H17.3.2/H19.4.12	63女 主婦	1級1号、両下肢麻痺等	23,199	2,652	4,400	11,630	12,000/23,176	1,055	317	305	95	—	—
					12,338	2,361	3,160	8,139	8,000/18,462	681	258	91	95	—	—
26	福岡高	H22.1.26/自保1824.55	H17.7.14/H17.12.1	7男 小学生	1級1号、重度四肢麻痺、重度意識障害	34,122	5,867	3,600	19,744	27,008/30,000	1,001	1,905	189	1,057	3,040	職業介護人1人1日19,647円（三田市の基準に従った計算）を採用
					15,424	5,867	3,000	13,287	18,147/20,000	356	1,211	188	946	1,300	被告：生活費控除20％、余命40歳まで、定期金
27	大分地(単)	H20.12.19/同上				18,056	5,867	3,000	13,227	18,147/20,000	504	1,242	189	951	1,700	

229

番号	①裁判所(合議又は単独)	②判決日/出典	③事故日/症状固定日	④年齢/性別/職業	⑤症状等	⑥文言認容額(万円)	⑦逸失利益(万円)	⑧慰謝料(万円)	⑨将来介護費 a総額(万円) / b日額(円)	⑩家屋改造(万円)	⑪介護器具(万円)	⑫車両改造(万円)	⑬将来雑費(万円)	⑭弁護士費用(万円)	⑮主な主張(上段)又は判示事項(下段)
28	名古屋地(合)	H21.3.10/交通事故民集42.2.371/自保1823.65	H15.11.13/H16.11.30	6男/小学生	1級、重度高次脳機能障害、四肢運動障害	33,464/7,154	5,764	8,800/3,720	14,158/4,950	20,000/7,000	2,530/648	516/353	685/98	707/0	2,400/350	介護雑費の内容につき具体的主張がない。
29	神戸地(単)	H21.8.3/交通事故民集42.4.964/自保1822.1	H18.7.9/H19.5.20	62男/会社員	1級1号、高度四肢麻痺、脳障害なし	18,100/10,759	3,057/3,057	3,800/3,300	10,407/6,734	18,885/14,864/17,000/27,240	107/107	383/252	126/99	622/545	1,500/930	妻による介護が困難になれば、介護施設入所、介護選択肢として考えられる。
30	鹿児島地(単)	H21.6.3/自保1822.18	H16.2.26/H18.4.21	13女/中学生	2級1号、高次脳機能障害、左半身麻痺	38,474/16,381	6,951/6,256	5,700/2,850	18,463/8,472	22,121/32,400/12,000	—	27/27	—	—	3,000/1,200	母が被害者に機業を付けして介護をする蓋然性はほぼ高いと認めの種々、母が67歳以降全て介護できないとは考え難い。
31	名古屋地(合)	H21.12.15/自保1822.90	H15.3.15/H17.5.30	12男/小学生	2級1号、高次脳機能障害、左半身麻痺	39,968/17,416	10,562/7,827	4,900/2,580	17,066/9,935	15,000/24,867/31,111/8,000/17,000	116/36	94/94	—	—	3,300/847	中間利息控除基準時事故日
32	大阪地(合)	H20.12.15/判タ1330.176	H14.8.5/H17.2.9	16男/高校生	1級1号、両下肢完全麻痺、右上肢機能障害	24,412/19,074	9,902/9,902	4,000/3,200	9,726/7,115	8,000/16,000/8,000/12,000	—	264/125	—	1,129/451	1,800/1,300	逸失利益の算定の基礎収入として所得税を控除しないことなどを考慮し、介護雑費は月2万円の限度で相当と認める。
33	大阪地(合)	H23.3.15/交通事故民集43.2.346	H18.7.22/H19.11.30	23女/会社員	1級1号、遷延性意識障害、四肢・体幹運動障害	33,672/17,008	3,615/5,272	3,800/2,800	16,882/10,172	30,000/18,000	537/205	1,379/1,135	—	5,000/928	2,950/1,200	被告は中間利息控除基準時は生活費控除しないことを主張するが、生活費控除を原告として請求しないこととする。
34	大阪地(合)	H21.1.28/交通事故民集42.1.69/自保1802.14	H16.10.14/H17.12.1	2男	1級1号、遷延性意識障害	50,966/16,965	4,742/4,742	4,200/3,300	28,447/7,610	40,000/18,000/9,000/18,000	1,237/808	2,893/1,525	—	2,133/711	4,500/1,500	逸失利益において生活費控除がなされていることとの均衡を勘案すれば、介護雑費は日額1000円が相当である。

注
1 平成22年4月以降に交通事故民事裁判例集及び自保ジャーナル等に掲載されたもののうち、主文認容額が概ね1億円以上のものを表にまとめた。慰謝料には、本人分及び近親者固有分を合算した額である。裁判例14については障害慰謝料も含む。
2 ⑧慰謝料は、本人分及び近親者固有分を合算した額である。裁判例14については障害慰謝料も含む。
3 別表1の注2、3、5、6と同じ。

6 重度後遺障害事案の損害算定における問題点の概観

別表3 定期金賠償認容裁判例

①番号	①裁判所又は合議体(単独)/事故分類	②判決日/出典	③事故日/症状固定日	④年齢/性別/職業	⑤症状等	⑥定期金意見	⑦定期金分総額	⑧一時金分総額(万円)	⑨逸失利益(万円)	⑩慰謝料(万円)	⑪将来介護費 a総額(万円)	⑪将来介護費 b日額(円)	⑫家屋改築(万円)	⑬介護器具(万円)	⑭車両改造(万円)	⑮将来雑費(万円)	⑯弁護士費用(万円)	⑰主な主張(上段)又は判示事項(下段)
35	福岡地(単)/交通	H23.1.27/自保1841.1	H17.9.3/H18.9.30	23男/就職内定大学院生	1級1号。高度脳次脳機能障害、四肢拘縮、植物状態	—	—	37,879	11,926	3,900	20,257	—	700	—	1,344	—	3,361	実質的な支払は損害保険会社が行うから、定期払いとしても、将来的にも履行は確保される。
							①日額1万5300円/1万9550円を月払(介護費)+25年に1度61万余円、10年に1度256万余円(介護器具費)	11,201	11,791	3,100	定期金	18,000/23,000	700	—	定期金	—	2,000	
36	東京地(合議)/交通	H22.11.25/交通民集43.6.1478	H18.2.5/H19.1.19	19男/アルバイト	1級、頭頸部損傷後、首より下の体幹、マウススティックでPC操作可能	原告○被告×	日額2万4000円/同額の物価指数による修正額	19,373	10,041	4,800	定期金	24,000/36,000	1,011	—	640	1,136	2,219	
							月額21万/月額37万8000円(介護費)	6,999	8,901	3,000	定期金	10,000/18,000	1,011	—	569	690	1,000	将来介護費算定の際に、家屋改築や介護器具を考慮。介護費用は日額1000円
37	広島地三次支(単)/交通	H21.5.1/自保1802	H18.11.24/H18.12.4	2男	脳全体消失、脊髄反射のみ。自発呼吸なく、24時間人工呼吸管理	原告△被告○	(主位)(予備)月額62万余(入院費付添看護費)	25,505	4,596	3,500	5,628	8,000	—	—	—	1,055	2,300	被告:将来入院費は公的助成により月14000円で済む
							月額46万余円(入院費、付添看護費)	11,026	3,005	2,880	定期金	8,000	—	—	—	定期金	1,600	平均余命まで生存すると推認することは困難
38	福岡高/プール事故	H18.7.27/判例秘書	H13.7.19/H14.1.31	11男/小学生	四肢・体幹機能障害、現在も意識障害	原告△被告△	—	23,328	7,258	7,500	6,327	8,000/12,000	1,413	1,642	609	—	2,053	被告:定期金の場合、将来公的給付は全部控除
							年額17万余円/同136万余円(介護費用)	6,635	7,307	3,200	定期金 年292	8,000	1,413	定期金 年25	定期金 年33	—	600	被告は地方公共団体で支払能力に不安はなく、将来公的給付は全額控除すべき

231

①裁判所（合議又は単独）事故分類	②判決年月日／出典	③事故日／症状固定日	④年齢／性別／職業	⑤症状等	⑥定期金意見	⑦定期金分総額	⑧一時金分総額（万円）	⑨逸失利益（万円）	⑩慰謝料（万円）	⑪将来介護費 a総額（万円）	⑪将来介護費 b日額（円）	⑫家屋改造（万円）	⑬介護器具（万円）	⑭車両改造（万円）	⑮将来雑費（万円）	⑯弁護士費用（万円）	⑰主な主張（上段）／判示事項（下段）
39	福岡高／交通	H18.4.11／自保1649	H18.5.7／H12.5.18	18女／短大生	1級、遷延性意識障害、四肢麻痺	原告—／被告〇	—	101,100	15,350	4,000	212,065	158,000	2,764	—	4,538	1,362	3,100	被告：症状固定時期、平均余命、公的給付の控除／原告主張の介護方法は相当因果関係の範囲を超える。
40	福岡地／交通	H17.3.25／自保1593	H18.5.7／H12.5.18		1級、遷延性意識障害、四肢麻痺	原告—／被告〇	1月額60万円（介護費）＋2年額120万円（介護器具）	12,172	5,108	3,600	定期金	18,000	1,934	—	859	0	1,100	今後の公的サービスの推移により介護体制に変更を生じる可能性も少なくない。
						1月額54万円（介護費）＋2年額120万円（介護器具）	12,820	5,027	3,600	定期金	18,000	1,934	—	859	0	1,500	
41	横浜地（合）／医療事故	H17.9.29判時1916.102	H11.3.27／H11.6.6	4男	四肢麻痺、意識障害、言語表現一切できず	原告—／被告—	月額5万円〜15万円（介護器具等）	21,820	4,620	6,000	7,759	8,000／28,080	1,165	定期金	定期金	—	1,783	40歳から余命36年のライプニッツ係数は2,867
						月額28万円〜56万円（介護費等）	10,503	4,620	3,400	定期金	8,000／15,000	1,128	定期金	定期金	—	940	30年以上後には大幅安価な介護サービスが現に提供されていることも予想される。
42	神戸地（合）／交通	H16.12.20交通民集37.6.1683		23女／会社員	1級3号、遷延性意識障害	原告—／被告×	（主位）月80万円（入院室料、介護費、貸しオムツ）	11,015	8,001	2,800	定期金	15,000	—	—	—	定期金	2,200	
						（予備）—	24,951											
						月額22万余（入院室料、介護費、貸しオムツ）	1,685	6,696	3,300	10,164	15,000	—	—	—	1,355	2,200	
										定期金	13,000	—	—	—	定期金	500	
43	大阪地／医療事故	H16.1.21判タ1174.264	H11.8.14／H11.9.13	32歳男／居酒屋経営	1級、植物状態	原告—／被告—	月額88万5000円（差額室料、入院付添費、入院雑費）	18,694	8,659	4,500	定期金	20,000	645	—	—	定期金	2,438	原告：現在自宅介護だが判決後入院生活となる／被告：生活費控除、介護費算定に公的扶助考慮すべき
						月額30万円（入院付添費）	14,981	8,659	3,000	定期金	10,000	645	—	—	定期金	750	自宅入院の場合は民訴117変更判決すべき

232

6 重度後遺障害事案の損害算定における問題点の概観

番号	①裁判所又は(合議又は単独)/事故分類	②判決年月日/出典	③事故日/症状固定日	④年齢/性別/職業	⑤症状等	⑥定期金意見	⑦定期金分総額	⑧一時金分総額(万円)	⑨逸失利益(万円)	⑩慰謝料(万円)	⑪将来介護費 a総額(万円)	⑪将来介護費 b日額(円)	⑫家屋改築(万円)	⑬介護器具(万円)	⑭車両改造(万円)	⑮将来雑費(万円)	⑯弁護士費用(万円)	⑰主な主張(上段)又は判示事項(下段)
44	札幌地(単)/交通	H15.11.26/自保1533	H13.8.18/同日死亡	9男	死亡		(主位)年72万余(慰謝料)(予備)年200万余(逸失利益,慰謝料)月額6万2000円/6万円,計360万円(慰謝料)	5,347 1,485 2,009	7,111 定期金 5,530	4,320 2,200	— — —	— — —	— — —	— — —	— — —	— — —	— — —	3%ライプニッツの場合 5%ライプニッツの場合 3%ライプニッツ採用。慰謝料は360回払
45	東京地(合)/医療事故	H15.10.7判タ1172:253	H18.7.12/H9.1.18	25女 主婦	意識はあるがやっと従命する程度。自力の食事,排便等不可	原告〇 被告〇	月額56万円(施設入居料,介護雑費)日額1万5000円(施設入居料又は自宅介護費)	13,301 10,038	6,225 5,839	5,900 3,200	定期金 定期金	17,900 15,000	— —	— —	— —	— —	1,979 500	現在入院中。将来施設入居 施設入居人は不確定だが,原告居泉の入居料等を考慮して将来看護料を算定
46	東京高/交通	H15.7.29判時1838:69	H19.3.22/H10.5.31	41女 主婦	1級3号,植物状態	原告△ 被告〇	月額25万円(介護費用)	11,986 5,389	5,321 4,054	2,600 2,450	5,263 定期金	? 8,333	0 0	0 0	10 10	0 0	770 770	被告:余命10年。将来協費考慮すべき 定期金につき履行能力に不安があるが,当該保険会社が将来倒産することまで予測できない。

注
1 概ね平成15年以降の定期金賠償を命じた事案を一覧表にしたものである。
2 ⑥定期金意見欄の[〇]は積極的に求めるもの、[△]は反対するもの、[×]は反対もしないものである。
3 ⑦定期金分総額、⑩将来介護費、b日額について[/]で区切っているのは、時期により主張又は認定に係る金額が異なることを示す。
4 ⑩慰謝料は、本人及び近親者固有分を合算した後遺障害慰謝料の額である。裁判例39については重傷慰謝料も含む。
5 ⑯弁護士費用は、本人分のみである。
6 別表1の注2、3と同じ

233

別表4　年金現価表

※基準時から毎年「X」円を「N」年間積算する場合の基準時における現在価値は「X×係数」円となる。
※小数点5桁以下切捨て

N	ライプニッツ 5%	ライプニッツ 3%	ライプニッツ 1%	新ホフマン 5%
1	0.9523	0.9708	0.9900	0.9523
2	1.8594	1.9134	1.9703	1.8614
3	2.7232	2.8286	2.9409	2.7310
4	3.5459	3.7170	3.9019	3.5643
5	4.3294	4.5797	4.8534	4.3643
6	5.0756	5.4171	5.7954	5.1336
7	5.7863	6.2302	6.7281	5.8743
8	6.4632	7.0196	7.6516	6.5886
9	7.1078	7.7861	8.5660	7.2782
10	7.7217	8.5302	9.4713	7.9449
11	8.3064	9.2526	10.3676	8.5901
12	8.8632	9.9540	11.2550	9.2151
13	9.3935	10.6349	12.1337	9.8211
14	9.8986	11.2960	13.0037	10.4094
15	10.3796	11.9379	13.8650	10.9808
16	10.8377	12.5611	14.7178	11.5363
17	11.2740	13.1661	15.5622	12.0769
18	11.6895	13.7535	16.3982	12.6032
19	12.0853	14.3237	17.2260	13.1160
20	12.4622	14.8774	18.0455	13.6160
21	12.8211	15.4150	18.8569	14.1038
22	13.1630	15.9369	19.6603	14.5800
23	13.4885	16.4436	20.4558	15.0451
24	13.7986	16.9355	21.2433	15.4997
25	14.0939	17.4131	22.0231	15.9441
26	14.3751	17.8768	22.7952	16.3789
27	14.6430	18.3270	23.5596	16.8044
28	14.8981	18.7641	24.3164	17.2211
29	15.1410	19.1884	25.0657	17.6293
30	15.3724	19.6004	25.8077	18.0293
31	15.5928	20.0004	26.5422	18.4214
32	15.8026	20.3887	27.2695	18.8060
33	16.0025	20.7657	27.9896	19.1834
34	16.1929	21.1318	28.7026	19.5538
35	16.3741	21.4872	29.4085	19.9174
36	16.5468	21.8322	30.1075	20.2745
37	16.7112	22.1672	30.7995	20.6254
38	16.8678	22.4924	31.4846	20.9702
39	17.0170	22.8082	32.1630	21.3092
40	17.1590	23.1147	32.8346	21.6426
41	17.2943	23.4123	33.4996	21.9704
42	17.4232	23.7013	34.1581	22.2930
43	17.5459	23.9819	34.8100	22.6105
44	17.6627	24.2542	35.4554	22.9230
45	17.7740	24.5187	36.0945	23.2307
46	17.8800	24.7754	36.7272	23.5337
47	17.9810	25.0247	37.3536	23.8322
48	18.0771	25.2667	37.9739	24.1263
49	18.1687	25.5016	38.5880	24.4162
50	18.2559	25.7297	39.1961	24.7019

N	ライプニッツ 5%	ライプニッツ 3%	ライプニッツ 1%	新ホフマン 5%
51	18.3389	25.9512	39.7981	24.9836
52	18.4180	26.1662	40.3941	25.2614
53	18.4934	26.3749	40.9843	25.5353
54	18.5651	26.5776	41.5686	25.8056
55	18.6334	26.7744	42.1471	26.0723
56	18.6985	26.9654	42.7199	26.3354
57	18.7605	27.1509	43.2871	26.5952
58	18.8195	27.3310	43.8486	26.8516
59	18.8757	27.5058	44.4045	27.1047
60	18.9292	27.6755	44.9550	27.3547
61	18.9802	27.8403	45.5000	27.6017
62	19.0288	28.0003	46.0396	27.8456
63	19.0750	28.1556	46.5739	28.0865
64	19.1191	28.3064	47.1028	28.3246
65	19.1610	28.4528	47.6266	28.5599
66	19.2010	28.5950	48.1451	28.7925
67	19.2390	28.7330	48.6585	29.0224
68	19.2753	28.8670	49.1669	29.2496
69	19.3098	28.9971	49.6701	29.4743
70	19.3426	29.1234	50.1685	29.6966
71	19.3739	29.2460	50.6618	29.9163
72	19.4037	29.3650	51.1503	30.1337
73	19.4321	29.4806	51.6340	30.3488
74	19.4592	29.5928	52.1129	30.5616
75	19.4849	29.7018	52.5870	30.7721
76	19.5094	29.8075	53.0564	30.9804
77	19.5328	29.9102	53.5212	31.1866
78	19.5550	30.0099	53.9814	31.3907
79	19.5762	30.1067	54.4370	31.5927
80	19.5964	30.2007	54.8882	31.7927
81	19.6156	30.2920	55.3348	31.9907
82	19.6339	30.3805	55.7770	32.1868
83	19.6514	30.4665	56.2149	32.3810
84	19.6680	30.5500	56.6484	32.5733
85	19.6838	30.6311	57.0776	32.7638
86	19.6988	30.7098	57.5026	32.9524
87	19.7132	30.7862	57.9234	33.1394
88	19.7268	30.8604	58.3400	33.3245
89	19.7398	30.9324	58.7524	33.5080
90	19.7522	31.0024	59.1608	33.6898
91	19.7640	31.0702	59.5652	33.8700
92	19.7752	31.1362	59.9655	34.0486
93	19.7859	31.2002	60.3619	34.2256
94	19.7961	31.2623	60.7544	34.4010
95	19.8058	31.3226	61.1429	34.5749
96	19.8151	31.3812	61.5277	34.7474
97	19.8239	31.4380	61.9086	34.9183
98	19.8323	31.4932	62.2857	35.0878
99	19.8403	31.5468	62.6591	35.2559
100	19.8479	31.5989	63.0288	35.4225

判例索引

【最高裁判所】

大判大 4.2.8 民録 21 輯 81 頁 …………………… 90
大判大 4.5.12 民録 21 輯 692 頁 …………………… 83
大判大 5.12.22 民録 22 輯 2474 頁 ………………… 86
大判大 6.6.4 民録 23 輯 1026 頁 …………………… 91
大判大 9.4.12 民録 26 輯 527 頁 …………………… 91
大判大 9.10.18 民録 26 輯 1555 頁 ………………… 91
大判大 10.2.3 民録 27 輯 193 頁 …………………… 83
大判大 15.5.22 民集 5 巻 386 頁 …………………… 91
大判昭 16.6.20 民集 20 巻 921 頁 ……………… 7, 8
最一小判昭 32.1.31 民集 11 巻 1 号 170 頁,
　判タ 68 号 83 頁 ……………………………… 91
最一小判昭 33.7.17 民集 12 巻 12 号 1751 頁 …… 91
最三小判昭 37.8.21 民集 16 巻 9 号 1809 頁 … 10, 18
最三小判昭 37.9.4 民集 16 巻 9 号 1834 頁 …… 203
最一小判昭 39.1.28 民集 18 巻 1 号 136 頁 …… 198
最三小判昭 39.6.23 民集 18 巻 5 号 842 頁,
　判タ 165 号 66 頁 …………………………… 91
最三小判昭 39.6.24 民集 18 巻 5 号 874 頁,
　判タ 166 号 106 頁 ……………………… 202, 206
最一小判昭 44.2.27 民集 23 巻 2 号 441 頁,
　判タ 232 号 276 頁 …………………………… 91
最二小判昭 44.2.28 民集 23 巻 2 号 525 頁,
　判タ 232 号 108 頁 …………………………… 107
最一小判昭 46.6.10 民集 25 巻 4 号 492 頁 …… 12
最三小判昭 46.6.29 民集 25 巻 4 号 650 頁,
　判タ 265 号 99 頁 …………………………… 219
最一小判昭 48.6.7 民集 27 巻 6 号 681 頁 ‥ 91, 200
最二小判昭 48.10.5 判時 726 号 92 頁 ………… 130
最二小判昭 49.3.22 民集 28 巻 2 号 347 頁,
　判タ 308 号 194 頁 …………………………… 83
最三小判昭 50.2.25 民集 29 巻 2 号 143 頁 …… 86
最二小判昭 50.4.25 民集 29 巻 4 号 456 頁,
　判タ 321 号 54 頁 …………………………… 156
最二小判昭 50.10.3 裁判集民 116 号 243 頁,
　交民 8 巻 5 号 1221 頁 ……………………… 95
最二小判昭 50.10.24 民集 29 巻 9 号 1417 頁,
　判タ 328 号 132 頁 …………………………… 89
最二小判昭 52.1.31 労判 268 号 17 頁 ………… 156
最二小判昭 52.8.9 労経速 958 号 25 頁 ……… 177
最三小判昭 52.10.25 判タ 355 号 260 頁 ……… 94

最二小判昭 53.5.1 判時 893 号 31 頁 …………… 9
最二小判昭 58.2.18 民集 37 巻 1 号 101 頁,
　判タ 492 号 175 頁 …………………………… 86
最三小判昭 58.9.6 民集 37 巻 7 号 901 頁,
　判タ 509 号 123 頁 …………………… 203, 206
最一小判昭 60.11.21 民集 39 巻 7 号 1521 頁,
　判タ 578 号 51 頁 …………………………… 88
最二小判昭 62.2.6 裁判集民 150 号 75 頁,
　判タ 638 号 137 頁 …………………………… 84
最二小判昭 62.2.13 民集 41 巻 1 号 95 頁 …… 85
最一小判昭 62.12.17 裁判集民 152 号 281 頁 … 206
最二小判昭 63.4.21 民集 42 巻 4 号 243 頁,
　判タ 667 号 99 頁 …………………………… 107
最二小判昭 63.6.17 自保 762 号 ……… 206, 214, 215
最二小判昭 63.10.18 民集 42 巻 8 号 575 頁,
　判タ 685 号 154 頁 ………………………… 130
最一小判平 5.3.11 民集 47 巻 4 号 2863 頁,
　判タ 833 号 113 頁 …………………………… 88
最大判平 5.3.24 民集 47 巻 4 号 3039 頁,
　判タ 853 号 63 頁 …………………………… 211
最二小判平 5.7.19 判タ 842 号 117 頁,
　判時 1489 号 111 頁 ……………………… 13, 19
最二小判平 5.9.9 民集 47 巻 7 号 4814 頁,
　判タ 831 号 78 頁 …………………………… 44
最一小判平 5.9.9 判タ 832 号 276 頁 …………… 96
最一小判平 6.11.24 自保 1096 号 ……………… 214
最二小判平 7.7.14 交民 28 巻 4 号 963 頁 …… 203
最一小判平 10.4.9 裁判集民 188 号 1 頁,
　判タ 972 号 122 頁, 判時 1639 号 130 頁 …… 161
最三小判平 10.7.14 民集 52 巻 5 号 1261 頁,
　判タ 991 号 129 頁 ………………………… 128
最一小判平 11.2.25 民集 53 巻 2 号 235 頁,
　判タ 997 号 159 頁 …………………………… 90
最二小決平 11.11.12 民集 53 巻 8 号 1787 頁 …… 72
最一小判平 11.12.20 交民 32 巻 6 号 1687 頁,
　判タ 1021 号 123 頁 ………………………… 207
最二小判平 12.3.24 民集 54 巻 3 号 1155 頁,
　判タ 1028 号 80 頁 …………………………… 96
最二小判平 12.7.7 民集 54 巻 6 号 1767 頁,
　判タ 1046 号 92 頁 …………………………… 44
最三小判平 15.4.8 民集 57 巻 4 号 337 頁,

235

判タ1121号96頁 ……………………… 3, 15, 19, 23	判時1963号44頁 ……………………………… 118
最二小判平16.12.20裁判集民215号987頁,	東京高判平21.9.9金判1325号28頁,
判タ1173号154頁 ……………………………… 208	金法1879号28頁 ……………………………… 135
最二小判平17.1.17民集59巻1号1頁,	名古屋高判平21.10.2金法1883号39頁 ……… 121
判タ1174号222頁 ……………………………… 131	福岡高判平22.1.26自保1824号55頁 ………… 229
最三小判平17.6.14民集59巻9号983頁,	大阪高判平22.6.29判タ1352号173頁 ………… 149
判タ1185号109頁 ……………………………… 205	名古屋高判平22.11.26自保1846号1頁 ……… 228
最二小判平18.4.10民集60巻4号1273頁,	仙台高判平23.2.4自保1842号1頁 …………… 228
判タ1214号82頁 ………………………………… 45	
最一小判平18.12.14民集60巻10号3914頁,	**【地方裁判所】**
判タ1232号228頁 ……………………………… 131	福岡地飯塚支判昭45.8.12判タ252号114頁 … 95
最二小判平20.1.28裁判集民227号43頁,	札幌地判昭48.8.25交民8巻5号1226頁 ……… 95
判タ1262号63頁 ………………………………… 40	東京地判昭50.4.24労判225号20頁 …… 167, 186
最二小判平20.1.28裁判集民227号105頁,	東京地判昭55.3.25判タ414号83頁,
判タ1262号69頁 ………………………… 40, 68, 73, 75	判時958号41頁 ………………………………… 86
最三小決平21.11.9判タ1317号142頁 …… 50, 61	福岡地久留米支判昭56.2.23労判369号74頁
最二小判平21.11.27判タ1313号119頁 ………… 40	……………………………………………… 150, 181
最三小判平22.1.26判タ1321号86頁 ………… 204	新潟地判昭56.10.27判タ456号74頁,
最一小判平22.9.13民集64巻6号1626頁,	判時1031号158頁 ……………………………… 108
判タ1337号92頁 ……………………………… 209	名古屋地判昭60.9.11判タ611号38頁,
最一小判平23.12.15判タ1364号78頁 ……… 145	労判468号73頁 …………………………… 150, 182
	福岡地いわき支判平2.12.26判タ746号116頁,
【高等裁判所】	判時1372号27頁 ……………………………… 108
札幌高判昭50.2.13交民8巻5号1237頁 ……… 95	東京地判平3.3.27判タ757号98頁,
福岡高判昭50.5.12判タ328号267頁 ………… 94	判時1378号26頁 ……………………………… 108
東京高判平4.12.21交民26巻5号1138頁 …… 96	東京地判平4.2.27判タ788号245頁 …………… 96
東京高判平6.5.20判タ847号69頁,	山口地判平4.3.19判タ793号217頁 ………… 218
判時1495号42頁 ……………………………… 110	神戸地判平5.5.19交民26巻3号640頁 …… 218
東京高判平9.9.26判タ990号86頁 …………… 96	岐阜地判平5.9.6判時1487号83頁 …………… 94
大阪高判平13.11.6判タ1089号279頁 ……… 124	東京地判平5.9.16判タ827号39頁 …………… 45
東京高判平14.1.31判タ1084号103頁,	岡山地判平6.11.29判時1529号125頁 ……… 110
判時1773号3頁 ……………………………… 116	東京地判平8.3.28判タ906号163頁 …………… 96
福岡高判平14.8.30LLI ………………………… 116	大分地判平8.6.3判タ911号96頁,
東京高判平15.3.25労判849号87頁 …………… 97	労判718号91頁 …………………………… 163, 184
東京高判平15.7.29判時1838号69頁 ………… 233	秋田地判平8.11.22判タ941号147頁,
東京高判平15.12.11判時1853号145頁,	判時1628号95頁 ……………………………… 110
労判867号5頁 ……………………………… 179, 190	名古屋地判平9.1.20判タ946号108頁 …… 49, 55
札幌高判平17.3.25判タ1261号258頁	名古屋地判平9.7.16判タ960号145頁,
……………………………………… 40, 64, 73, 74, 75	労判737号70頁 …………………………… 163, 182
札幌高判平18.3.2判時1946号128頁	東京地判平10.9.24判タ994号234頁 ………… 45
……………………………………… 50, 52, 56, 57	東京地判平11.2.25金法1574号48頁 ………… 140
福岡高判平18.4.11自保1649号 ………… 217, 232	旭川地判平12.1.25判自213号72頁 ………… 112
福岡高判平18.7.27LLI ……………………… 212, 231	神戸地判平12.1.27金法1585号40頁 ………… 124
東京高判平19.3.28判タ1237号195頁,	神戸地姫路支判平12.1.31判タ1024号140頁 ‥ 94

横浜地判平 13.1.15 判タ 1084 号 252 頁,
　判時 1772 号 63 頁 ·················· 112
静岡地沼津支判平 13.4.18 判時 1770 号 118 頁 ·· 81
富山地判平 13.9.5 判タ 1115 号 196 頁,
　判時 1776 号 82 頁 ·················· 114
福岡地判平 13.12.18 判タ 1136 号 126 頁,
　判時 1800 号 88 頁 ·················· 114
鹿児島地判平 14.1.28 判タ 1139 号 227 頁,
　判時 1800 号 108 頁 ················· 114
東京地判平 14.4.25 判タ 1098 号 84 頁 ········ 54, 56
横浜地川崎支判平 14.6.27 判タ 1114 号 158 頁,
　判時 1805 号 105 頁 ·················· 97
東京地判平 14.7.18 判タ 1105 号 194 頁 ········ 58
東京地判平 14.10.31 判タ 1115 号 211 頁 ···· 53, 55
札幌地判平 14.12.25 LLI ···················· 57, 64
東京地判平 15.10.7 判タ 1172 号 253 頁 ········ 233
札幌地判平 15.11.26 自保 1533 号 ············· 233
新潟地判平 15.12.18 自保自 254 号 57 頁 ········ 116
大阪地判平 16.1.21 判タ 1174 号 264 頁 ········ 232
東京地判平 16.3.25 判タ 1149 号 120 頁 ···· 55, 58
札幌地判平 16.3.26 判タ 1158 号 196 頁 ········ 50
さいたま地判平 16.6.25 金判 1200 号 13 頁,
　金法 1722 号 81 頁 ···················· 23
さいたま地判平 16.9.24 労判 883 号 38 頁 ······· 97
神戸地判平 16.12.20 交民 37 巻 6 号 1683 頁 ···· 232
東京地判平 17.3.3 判タ 1256 号 179 頁 ·········· 45
福岡地判平 17.3.25 自保 1593 号 ·············· 232
名古屋地判平 17.5.17 交民 38 巻 3 号 694 頁 ···· 226
千葉地判平 17.7.20 自保 1610 号 ·············· 227
横浜地判平 17.9.29 判時 1916 号 102 頁 ··· 217, 232
東京地判平 17.10.27 労判 908 号 46 頁 ····· 172, 188
横浜地判平 18.3.28 判タ 1235 号 243 頁,
　判時 1938 号 107 頁 ················· 118
大阪地判平 18.4.5 自保 1639 号 ············· 217, 227
大阪地判平 18.6.21 交民 39 巻 3 号 844 頁 ······ 226
東京地判平 18.6.29 自保 1664 号 ··········· 217, 226
千葉地佐倉支判平 18.9.27 自保 1682 号 ······ 217, 226
大阪地判平 19.1.31 交民 40 巻 1 号 143 頁
　································ 212, 227
大阪地判平 19.4.10 自保 1688 号 ·············· 226
仙台地判平 19.6.8 自保 1737 号 ················ 227
大阪地判平 20.4.17 判時 2006 号 87 頁 ············ 2
松山地判平 20.7.1 判時 2027 号 113 頁 ·········· 97
大阪地判平 20.12.15 判タ 1330 号 176 頁 ········ 230

大分地判平 20.12.19 自保 1824 号 55 頁 ········ 229
東京地判平 21.1.20 金法 1861 号 26 頁 ········· 135
大阪地判平 21.1.28 交民 42 巻 1 号 69 頁,
　自保 1802 号 14 頁 ···················· 230
神戸地判平 21.2.23 交民 42 巻 1 号 196 頁,
　自保 1825 号 39 頁 ···················· 229
名古屋地判平 21.3.10 交民 42 巻 2 号 371 頁,
　自保 1823 号 65 頁 ···················· 230
広島地三次支判平 21.5.1 自保 1802 号 ·········· 231
大阪地判平 21.5.25 労判 991 号 101 頁 ····· 163, 185
鹿児島地判平 21.6.3 自保 1822 号 18 頁 ········ 230
神戸地判平 21.8.3 交民 42 巻 4 号 964 頁,
　自保 1822 号 1 頁 ················· 218, 230
岐阜地判平 21.9.17 自保 1846 号 1 頁 ·········· 228
福岡地小倉支判平 21.10.1 判タ 1321 号 119 頁,
　判時 2067 号 81 頁 ···················· 94
仙台地判平 21.11.17 自保 1682 号 ············· 226
名古屋地判平 21.12.15 自保 1822 号 90 頁 ······ 230
大阪地堺支判平 21.12.22 判タ 1352 号 176 頁 ·· 148
東京地判平 22.2.12 交民 43 巻 1 号 165 頁,
　自保 1829 号 89 頁 ···················· 229
大阪地判平 22.3.15 交民 43 巻 2 号 346 頁 ······ 230
仙台地判平 22.3.16 自保 1842 号 1 頁 ·········· 228
長野地松本支判平 22.3.19 自保 1830 号 70 頁 · 229
東京地判平 22.3.24 判タ 1333 号 153 頁,
　労判 1008 号 35 頁 ················ 168, 187
東京地判平 22.3.26 交民 43 巻 2 号 455 頁,
　自保 1828 号 36 頁 ········ 212, 217, 219, 222, 229
神戸地尼崎支判平 22.4.28 自保 1833 号 25 頁 · 229
さいたま地判平 22.9.27 交民 43 巻 5 号 1232 頁,
　自保 1840 号 13 頁 ···················· 228
東京地判平 22.10.27 交民 43 巻 5 号 1336 頁,
　自保 1840 号 1 頁 ····················· 229
東京地判平 22.11.24 自保 1847 号 1 頁 ········· 228
東京地判平 22.11.25 交民 43 巻 6 号 1478 頁
　································ 217, 231
札幌地判平 22.12.3 自保 1844 号 34 頁 ····· 210, 228
名古屋地判平 22.12.7 自保 1844 号 58 頁 ·· 218, 228
福岡地判平 23.1.27 自保 1841 号 1 頁 ·········· 231
名古屋地判平 23.2.18 自保 1851 号 1 頁 ········ 226
名古屋地判平 23.5.20 判時 2132 号 62 頁 ········ 81
大阪地判平 23.10.7 金法 1947 号 127 頁 ········ 133
岐阜地判平 23.11.30 LLI ····················· 81

民事実務研究Ⅴ

2013年3月1日　第1版第1刷発行

編　者	中本　敏嗣
発行者	浦野　哲哉
発行所	株式会社　判例タイムズ社

102－0083　東京都千代田区麹町三丁目2番1号
電話　03(5210)3040 ／ FAX　03(5210)3141
http://www.hanta.co.jp/

印刷・製本　シナノ印刷株式会社
© TOSHITSUGU Nakamoto 2013 Printed in Japan.
定価はカバーに表示してあります。
ISBN 978-4-89186-190-2